全国乡镇长培训教材
建 设 篇

张小林 陈小卉 等编著

中国建筑工业出版社

图书在版编目（CIP）数据

全国乡镇长培训教材. 建设篇/张小林, 陈小卉等编著.
—北京：中国建筑工业出版社，2010
 ISBN 978-7-112-10814-5

Ⅰ. 全… Ⅱ. ①张…②陈… Ⅲ. 乡镇—建设—中国—教材 Ⅳ. D638

中国版本图书馆 CIP 数据核字（2009）第 034987 号

全国乡镇长培训教材
建 设 篇

张小林　陈小卉　等编著

*

中国建筑工业出版社出版、发行（北京西郊百万庄）
各地新华书店、建筑书店经销
北京千辰公司制版
廊坊市海涛印刷有限公司印刷

*

开本：850×1168 毫米　1/32　印张：11⅛　字数：320 千字
2010 年 5 月第一版　2013 年 10 月第二次印刷
定价：**30.00** 元
ISBN 978-7-112-10814 5
（18057）

版权所有　翻印必究
如有印装质量问题，可寄本社退换
（邮政编码　100037）

本书包括的主要内容有：概论、国外乡镇建设借鉴、乡镇建设的理论基础、乡镇建设的总体思路和框架、乡镇建筑、乡镇市政工程设施、乡镇景观与生态建设、城乡统筹发展中的村庄建设、乡镇建设的资金来源和管理、我国乡镇建设的思考与展望等内容。

本书可作为乡镇领导干部、农村管理工作者的业务培训教材使用，也可作为大专院校城乡规划专业学生教学参考书使用，还可供城乡规划编制和管理、城乡建设工作者使用。

* * *

责任编辑：胡明安　姚荣华
责任设计：赵明霞
责任校对：李志立　王雪竹

《全国乡镇长培训教材》编审委员会

主　任：王士兰

副主任：单德启　王明浩　汤铭潭

委　员：晏　群　游宏滔　陈小卉　郭大忠

　　　　齐　虹　陈　懿　耿　虹　杨振文

主　编：彭震伟

副主编：张小林　赵俊齐

编写组成员（按姓氏笔画排）：

　　　　方　遥　王林容　王海卉　王爱华　叶小群

　　　　叶冬青　宁　波　吴骥良　李正仑　杨　山

　　　　汪晓春　汪　涛　陆　嘉　陈小卉　陈闽齐

　　　　单　虎　夏有才　曹国华　梅耀林　蔚芝炳

　　　　潘　斌

序 一

2006年,中国城市规划学会小城镇规划学术委员会提出组织编写面向广大乡镇领导干部的《全国乡镇长培训教材》,这在当时是一件非常务实而又急迫的事情。四年来,政府部门、高校、规划设计研究单位的领导、专家、教授和设计人员纷纷为此撰稿,从乡镇的规划、建设、管理三个层面、分三个篇幅,比较系统地做了理论介绍和深入浅出实证分析。

我国正处在城镇化快速发展时期,在城乡统筹下农村地区发展建设正经历着巨大的变化,投资主体多元化、建设类型多样化、建设活动广域化是其突出的特征。我国城镇化发展历程艰巨,城市和乡村所承担的责任是不一样的,必须坚持城乡有差异的发展建设指导;我国农村地域广阔,各地自然禀赋发展条件差异明显,乡土特色、地方特色、民族特色鲜明,必须编制符合地方实际的村镇规划;我国农村基层村庄实施的村集体和村民自治管理,必须坚持反映农村建设活动特点的建设管理模式。

作为乡镇管理者,具备指导农村地区现代化建设所必须的城乡规划知识,管理农村地区建设活动的现代化管理能力,显然是不可或缺的。这套知识读本可供从事乡镇规划、建设、管理的领导、村官和技术人员学习参考,也可供高校和规划设计研究机构的同仁参考。

坚持反映当代农村改革发展和建设活动的实际,让城乡规划为农民服务、为农村发展服务,本书的作者为此做了不懈努力,但是还有差距,我期望着中国城市规划学会小城镇规划学术委员会的学者们继续做出改进和努力。

住房和城乡建设部村镇建设司

司长 （签名）

2010 年 3 月 29 日

序 二

中国城市规划学会小城镇规划学术委员会要我为他们组织编写的《全国乡镇长培训教材》写序，我相信很大程度上是因为我始终是这本书坚定的支持者。我坚持认为，解决好包括乡镇在内的小城镇规划建设管理问题，不仅是一个关系到国民经济健康持续发展、人居环境普遍全面改善的重大政治使命，也是一个极具中国特色的国际学术话题，实现这个目标，既需要专家学者潜心研究，也需要在乡镇第一线工作的有志之士勇于探索，更需要全社会的理解、关心与支持。因此，委员会的同行们一提出编写这样一册读本，我便立即为他们的历史使命感和职业敏感所折服，从学会工作的角度给予他们必要的支持。

乡镇是一个行政概念。按照我国有关法律的规定，乡和镇是我国行政区划的最小单元，在国家行政体系中，乡镇人民政府是最基层的行政权力机构，乡镇管辖的村实行村民自治管理。因此，贯彻落实党和国家各项政策，特别是发挥政府规划职能，加强产业发展、基础设施建设、资源环境保护等方面的综合协调，乡镇政府是一个十分关键的环节，处于统筹城乡发展的枢纽地位。这一点往往是在很多时候被忽视的，各类政策资源、人才资源、公共财政资源以及信息资源往往富集在乡镇上面的各级政府层级，对于乡镇政府的扶持和关注远远不够。而这种资源配置垂直体系上的相对弱化，直接制约了我国乡镇规划建设管理水平。近年来，中央政府加大了对于农业生产和农村公共服务的投入力度，对于进一步完善乡镇管理体系，促进乡镇规划建设管理的水平的提高，无疑是一个难得的契机。

另一方面，乡和镇是城乡两类居民点体系的分野。建制镇一般意义上属于城市的范畴，非农产业较为集中，生活方式上也与城市生活方式基本一致或相近，人口规模和密度、各类设施水平、甚至建筑风貌等各方面都处于城市体系的末端。而乡所在地的集镇通常划作农村，虽然人口与设施的密集程度高于一般的村庄，但是依然达不到城市或镇的水平，功能上突出表现为周边乡村的服务中心，主要为农业生产和农民提供行政管理、生产服务、教育卫生文化等公共服务。只有那些人口规模达到一定程度，非农产业占主导地位的集镇才有可能按照一定的行政程序被认定为建制镇。因此，虽然镇和乡在行政区划上同属于基层政权所在地，但是由于其主要职能的不同，工作的重心也有所差异。尽管如此，两者作为城之末、乡之首的特殊地位，决定了它们在我国城镇化进程中不可替代的特殊作用。我国现行的行政管理体制中有不少地方不利于乡镇在城镇化过程中充分发挥积极作用，特别表现在乡镇功能不够完善，对于农村富余劳动力的吸引力不足、吸纳能力十分有限；乡镇服务水平不高，不利于农业产业化、现代化，在城乡市场体系中的纽带作用没有得到发挥；管理方式粗放，资源利用效率低，环境质量有恶化和扩散的趋势；政策上人为造成城市与乡村的不平等，那些在规模、生产生活形态上已经具备进一步升格条件的建制镇或集镇不能得到行政主管部门的及时认可，制约了它们的进一步发展。中央最近出台了一系列政策，旨在突出强化农业农村的基础设施，建立健全农业社会化服务的基层体系，夯实打牢农业农村发展基础，协调推进工业化、城镇化和农业现代化，努力形成城乡经济社会发展一体化新格局。并且明确提出把小城镇作为当前工作的重点，加快落实放宽中小城市、小城镇特别是县城和中心镇落户条件的政策，促进符合条件的农业转移人口在城镇落户，相信会成为推动乡镇发展的重要动力。

同时，乡镇不仅是城镇化过程中城乡人口转移的蓄水池，本身就是中国城镇化的基本路径之一。从学术角度分析，就其规模和空间特征上而言，乡镇属于人类居民点体系（human settlements）里重要的一环，是乡村居民点向城市居民点乃至城市化地区过渡的链条，因此，无论是居民点形态、还是居住人口都具有不稳定的特征。一方面，它兼具城市型居民点的生活便利和农村型居民点的环境宜人；另一方面，它又不具备城市所能够支撑的各类市政和公共服务设施，并且失去了乡村生活的天然和宁静，"城不城、乡不乡"在不少时候被当做包括乡镇在内的小城镇的负面形象，但在某种程度上，恰恰是这一类居民点所共有的特性。认识到乡镇在城、乡居民点体系中的这种特殊地位很重要，我们可以致力于改进它们的人居环境质量，同时又可以让它们避免各种城市病，特别是大中城市普遍存在的空间拥挤、环境污染、社会分异等问题。这里关键是要提高乡镇在资源利用和公共管理上的效率，改善投资和就业环境，遵循生态、低碳的可持续发展路径。事实上在欧洲不少发达国家，最具吸引力的往往不仅仅是那些占据城镇体系顶端的世界城市，还包括那些小城市和小城镇，他们往往具有便利的交通条件，稳定的就业和收入水平，配套齐全的公共服务与商业设施，宜人的居住条件和宁静的城镇生活。要做到这一点，必须在理论上认清这一类人类聚居地的特定地位和特殊性，确认它们在整个人居环境建设领域的重要性，改变目前普遍存在的简单模仿大中城市进行小城镇规划建设的倾向，修正那种简单地以城或乡的标准对它们进行判断的思维模式，在建设规模、速度和标准选择上，切合乡镇的特点，避免盲目抄袭和攀比。

虽然乡镇规划建设的重要性极其重大，乡镇规划建设中的问题也是显而易见的。其中不少问题源于我们对于乡镇规划建设不够重视，或者采取简单化的思维对待乡镇规划建设问题，我们在学术领域显然还有很多有待深入研究的方面，在知识的传播和普及方面远没有达到应有的高度。所以，要提高乡镇规划建设的水平，城市规划界的专家学者有着义不容辞的责任，不仅仅要极大地加强对乡镇规划建设问题的研究，而且要通过规划师的职业实践贡献自己的专业才智，更重要的是要把乡镇规划建设管理的知识传播给所有从事乡镇工作的人员和关心乡镇发展的社会大众。从这个角度来说。这本书的问世填补了空白。乡镇工作是锻炼人、培养人才的摇篮，乡镇规划事关我国城镇化健康发展，也是国际城镇化研究的中国特色命题，是培养规划大师和国际一流学者的土壤。希望这本书能够对广大乡镇干部的工作有所帮助，并且能够激励和吸引一批有志之士投身于乡镇规划建设管理事业。

当然，我也深知编写一本好的普及性读物是非常困难的，感谢本书的作者和编者所做出的艰辛努力，书中可能还有一些值得进一步斟酌的地方，但我坚信，几十位专家和管理工作者两年时间的心血一定会赢得读者的青睐，享受阅读的乐趣并且从中有所裨益，是所有作者的期望，也是我个人的期望。

是为序。

中国城市规划学会副理事长兼秘书长 石楠
2010年3月于北京

序 三

　　乡镇在我国尚属小城镇范畴，量大面广，是我国城镇体系中的基层。据不完全统计，我国有镇和乡37000余个，其中县城镇近2000个，建制镇19000余个，乡集镇16000余个。其介于城市与农村之间，上接城市，下连农村，具有促进区域经济社会全面进步的综合功能。乡镇是我国城市与农村之间的中间发展带，既能引进城市的技术、资金和人才，又是广大农村地区的增长极，承担着促进农村经济结构转型的地域载体作用，是城乡生产要素流动和组合的中介，也是加速推进农业和农村现代化的重要突破口。

　　20世纪70年代末我国改革从农村先行，20世纪80年代中后期，乡镇随着改革开放形势的发展，其职能已从历史上农村剩余产品的流通中心发展成为农村政治、经济、文化中心。尤其是中央关于小城镇发展的一系列文件精神后，各地政府把小城镇建设作为大事来抓，"小城镇、大战略"对当时发展乡镇企业，开拓专业市场，吸纳农村剩余劳动力起到了重要作用。乡镇已成为推进社会主义新农村建设的主阵地，对于促进传统县域经济向现代县域经济转变有着极其重要的意义。

　　2009年12月7日闭幕的中央经济工作会议指出，要加快城镇发展，要把符合条件的农业转移人口逐步在城镇就业和落户作为推进城镇化的重要任务，放宽中小城市和城镇户籍限制。要以扩大内需特别是增加居民消费需求为重点，以稳步推进城镇化为依托，优化产业结构，努力使经济结构调整取得明显进展。可以预见："城镇化"将在今后进一步拓展中国经济发展新空间中起着举足轻重的作用，乡镇建设也必将在中国的城镇化进程中起着重要的作用。

全面贯彻落实科学发展观，实现经济社会可持续发展，引导城镇化健康发展，妥善处理城乡关系，改变城乡二元结构，是时代赋予乡镇的要求。城乡规划法的颁布也已使我国乡镇进入了城乡产业协调发展，城乡空间合理布局，城乡经济社会全面协调的关键阶段。

为此，我们组织编撰了全国乡镇长培训教材——规划篇、建设篇、管理篇。历时两年有余正式出版了，希望能对乡镇的规划、建设、管理有所启益。

规划篇从宏观、中观、微观三个层面及专项规划的深度予以较为全面的阐述。宏观层面重点论述了乡镇总体规划中的社会经济发展规划、镇村体系规划、空间管制规划、村庄建设与人居环境整治规划；中观层面重点论述了镇区总体规划编制的前期准备、镇区空间发展、布局结构、用地布局及近期建设规划；微观层面对镇区的控制性详细规划和修建性详细规划的主要内容及实证进行了研究分析。在专项规划中主要对城市设计与镇区改造、乡镇基础设施与社会设施、乡镇生态与环境保护、乡镇历史文化资源保护等规划作了较为详尽的阐述。

建设篇简要回顾了新中国成立至今我国乡镇建设四个阶段的概况，借鉴国外乡镇建设的理论和模式，结合我国实际提出了乡镇建设的总体思路和框架，重点在乡镇建设的目标、内容、任务作了论述。在此基础上分别对乡镇建筑、乡镇市政工程设施、乡镇景观与生态，以及村庄建设作了分章节阐述。最后对乡镇领导最为关心的建设资金来源和使用管理、监督进行了有效分析。

管理篇对乡镇的规划建设管理基本特点、任务、目标、内容与方法进行了较为系统的阐述，并对乡镇的建设管理、乡镇的土地与环境管理、社会主义新农村规划建设管理进行了切合实际的分析研究，最后对乡镇规划建设管理的机制、体制、职能、政策、决策的创新给予了探索性研究。

这套书由中国城市规划学会小城镇规划学术委员会组织编

写，由我国政府部门和高校、城乡规划设计研究机构的领导、专家、教授撰稿。在借鉴国内外乡镇规划、建设、管理理论和实践的基础上，针对我国不同类型乡镇的实际应用，论述了我国乡镇规划、建设、管理的理论、方法和实践，内容比较丰富。虽然这套知识读本中有个别概念和提法尚不够严谨，有待进一步商榷、研究与完善，但总的来说，仍不失为一套可供乡镇领导和技术人员参考的业务指导书籍，也可供从事乡镇规划、建设、管理研究和设计的同仁们参考，这套知识读本的出版无疑将对我国乡镇健康有序发展起到很好的作用。

中国城市规划学会小城镇规划学术委员会主任
王士兰 教授 书于 2009年夏

前　言

改革开放30年来,中国经济的持续快速发展,工业化、城市化进入了加速阶段,由此带来了社会的整体变迁。加快推进城市化进程,引导各种生产要素的集聚,促进产业结构的调整和经济的现代化,带动社会文明的全面进步,从而形成城乡协调发展、共同繁荣的局面,已成为各级领导和广大群众的共识。

改革开放之初,中国的城市发展方针是:严格控制大城市,合理发展中等城市,积极发展小城镇。但随着经济社会的快速发展,各级地方政府充分认识到特大城市、大城市在带动地区经济发展、社会进步中的中心作用,到20世纪90年代后期,在各地区的实际工作中由原有的城市发展指导思想,逐步转变为大力发展特大城市、大城市。集中力量发展中心城市在经济发展的启动、起飞阶段具有重要意义,因此在此后的各地区发展规划、城市规划中,对于乡镇及村庄的发展很少提及。中国经历了以大中城市为主导的快速城市化推进阶段,中心城市从景观上看,高楼大厦耸立,绿地广场气派非凡,城市面貌大为改观,与国外发达国家相比也毫不逊色。但到广大农村去看看,特别是经济欠发达地区的农村住房跟几十年前相差无几,村庄内部脏乱差问题严重。农村人口因向城市转移(特别是知识阶层、青壮年劳力)而发生数量减少、结构变化等问题,农村建设由于资金短缺而趋于停滞,农村土地资源受到城市化的蚕食而逐步萎缩,农村环境因城市化的扩散而趋于恶化,农村文化受城市化的冲击面临特色消失的危机。因此,城市化从不同的视野来看,会促发不同的思考。

中国的城市化进程具有独特的国情和发展背景,呈现出二元发展的格局：以城市地域经济与人口集聚而呈现的扩展型城市化和农村地域以乡镇企业为主体的经济与劳动力转化和建立农村城市（小城镇）呈现的集聚型城市化。以小城镇为载体的农村城市化在全国城市化进程中扮演了重要的角色，被认为是中国特色的城市化道路。从20世纪80年代的"小城镇，大问题"到20世纪90年代年代的"小城镇，大战略"，中国的乡镇必将有更大的发展前景。

为推动农村城市化进程，加快乡镇的发展，国家陆续出台了一系列全国性的政策措施，如允许自理口粮农户进镇、放宽建制镇设置标准、引导农村工业化与城镇化同步发展等，各级政府也从土地、资金、区划调整等体制改革入手，通过强制性制度和诱导性制度相结合，摸索出一系列面向市场经济的乡镇发展之路。可以说，中国乡镇的发展实际上是一个制度的替代、转换的过程，制度变迁在当前以政府推动型为主的经济发展动力下对农村城市化影响重大。但从上述政策实施的实效看，少量的城镇（如县城镇、重点中心镇）快速增长，而大多数乡镇户籍制度改革所释放的潜力并不明显，以政府为主导的建设投资不足，要素市场、行政管理体制、地方政府职能等存在严重的制度缺陷，制约了乡镇的发育和功能完善，值得认真反思和总结。

我国面广量大的乡镇上连大、中城市，下接广大农村，乡镇的建设在国家和地方的经济社会发展中起着重要的作用，对统筹城乡发展有重要的意义。本书着眼于普及乡镇规划、建设、管理的知识，主要内容为乡镇发展规划中的建设篇知识，全书共分为10章，主要涉及四个部分的内容。第一部分属于乡镇建设的总论，包括前四章的内容，阐述乡镇建设的相关概念和主要内涵、国外乡镇建设的借鉴、乡镇建设的理论基础、乡镇建设的总体思路和框架。第二部分属于乡镇建设各个领域的分论，包括第5章~第8章，论述乡镇建筑、乡镇市政工程设施、乡镇景观与生态、村庄建设等的详细内容。第三部分包括第9章，论述乡镇建设的资金来源与管理。第四部分包括第10章，对我国当代乡镇建设中存在的问题、成因及其发展趋向、制度创新等方面做了一个总结。本书可供乡镇领导干部及农村管理工作者作为业务培训教材,也可供大专院校城乡规划专业学生作为教学参考书使用以及为城乡规划编制和管理、城乡建设的实际工作者提供参考和借鉴。

本书主编为张小林、陈小卉,全书编写分工是:第1章 陈小卉(江苏省城市规划设计研究院,江苏省城市规划学会)、李正仑、王林容(江苏省建设厅村镇建设服务中心),第2章 汪涛(南京师范大学)、叶冬青(南京市交通规划研究所有限责任公司),第3章 王海卉(东南大学),第4章 杨山(南京师范大学),第5章 吴骥良、方遥(南京工业大学),第6章 曹国华(江苏省城市规划设计研究院),第7章 曹国华(江苏省城市规划设计研究院),第8章 梅耀林(江苏省城市规划设计研究院),第9章 陈闽齐(江苏省城市规划设计研究院),第10章 张小林(南京师范大学)、李正仑、汪晓春(江苏省建设厅村镇建设服务中心)。全书由张小林负责统稿。

乡镇建设是个涉及面广泛的课题,千头万绪。我们在中国城市规划学会小城镇专业委员会、江苏省城市规划学会的指导下,集合了江苏省内多年从事乡镇规划建设管理工作的研究人员,通力合作,经过多次讨论修改才完成。本书在总体架构、研究思路上有一定的新意,但也存在很多不足之处,敬请读者指正,以便在修订时进一步完善。

张小林
南京师范大学教授,博士生导师

目　录

序一
序二
序三
前言

第1章　概论 ……………………………………………… 1
1.1　我国乡镇建设的历程 ……………………………… 1
1.2　我国乡镇建设的现状 ……………………………… 3
1.3　我国乡镇建设的内涵 ……………………………… 10
1.4　我国乡镇建设的意义及任务 ……………………… 12

第2章　国外乡镇建设借鉴 ……………………………… 17
2.1　国外乡镇建设的主要模式 ………………………… 18
2.2　国外乡镇建设对我国的借鉴与启示 ……………… 39

第3章　乡镇建设的理论基础 …………………………… 44
3.1　城镇化理论 ………………………………………… 44
3.2　城乡相互作用理论 ………………………………… 52
3.3　乡镇建设经济学理论 ……………………………… 59

第4章　乡镇建设的总体思路和框架 …………………… 73
4.1　乡镇建设的指导思想和基本原则 ………………… 73
4.2　乡镇建设目标 ……………………………………… 75
4.3　乡镇建设的基本内容和重点任务 ………………… 80

第5章 乡镇建筑 ·············· 95

- 5.1 乡镇住宅建筑 ·············· 95
- 5.2 乡镇公共建筑 ·············· 118
- 5.3 乡镇生产建筑 ·············· 134

第6章 乡镇市政工程设施 ·············· 156

- 6.1 乡镇道路交通设施 ·············· 156
- 6.2 乡镇给水排水设施 ·············· 169
- 6.3 乡镇电力通信设施 ·············· 180
- 6.4 乡镇燃气供热设施 ·············· 184
- 6.5 乡镇环卫设施 ·············· 189
- 6.6 乡镇综合防灾设施 ·············· 190

第7章 乡镇景观与生态建设 ·············· 195

- 7.1 乡镇景观与绿化建设 ·············· 195
- 7.2 乡镇生态建设 ·············· 210

第8章 城乡统筹发展中的村庄建设 ·············· 215

- 8.1 我国村庄建设概况 ·············· 215
- 8.2 当代村庄建设的机遇和挑战 ·············· 232
- 8.3 城乡统筹发展中的社会主义新农村建设 ·············· 236
- 8.4 社会主义新农村建设中的村庄建设 ·············· 240
- 8.5 社会主义新农村建设的若干典型案例 ·············· 251

第9章 乡镇建设的资金来源和管理 ·············· 265

- 9.1 乡镇建设资金的费用构成 ·············· 265
- 9.2 乡镇建设的资金筹集渠道 ·············· 269
- 9.3 乡镇建设资金的使用、管理与监督 ·············· 280

第10章 我国乡镇建设的思考与展望 ·············· 286

- 10.1 我国乡镇建设中的问题分析 ·············· 286

10.2　我国的乡镇建设与制度支持 ……………………………… 290
10.3　我国乡镇建设的若干趋向 ………………………………… 295
10.4　推进我国乡镇建设的制度创新 …………………………… 311
10.5　推进我国乡镇建设的若干政策建议 ……………………… 321

第1章 概 论

1.1 我国乡镇建设的历程

新中国成立以来,我国的乡镇建设经历了许多波折,大致可分为乡镇建设恢复阶段(1949~1957年)、乡镇建设波动起伏阶段(1958~1978年)、乡镇建设快速发展阶段(1979~1999年)、乡镇建设稳步发展阶段(2000年以来)等四个阶段。

1.1.1 乡镇建设恢复阶段(1949~1957年)

新中国成立后,国家的首要任务是恢复和发展国民经济,人民政府实行土地改革,没收封建地主阶级的土地归农民所有,鼓励农民发展生产,农村经济迅速恢复,乡镇的手工业及商业也有了较大发展,乡镇建设取得了很大进步。我国建制镇由建国初期的2000多个发展到1954年的5402个。1955年6月,国务院发布《关于设置市、镇建制的决定》,规定了设镇标准,各省市根据标准对已有建制镇进行审查、调整,最终导致这一阶段城镇数量和城镇人口规模的下降。同时由于国家对农业、资本主义工商业和手工业进行社会主义改造,实行供销合作社、农业合作社等形式,限制了乡镇商业和手工业的发展,因此到1956年,全国建制镇减少为3672个,到1958年全国建制镇的数量调整为3621个。

1.1.2 乡镇建设波动起伏阶段(1958~1978年)

1958年,受"大跃进"、"人民公社化"的影响,建制镇出现超常规发展，全国建制镇由 1958 年的 3621 个增加到 1961 年的 4429 个；由于受"左"的错误路线的影响，加上三年自然灾害，导致了农村人口的急剧减少；"大跃进"导致城镇人口增长过快，远远超过了国家的承受能力，不得不采取调整压缩城市人口、撤销不够条件的市、镇建制等措施，并于 1963 年颁布了《关于调整镇建制、缩小城市郊区的指示》，提高了建制镇的设置标准，撤销了一系列不符合标准的建制镇，到 1965 年，全国建制镇减少为 2905 个。

1966～1976 年十年"文化大革命"期间，以阶级斗争为纲，国民经济面临崩溃，大批知识青年上山下乡，小城镇建设几乎停滞，农村人口则增长迅速，加大了城乡的差距；在这期间，三线建设在一定程度上促进了中西部地区的建制镇建设。由于一系列政策的影响，"文革"期间中国乡镇建设衰落的趋势进一步增加，到 1978 年恢复乡的建制之前，全国仅有 2687 个建制镇。

1.1.3 乡镇建设快速发展阶段（1979～1999 年）

十一届三中全会以后，中国开始了改革开放，提出了控制大城市规模，合理发展中等城市，积极发展小城镇的方针，同时家庭联产承包责任制的实施、乡镇企业的发展及商品粮政策等都促进了乡镇建设的高速发展。1979 年，中共十一届四中全会通过的《关于加快农业发展若干问题的决定》提出要加强小城镇建设，指明了我国小城镇发展的方向，1984 年又进一步放松了设置建制镇的标准，实行了撤乡建镇、镇管村的体制，从而使建制镇得到迅速发展，到 1984 年底全国共有建制镇 6215 个。

1984～1991 年，乡镇企业的发展带动了农村城镇化，乡镇建设达到了一个高潮，但是由于国家政策的调整、大量外资的引进及市场经济的发展，乡镇企业和民营经济的发展成本提高，无法与外资企业竞争，发展势头逐渐慢了下来。1992 年邓小平同志"南巡"讲话以后,各地积极发展开发区,吸引了大批农村剩余劳动力,乡镇建设再掀高潮。1993年10月,全国村镇建设会议确定了以小城镇为重点的村镇建设工作方针,提出了到20世纪末中国小城镇建设的发展目标。截至1999年底,我国共有19756个建制镇,29118个集镇。

1.1.4 乡镇建设稳步发展阶段（2000年以来）

近年来,由于经济全球化的影响,国家对小城镇提出了健康快速发展的要求。2000年,中共中央、国务院颁发《关于促进小城镇健康发展的若干意见》,各地的乡镇建设进入了新的发展阶段。乡镇建设不再单纯地追求数量,改善投资环境、塑造城镇形象、加强生态环境建设、突出乡镇特色已经成为未来乡镇的主要建设方向。由于各地加快了乡镇行政区划调整的步伐,乡镇撤并工作逐步展开,全国建制镇、集镇数量均有所减少。截至2005年底,全国共有建制镇17726个,集镇20686个,乡镇合计达38412个。全国乡镇总人口19978.1万人,其中建制镇总人口14805.2万人,集镇总人口5172.9万人；全国乡镇镇区总面积31464km^2,其中建制镇镇区面积23685km^2,集镇镇区面积7779km^2。全国建制镇人均住宅面积20.0m^2,乡集镇人均住宅面积19.6m^2；全国建制镇自来水普及率86.1%,乡集镇自来水普及率71.9%。

1.2 我国乡镇建设的现状

1.2.1 我国乡镇分布状况

通过2000年与2005年的乡镇个数分布情况比较（见表1-1）可以看出,在乡镇撤并的形势下,5年的时间内,全国建制镇减少2054个,集镇减少6866个,乡镇总数共减少8920个。其中华东地区的乡镇撤并趋势最为显著,其建制镇减少1052个,集镇减少 1663 个，乡镇总数减少 2715 个。华东地区是中国经济发展最快的地区之一，其乡镇撤并的显著程度也说明了乡镇的分布与经济社会发展是相适应的，随着经济社会的持续快速发展，我国的乡镇撤并工作将进一步展开，乡镇个数也将进一步减少。

2000 年与 2005 年的全国乡镇个数分布比较　　　表 1-1

六大区分	建制镇个数（个）			集镇个数（个）			乡镇总数（个）		
	2000 年	2005 年	减少	2000 年	2005 年	减少	2000 年	2005 年	减少
华北	2015	1939	76	3765	2347	1418	5780	4286	1494
东北	1575	1396	179	1762	1246	4401	3337	2642	695
华东	6089	5037	1052	5647	3984	1663	11736	9021	2715
中南	5008	4324	684	6213	5675	538	11221	9999	1222
西南	3664	3347	317	6480	4909	1571	10144	8256	1888
西北	1429	1683	-254	3685	2525	1160	5114	4208	906
合计	19780	17726	2054	27552	20686	6866	47332	38412	8920

资料来源：2005 年村镇建设统计年报。

1.2.2　乡镇规模状况

通过对 2005 年全国乡镇综合分析表（表 1-2）可以看出，全国建制镇平均人口为 6094 人，平均面积 $1.34km^2$，人均面积 $219m^2$；集镇平均人口 25012 人，平均面积 $0.38km^2$，人均面积 $150m^2$；所有乡镇平均人口 4159 人，平均面积 $0.82km^2$，人均面积 $197m^2$。全国各级乡镇的人均用地指标都超过了相应的国家标准，土地资源浪费比较严重。

就规模而言，东北地区乡镇平均人口和平均面积都最高，分别为 5227 人和 $1.26km^2$。这说明东北地区的乡镇集聚程度较高，其平均水平在全国范围内位居首位。

2005年全国乡镇综合分析表　　　　　表1-2

六大分区	建制镇平均人口（人）	建制镇平均面积（km²）	建制镇人均面积（m²/人）	集镇平均人口（人）	集镇平均面积（km²）	集镇人均面积（m²/人）	乡镇平均人口（人）	乡镇平均面积（km²）	乡镇人均面积（m²/人）
华北	6755	1.51	223	2515	0.55	217	4433	0.98	221
东北	7129	1.61	226	3097	0.87	281	5227	1.26	241
华东	2124	1.56	736	2857	0.37	128	2448	1.03	422
中南	9699	1.57	162	2689	0.33	121	5720	0.86	151
西南	6895	0.68	99	2063	0.19	91	4022	0.39	96
西北	5502	0.94	170	2059	0.47	228	3436	0.66	191
合计	6094	1.34	219	2501	0.38	150	4159	0.82	197

资料来源：2005村镇建设统计年报。

1.2.3　乡镇住宅状况

总体而言，华东、中南、西南的住宅水平要高于全国平均水平，华北、东北、西北的住宅水平则要低于全国平均水平。尤其是华东地区的住宅水平最高，东北地区的住宅水平最低。具体分析如表1-3所示。

2005年全国乡镇住宅状况分析　　　　　表1-3

六大分区	本年竣工建筑面积（万m²）		年末实有建筑面积（万m²）		年末住房使用面积（万m²）		人均年末住房面积（m²/人）	
	建制镇	集镇	建制镇	集镇	建制镇	集镇	建制镇	集镇
华北	1630	465	32113	15029	23856	11201	18.4	19.2
东北	632	287	20118	7876	15896	6044	15.9	15.7
华东	7859	1381	139837	32478	106680	24828	21.3	22.7
中南	4543	1657	100976	37582	81283	29418	19.9	19.9

续表

六大分区	本年竣工建筑面积（万 m²）		年末实有建筑面积（万 m²）		年末住房使用面积（万 m²）		人均年末住房面积（m²/人）	
	建制镇	集镇	建制镇	集镇	建制镇	集镇	建制镇	集镇
西南	3308	1272	54779	24207	42853	18430	20.8	19.3
西北	997	532	19679	11222	15136	8233	17.1	16.4
全国	18969	5594	367501	128394	285705	98154	20.0	19.6

资料来源：2005村镇建设统计年报。

与2000年相比（见表1-4），2005年建制镇竣工面积减少45908万 m²，年末实有建筑面积增加97582万 m²，楼房率提高7.2%，人均年末住房使用面积增加2.5m²/人；集镇竣工面积减少403万 m²，年末实有建筑面积增加1961万 m²，楼房率提高15.1%，人均年末住房使用面积增加2.7m²/人。

2000年与2005年的全国乡镇住宅状况比较　　表1-4

	本年竣工建筑面积（万 m²）		年末实有建筑面积（万 m²）		楼房率（%）		人均年末住房使用面积（m²/人）	
	建制镇	集镇	建制镇	集镇	建制镇	集镇	建制镇	集镇
2000年	64877	5997	269919	126433	53.5	32.6	17.5	16.9
2005年	18969	5594	367501	128394	60.7	47.7	20	19.6
增加	-45908	-403	97582	1961	7.2	15.1	2.5	2.7

资料来源：2005村镇建设统计年报。

2005年竣工面积的减少反映了随着经济社会的发展，乡镇的住宅面积总量需求在逐步减少。同时年末实有建筑面积、楼房率和人均年末住房使用面积的增加，反映了人民近几年生活水平和生活质量的不断提高。同时，集镇方面的楼房率和人均年末住房使用面积的增加值都高于同阶段的建制镇在这方面的增加值，这说明我国的集镇经济社会发展和人民生活水平都还存在很大的上升空间。

1.2.4 乡镇公共设施状况

2005年,全国集镇本年度竣工公共建筑面积1551.6万 m^2,年末实有公共建筑面积41439.9万 m^2;全国建制镇本年度竣工公共建筑面积5773.2万 m^2,年末实有公共建筑面积114681.7万 m^2。(见表1-5、表1-6)。北京、天津、上海等三个直辖市的所有乡镇自来水普及率均达到100%,并列位于全国首位;上海市建制镇与集镇的人均日常生活用水量均最高,分别为293.1L/人和276.7L/人;天津市的建制镇与集镇的每万人拥有公共厕所数量最多,分别为469座/万人和459座/万人。

2005年全国公共建筑状况分析1　　　　表1-5

六大分区	集镇		建制镇	
	本年竣工合计（万 m^2）	年末实有合计（万 m^2）	本年竣工合计（万 m^2）	年末实有合计（万 m^2）
华北	132.5	3601.8	530.8	8807
东北	66.2	2520.8	223	6247.9
华东	325	9916.4	2395.6	43216.9
中南	471.3	13375	1524	34203.4
西南	361.2	8052.9	751.5	15602.6
西北	195.5	3973	348.3	6604
全国	1551.6	41439.9	5773.2	114681.7

资料来源:2005村镇建设统计年报。

就建制镇方面而言,2005年底全国自来水普及率为86.1%,人均日用生活用水量为118.4L/人,实有道路长300592km^2,排水管道长171107km,每万人拥有公共厕所8座。就集镇方面而言,2005年底全国自来水普及率为71.9%,人均日用生活用水量为71.8L/人,实有道路长124135km^2,排水管道长42741km,每万人拥有公共厕所9座。其中,华东地区各个方面均高于全国平均水平。这直接反映了公共设施状况与经济社会发展的紧密关系。

表1-6 2005年全国公共建筑状况分析2

六大分区	建制镇						集镇					
	自来水普及率（%）	人均日生活用水量（L/人）	实有道路长度（km）	排水管道长度（km）	万人公共厕所数	自来水普及率（%）	人均日生活用水量（L/人）	实有道路长度（km）	排水管道长度（km）	万人公共厕所数
华北	90.2	60.8	39507	14650	13	85.7	52.8	24270	3493	10
东北	78.5	66	28203	6561	12	74	57.4	14420	2238	17
华东	87.7	124.8	112536	74054	9	64.3	92.5	25535	11508	10
中南	85.8	164.3	73369	50027	7	66	82.9	28809	10984	9
西南	86.9	99.5	25384	20240	5	78.9	85.6	15145	12568	7
西北	78.2	52.7	21593	5575	8	65	46.8	15956	1950	7
合计	86.1	118.4	300592	171107	8	71.9	71.8	124135	42741	9

资料来源：2005村镇建设统计年报。

总体来看，我国当代乡镇建设呈现出以下特征：

(1) 住宅建设受到重视

改革开放以来，人口大量增加，人们对住房认识的改观和国家的住房政策改革引起住宅需求倍增，房地产业的复兴及住房投资的多元化使得乡镇住宅建设发展迅速；农村居民进一步向小城镇聚集，小城镇的住宅建设得到进一步发展，住宅建设的质量和水平明显提高。同时，农村住宅建设逐步摆脱了浪费现象和盲目的自建低质量住房的现象，而是追求住宅质量的提高。"十五"期间，我国累计完成城镇住宅竣工面积27亿m^2，每年乡镇住宅竣工面积都保持在6亿m^2以上。村镇住宅建设已经从单纯追求数量增加，逐步转变到注重质量和提高功能上来，新建住宅中楼房所占比重逐年增长，已达50%以上。

(2) 小城镇生态环境建设得到加强

当代小城镇建设中，乡镇企业污染问题比较突出，影响了乡镇生态环境和生活质量，为了经济的发展而牺牲环境的发展模式经受不住考验，大城市的环境污染和生态破坏问题也给小城镇的发展敲响了警钟。因此，国家与地方政府越来越关心环境问题和生态建设，乡镇居民也日益从关心衣食住行问题转移到关心生活环境的优劣上来。利用循环经济、可持续发展的理念，以吸引资金、建设宜居环境为目标，生态环境建设逐渐引起政府的重视，小城镇生态环境建设逐渐加强。

(3) 基础设施和公共设施建设不断完善

改革开放以来，国家开始重视小城镇的基础设施建设，从1998年开始，国家已经投入巨资用于铁路、公路、电信、水利和生态环境等基础设施建设及教育、医疗等公共服务设施的建设，其中电网、路网及电信设施等改造工程的实施，极大地促进了乡镇的发展，乡镇基础设施和公共设施得到不断完善，现代化水平有所提高。"十五"期间，乡镇基础设施建设投资持续增加，占村镇建设总投资的比例逐年上升；道路铺装率提高到了92.6%，自来水普及率达到50%，全部建制镇、99%的集镇和

88%的村庄通了电，部分村镇还用起了燃气。生产设施建设持续增长，为农业和乡镇企业发展创造了良好条件。公共设施建设发展迅速，一大批科技、教育、文化、卫生、体育等设施相继建成，为乡镇精神文明建设创造了有利环境。

(4) 投资主体多元化

20世纪80年代，小城镇发展主要靠集体投资和政府投资。目前，乡镇建设已经形成了农民、地方财政、地方集资和吸引外来资金等多元化的投资主体，地方政府和农民是小城镇建设的主要投资者。正是这种国家、地方、集体、个人、企业共同投资建设，投资渠道的多样化，引导了小城镇基础设施、公共设施的建设与完善，不断吸引更多的外来资金、技术和人才，发展乡镇企业，形成良性循环，增加了乡镇的财政收入和农民的纯收入。

改革开放以来，乡镇建设尽管取得了巨大的成就，但由于发展迅速，乡镇建设过程中存在着一些亟待解决的问题。如：乡镇盲目扩大建设；乡村居民点布局散乱，占地过多；乡镇企业遍地开花和镇区建设超前行为造成了土地资源的极大浪费。乡镇企业由于规模和资本的限制，往往采取粗放式的发展方式，低效率地利用资源，无力进行环境保护，导致了严重的环境污染和生态破坏。乡镇基础设施的缺乏是乡镇发展的最大限制因素，大部分小城镇的基础设施建设相对滞后，严重阻碍了乡镇经济社会的发展和人们生活水平的提高。同时，乡镇的教育设施、医疗设施水平低，文化娱乐设施的建设比较匮乏，也造成了乡镇建设水平不高。另外，乡镇建设管理手段和措施比较落后，建设资金不足，当前缺乏区域设施共建共享的有效机制，这些方面也是小城镇发展的软肋。

1.3 我国乡镇建设的内涵

乡镇建设是我国统筹城乡发展、构建和谐社会的重要内容，是乡镇规划指导下的各项乡镇建设的总和，是形成和完善小城镇

1.3 我国乡镇建设的内涵

功能的必要手段。

具体来看，乡镇建设包括两个层面的内容：宏观层面包括城乡统筹背景下的乡镇空间建设，主要指通过城镇、村庄的合理布局、适度集聚，提高公共财政和社会资金支持的集中度，促进乡镇各项设施集约配套和土地等资源节约利用，优化城乡空间格局；微观层面主要包括乡镇住宅、公共建筑、生产建筑、乡镇绿化、市政设施、生态环境等方面的内容，通过以上设施建设，改善乡镇人居环境。乡镇住宅建设的目标主要是满足居民生活需求，功能合理、设施配套、节能省地，并具有地方风格和特色；公共建筑包括商业服务设施、文化教育医疗科研设施、行政办公设施等，公共建筑建设要注意安全、集约以及空间组织的合理性，体现乡镇的特色和公共建筑的功能需求；生产建筑主要包括农业生产建筑和工业生产建筑，其建设要满足乡镇现代农业生产、工业生产需求，体现集约化、规模化、产业化的特征；乡镇绿化主要包括公共绿地、附属绿地、防护绿地、生产绿地和绿色空间控制区等，其建设要注意与当地的自然条件、区域环境、人口密度和经济发展水平等保持一致，要有乡土气息；市政设施包括道路交通设施、给排水设施、电气设施、燃气设施、集中供热设施、防灾减灾设施等，建设要城乡统筹安排，设施共建共享、配套完善，提高乡镇生活生产条件；生态环境包括生态建设和环境保护两个方面，其建设目标是保证乡镇环境整洁、乡村生态质量良好，促进乡镇可持续发展。

乡镇建设普遍来看具有综合性、地域性的特征。综合性，是指无论乡镇规模多大，都包含了各行各业，即生产设施、生活设施、公共设施等建设，是乡镇综合职能的物质载体建设；地域性，是指乡镇建设因地理位置、自然条件、经济条件、历史条件等的不同，会带来乡镇建设需求的差异，这就要求乡镇建设要强调因地制宜和历史文化保护的理念。

1.4 我国乡镇建设的意义及任务

1.4.1 乡镇建设的意义

目前,乡镇在国家社会经济发展大局中的地位和作用不断提升,乡镇建设成为解决"三农"问题,全面实现农村小康目标和建设社会主义新农村的关键。

乡镇建设在城乡统筹发展中起着重要的作用,而构建和谐社会大的框架之一就是要统筹城乡协调发展。乡镇建设要有城乡统筹的观念,要把城市、城镇、乡村纳入统一的经济社会发展系统中,改变城乡分割局面,建立新型城乡关系,改善乡镇功能和结构,重视社会主义新农村建设,实现城乡生产要素合理配置,协调城乡利益,逐步消除城乡二元结构,缩小城乡差别。

乡镇建设对于加速城镇化进程、解决三农问题、保障国民经济健康快速发展有着重要的意义。乡镇是我国大中城市发展的基础和保障,离开乡镇的发展,城市的发展将成为无源之水,无本之木。乡镇建设为大城市的发展提供充足的劳动力、原材料、广大市场和发展空间,保障大城市稳定发展;乡镇自身人口集聚度的增加是提高城镇化水平的重要部分。总之,乡镇建设提高了乡镇吸引力,加速了城镇化的进程。乡镇建设有利于三农问题的解决,促进社会主义新农村建设。乡镇建设通过改善镇区环境,发展非农产业,增加乡镇就业岗位,吸纳农村剩余劳动力,同时通过改善农村人居环境加快社会主义新农村建设,实现城乡协调发展。乡镇建设能够促进民营经济发展,活跃乡镇市场经济,在国民经济中占有很大的比重,因而乡镇建设对于国民经济健康快速发展具有重要意义。总体来看,乡镇建设的好坏,对于改善生产力布局,调节城乡人口分布,组织物资、人才和信息的交流,丰富农民的精神生活,提高全民族的科学文化水平,都有重要的作用。

1.4.2 乡镇建设的作用

乡镇建设是乡镇规划在空间上的落实，是乡镇管理的重要内容，具体作用主要体现在促进城镇化、工业化，统筹城乡协调发展，塑造乡镇特色等几个方面。

完善乡镇各项设施。目前，我国乡镇基础设施和公共服务设施建设比较滞后，设施不配套，防灾能力差，生态环境脆弱。乡镇建设过程中最直接的是基础设施的建设，改善目前城镇和农村基础设施缺乏的现状，增强小城镇的吸引力和凝聚力，完善各项基础设施和公共设施是今后乡镇建设的重要任务。

改善居住环境和乡镇的生态环境。各项设施建设为人们的生产生活提供了方便，并且提供了交往空间，促进了小城镇和农村居住环境的改善，使乡镇在发展经济的同时环境保护和生态建设日益得到重视，乡镇尤其是小城镇的生态环境将逐步改善。

促进乡镇发展，缩小城乡差距。乡镇设施的逐步健全，生态环境的改善，增强了小城镇对人才、技术和资金的吸引力，从而有利于促进乡镇企业发展，带动乡镇经济社会的发展；乡村建设能够通过基础设施建设极大地改善农民的生活水平，为农民生产生活提供便利，缩小城乡之间的差距，实现城乡统筹协调发展。

实现乡镇产业非农化和农民职业转换。乡镇企业和经济的发展，能够促进乡镇产业逐步实现非农化，乡镇企业发展不断地吸引农村剩余劳动力，实现了农民职业的转换，促进了乡镇的城镇化发展；而且通过乡村建设，有利于形成新型的农村社区，实现现代农业的规模化经营、机械化耕作。

塑造乡镇特色景观。乡村建设始终要把保护历史文化与地方特色作为重点，挖掘地方文化，乡村建设要合理利用丘陵山区、水网等地形。地貌特殊的地区，要充分利用独特的地形地貌优势，形成景观特色。弘扬历史文化，保护历史文化名村、名镇，延续原有的文化脉络，塑造村庄地方特色；发展特色经济，推动发展旅游城镇、工业城镇等，促进乡镇经济发展。乡镇建设过程中可以结合乡镇特色产业、特色空间景观、特色文化等进行建设，促进形成乡镇特色。

1.4.3 乡镇建设的任务

乡镇建设的主要任务是优化乡村空间结构，提高设施配套水平，营造良好的人居环境，从而实现乡镇经济、社会、环境的协调发展。

1.4.3.1 优化乡村空间结构

乡镇建设过程中如果对土地宽打宽用，往往造成土地的大量浪费，因此完善镇村布局，优化乡村空间结构成为乡镇建设的首要目标。在保障基本农田的前提下，进行乡镇工业集中区的建设，界定城镇规划建设用地范围，防止盲目扩大工业生产，圈占农田；对于现状零散的农村居民点采取适度集中、合理布局的方式，引导从事非农产业的人口进城、进镇，实现乡村居住用地集约化，防止农村住宅建设乱占耕地的现象。通过工业向园区集中、人口向城镇集中、住宅向社区集中的"三集中"原则，建设工业园区、居住区及农田保护区，引导城乡人口的合理流动，优化城乡空间利用，实现资源集约利用，保障乡镇经济社会的可持续发展。

1.4.3.2 提高设施配套水平

乡镇发展与建设，离不开基础设施和公共设施的支撑，因此提高设施建设水平是实现乡镇发展的保障。基础设施建设中交通、能源、通信、给排水是乡镇的血液循环系统，交通设施尤其是镇域交通网的建设能够引导乡镇发展的空间结构布局，通信、能源设施保障乡镇企业信息、能源获取的便捷性，公共设施的建设能够增强乡镇吸引力，增强城镇的服务功能，改善人们的生活水平，因此提高设施建设水平是乡镇建设的重要任务之一。乡镇配套设施建设要打破地域界线，统筹布局基础设施、公共设施，实现区域的共建共享。采取多种投资渠道，建立乡镇基础设施、公共设施与社会经济发展水平相适应的机制，政府通过制订规划，按照"谁投资、谁受益"和公平竞争的原则进行文化、教育、卫生、广播电视、医院等公共设施的建设，大力增强乡镇的服务功能，提高乡镇的吸引力和凝聚力。

1.4.3.3 营造良好的人居环境

乡镇建设最重要的任务是为乡镇居民营造良好的居住生活环境和生态环境。乡镇的基础设施建设、公共设施建设可以为居民生活提供方便，生态环境建设、绿地景观建设则能为人们生活提供丰富的开敞空间和交流空间，从而改善人们的生活环境。满足人的生活需求是发展的重要目标，因此小城镇建设应该把改善人们的生活与居住环境作为最重要的目标。乡镇人居环境建设既要重视城镇外部的生态环境和绿色开敞空间的建设，如增加绿色廊道、保护基本农田等；也要重视城镇内部的环境质量和绿地建设，如增加公共绿地、居住区绿地等，将乡镇自然生态系统和人工生态系统共同构筑成一个完整有机的大系统，支持乡镇可持续发展。

参考文献：

[1]《我国村镇建设成就显现住宅建设稳定发展　基础设施建设现代化水平提高　村容镇貌明显改观　规划调控和指导作用逐步增强》报告

[2] 李云才. 小城镇新编. 北京：气象出版社，1998

[3] 王雨村，杨新海. 小城镇总体规划. 南京：东南大学出版，2002

[4] 周民良. 中国城镇化道路与小城镇建设. 经济研究参考，2005年70期

[5] 高文杰，刑天河，王海乾. 新世纪小城镇发展与规划. 北京：中国建筑工业出版社，2004

[6] 朱文忠，杨章明，朱坚强. 小城镇发展导论. 上海：立信会计出版社，2002

[7] 汤铭潭，宋劲松、刘仁根、李永洁. 小城镇发展与规划概论. 北京：中国建筑工业出版社，2004

[8] 顾朝林. 中国城市地理. 北京：商务印书馆，2002
[9] 朱建达. 小城镇住宅区规划与居住环境设计. 南京：东南大学出版社，2001
[10] 张泉，王晖，陈浩东，陈小卉，陈闽齐. 城乡统筹中的乡村重构. 北京：中国建筑工业出版社，2006

第2章 国外乡镇建设借鉴

鉴于经济发展水平、社会文化背景的差异,国外乡镇建设的理念、程序和经验也千差万别。按照各国小城镇建设与发展特点的差别,可将其分为两种模式:发达国家强调城乡协调发展的模式,新兴工业化国家及发展中国家注重乡村综合开发的模式。不同模式下乡镇建设的成功和失败的经验都给我国的乡镇建设提供了可借鉴之处(见表2-1)。

国外乡镇建设主要模式　　　　表2-1

模式		生成背景	主要措施
发达国家的模式	德国的村镇振兴运动	20世纪50年代以来德国农业产业结构的变动导致乡镇青壮年劳动人口急剧下降,威胁到乡镇的兴衰	(1)提高乡镇经济发展的潜力,确保本地的就业岗位; (2)活跃乡镇的社会和文化活动,加强其凝聚力; (3)注重老建筑的修缮和重建,强调历史的传承; (4)重视环境保护和绿色空间的塑造,提高乡镇的人居环境
	日本的村镇开发计划	20世纪60年代以来日本经济进入高速增长时期,大量农村劳动力进入城市,城乡差别加大,小城镇没有发展反而萎缩,城乡差距扩大	(1)运用地方资源,创建特色城镇; (2)纳入大城市圈,瞄准城市大市场; (3)新区开发与旧区改造结合
发展中国家乡村综合开发型模式	韩国以农业现代化建设为核心的新村运动	20世纪60年代末农业发展缓慢已经制约了工业生产和国民经济的高速发展	基础设施投入增加,福利、环境改善,精神启发和城市与工厂建设

续表

模　式		生成背景	主要措施
发展中国家乡村综合开发型模式	泰国以提高农民收入和生活水平为核心的乡村综合开发活动	城乡建设、城乡居民生活水平方面的巨大落差	（1）缓解农村贫困，通过生产资料资助、公共设施改善及技术推广等手段，提高农民的收入及生活水平； （2）促进乡村就业，通过财政支持来改进干旱地区的水利设施，发展非农产业，以提高就业和收入
	印度以缓解乡村贫困为核心的乡村综合开发活动	农村地区的绝对贫困	（1）通过农民合作组织促进农业发展； （2）广开农村居民就业渠道； （3）加强乡村基础设施建设

2.1 国外乡镇建设的主要模式

2.1.1 发达国家的模式

2.1.1.1 德国的村镇振兴运动

德国位于欧洲中部，全国包括16个州，其中8个较大的州再细分为行政区；所有的行政区和余下的8个州下面分为县，县又分为乡村县和城市县两种；县以下是乡镇。

德国实现城市化所用的时间少于法国、美国，与英、法、美相比，德国工业革命起步较晚，城市化启动较迟。但随着经济的快速发展，到1910年德国基本实现城市化，到1996年，德国城市化水平已达94.6%（金逸民等，2003）。虽然德国也出现了一些大城市，但是无畸形发展现象，其城市的布局相对合理，小城镇遍地开花，遍布全国各地（见图2-1）。总体来看，在德国既没有过度拥挤、高楼林立的市中心，也没有破旧不堪的农村地区。目前德国有76%的人口居住于城市（居住于大城市的有

28%，35%的人生活在中等城市，13%的人居住于小城市)，余下24%的人口居住在乡镇。由于德国拥有发达的高速公路网，乡镇的基础设施、社会服务设施和公益事业又不亚于大中城市，因此乡镇居民的生活同大中城市的差别甚微（见图2-2）。

图2-1 德国下萨克森州的城市分布
（资料来源：H. H. Seedor，1996）

图2-2 德国北部 Peine 小城居民家的花园

针对 20 世纪 50 年代德国乡镇建设面临的困境和问题，为了避免出现和加剧大城市病，也为了保护乡镇历史文化的独特性，自 1961 年以来，在德国掀起了由联邦政府倡导的乡镇自愿参与的村镇振兴运动（Dorferneuerung），并每两年在全国范围内进行村镇发展评比并给予奖励，其宗旨是美化乡镇的居住环境、提高居民生活质量、强化乡镇的地域个性等。各州政府针对该运动有不同的鼓励措施，例如北部的梅克伦堡—前波美拉尼亚州（Mecklenburg-Vorpommern）的农林业部补贴乡镇大约 40% 的经费，但每项计划补贴最多不超过 10 万欧元（1 欧元约合人民币 9 元），其余的由当地乡镇政府财政支出。

【案例 2-1】 雷斯河畔的珍珠——Maihingen 镇

巴伐利亚州的 Maihingen 镇位于多瑙—雷斯（Donau-Ries）县，常住居民为 1230 人。尽管镇里拥有 30 个乡村企业，但其经济结构中农业仍占重要位置，非农产业的就业人口很有限，经济力量薄弱，其财税收入在全县倒数第一。通过村镇振兴运动使得该镇的居住和工作的区位吸引力大为提高。该运动不但推动了街道广场等基础设施的建设，而且促进了公共设施的发展，例如将以前的学校改建为市政厅，增添儿童活动场所的设施，通过本地戏剧俱乐部的作用将以前的医院改造为居民交流服饰、装饰等的聚会地点，加强了居民的本地认同感。此外，很多居民也用色彩和植物花卉装点私人建筑，提高了当地景观的美感和吸引力。

除了原有建筑功能的改变，土地利用布局也得到了相应的调整。图 2-3 比照了 Maihingen 镇在村镇振兴运动中的设计蓝图与建设成就。由于该镇长期受到 Mauch 河的泛滥之苦，镇内溪流的拓宽不仅可以起到调节洪水的功能，溪流本身及其两岸的绿地也使本地景观大为增色。镇区的东南角将新建小学、音乐之家、射击爱好者之家、足球场、网球场等建筑和设施，这样就能将建造仓库、市政建筑物堆放场地和变电站所需的土地置换出来。工业用地也得以功能分区。镇区一方面将 18 块农地和一个手工业场合并，建造了拥有54个分部的5个标准车间。另一方面合并了10块农地建造了个具有12个房间的公用停车场，如图2-3所示。

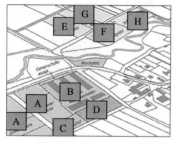 

地块说明：A. 工业预留地；B. 标准车间；C. 市政建筑物堆放场地；
D. 停车场，E. 网球场；F. 足球场；G. 射击爱好者之家；H. 学校

图2-3　Maihingen镇建设的蓝图与成果
（图片来源：www. landentwicklung. bayern. de）

德国的村镇建设非常注重对自然环境的保护，主要体现在：一是政府颁布了一系列保护农业用地、保护农产品价格的法规，加强管理机构、管理队伍的建设、完善村镇建设的投资机制，加大政府的支持力度，形成了比较均衡的乡镇结构体系；二是政府优先考虑基础设施、社会服务设施的建设和各种公益事业的健全完善，这些建设资金大部分来源于国家补贴和乡镇的税收；三是村落建设与自然巧妙地融合在一起，建筑设计在统一中寻求特色，在突出特色中满足规划的统一要求；四是注重环境建设和保护古建筑。

2.1.1.2　日本的村镇开发计划

日本共有1都（东京都）、1道（北海道）、2府（大阪府、京都府）和43个县，都、道、府、县是平行的一级行政区，直属中央政府。县以下基层行政单位有市、町、村，市、町、村以下的居民点称为集落，相当于我国的基层村（冯华等，1983）。

二战后，日本的村镇建设总体上可以分为五期，分别是粮食增产期、农业基础设施建设期、农村综合建设初期、建立调整农业结构振兴地区经济的实施体制期、农业和农村综合建设期。第三期以后，即20世纪60年代以来，日本经济进入高速增长时

期，大量农村劳动力进入城市，形成东京、大阪、名古屋三大都市圈。这时日本的小城镇没有发展反而萎缩，城乡差距扩大。在此背景下，日本政府制定了"农村实现城市化、工业化和生活现代化"的村镇开发战略，在农村建设"田园式小城市"，年轻人纷纷从大城市返回"农村"，"回归大自然"。与此同时，农村的城镇化也在迅速提高，农村的城镇化率（建制镇人口占农村总人口的比率）从1990年的88.5%增长到2000年的91.0%（汤铭潭等，2004）。

日本村镇开发计划的主要对策是：要使农村的青年人有理想，并为他们提供更多发挥才能的机会，提高经济收入；要把农村建设得更好，具有现代化设施，广开就业门路，使青年人乐意留在农村生活和工作；广泛组织农村和城市的社会交往，促进农村和城市逐步融合。为实现这一目标，日本政府提出农村整备计划，组织各地进行建设试点。中央政府对试点的市、町、村每年给予大约50%的建设费用补贴，其余的由当地政府采取多渠道的办法解决（冯华等，1983）。

日本注重在小城镇发展特色产业；在开发建设小城镇中，注意保护农民的收益，缩小城乡差别，促进第一、第二、第三产业的协调发展；在小城镇旧区改造时，注意保持传统风格。

【案例2-2】 发挥地区特性的金山町建设

金山町是山形县东北部的典型农业山村，拥有7300人，农林业是其骨干产业。二战后经济得以复兴，村镇景观建设依次经历了萌芽期、事例积累期、概念形成期和措施实施期（见表2-2），塑造了具有地区特性的村镇建筑景观，如图2-4所示。

1990年开始的金山町地区综合振兴规划，内容包括生活环境整治、产业振兴、完善道路网、振兴文化、营造环境和景观、度假休闲与开展交流共6个方面。该规划的基本方针为居民参与、以居民为主体自主制定、属于居民自身意识、具有可操作性；建设的基本战略为基于町实际状况、结合町人力资源和社会资源、谋求形成金山町个性。

金山町村镇景观建设策略演化　　　　表2-2

阶段	时间	具体措施	内　　容
萌芽期	1955～1962年	重点是振兴产业和保健卫生，居民开始注意周围环境	"大家动手清洁自家住宅周围的环境"活动
事例积累期	1963～1978年	"全町美化运动"，包括精神美化和环境美化	1971年新町长上任，提出"建设一个富饶而宜于居住的町"； 1972年引进"农村综合整治模范项目"； 1975年始，建筑专家参与计划公共建筑设施，扩大木料消费运动； 1978年开始"金山町住宅建筑设计竞赛"，景观部门一起参加
概念形成期	1979～1985年	"新金山町基本构思"中"建设一个安全而宜于居住的町"	提倡"营造街道房屋排列（景观）100年运动"； 1984年"金山町地区住宅HOPE计划"，制定"森林综合利用措施"，成为"全町公园化构思"的开端； 1985年拟定"金山町街道景观条例"标志着景观营造政策的确立
措施实施期	1985年至今	初期以软件建设为中心的景观营造，20世纪90年代后注重硬件建设	1985年起开展了软件工程"金山町地区住宅计划推进事业"，拟定了町内5个区划的"地区景观营造标准"； 1986年成立"街道房屋排列景观审议会"； 1987年设立"全町美化运动推进委员会"； 1993～1998年"模范生态城整治事业"； 1998～2000年"修建生活用道路事业"； 1997年将房屋排列条例补贴标准从30万日元提高到50万日元

资料来源：建设部赴日村镇建设考察团，2005。

图2-4　金山町的山村旅店

（图片来源：http://www.mainichi-msn.co.jp/kurashi/travel/green/etc/oyado/）

2.1.1.3 美国的城镇发展及规划建设

美国是世界上最大的发达国家,又是高度城市化的国家。在1776年宣布独立以后,美国经历了19世纪的工业革命和20世纪的后工业革命,城市化水平由1790年的5%提高到现在的75%以上。作为一个年轻的移民国家,美国的城市发展经历了以下三个阶段:1609~1830年,殖民地到非殖民地;1830~1920年,小规模到大规模工业化;1920年~现在,成熟的都市区形成和转型。与世界其他国家从农业社会发展而来、城镇从农村集散地发展起来不同,美国最初城镇建设是以殖民地为目的的,并且经由契约组成。例如,波士顿是由所有居民签署契约的方式成立的,即使没有契约,也是经过详细的规划过程。美国的城镇是随着殖民地的扩张和土地的开发而建成的。在过去的200多年里,美国的城市发展从小到大,由集中到分散,最终形成了以都市区为核心的巨型城市带。

美国的政府构成分成三级:联邦政府、州政府、地方政府。地方政府又分县政府和城市政府,两者之间相互独立。而乡镇(township)在美国指一个很小的地理范围,面积6~54平方英里(15.6~140.4km^2),一般地,以36平方英里(93km^2)为基本单元。乡镇(township)一词在美国有两种含义:一种是测量学上的含义,称为测量镇;一种是基层政府单元的含义,称为公民镇。前一种用法用于美国公共土地测量系统(PLSS),没有镇名,只有相应的数字相对应,如"T2N R3E",一般在签订土地契约和赠予土地时使用。这种乡镇呈正方形,每条边为6英里,并被分为36个数字单元,主要用于美国西部的13个州(除路易斯安那州、得克萨斯州以外)。而对应与我国乡镇政府概念的乡镇在美国一般称为公民镇,是一个基层政府单元,最初用于乡村地区。它们是县政府在地理上和政体上的细分,有具体的名称如Washington Township。乡镇政府的职责和构成由州议会决定,多数镇政府有选举出来的议会,政府的职责主要有公路保养、土地利用规划、垃圾收集等。在西部各州,一个公民镇对应于一个测量镇，但在人口稀少的地区，一个公民镇由好几个测量镇组成。遇到大的水系和山体，公民镇的界线会相应地变化以顺应地形。印第安纳州的所有土地都分属于各个镇政府，但除此之外，在其他各州，城市发展到一定规模后，会从镇政府中独立出来，其土地也会隶属于城市而不属于镇政府。随着城市地区的扩张，公民镇有可能整体消失，如俄亥俄州的汉密尔顿县米尔溪镇就是如此。

为了便于读者的理解，可以这样解释美国的乡镇：美国的公民镇相当于我国的乡镇，美国的小城市相当于我国的小城镇镇区，也就是小城镇。不同的是，美国的小城市相对于镇政府是独立的。其实，美国有的小城市规模小到只有一个加油站，一个便利店，一座汽车旅馆而已，城镇人口少到几百人，用地面积只有1平方英里，比我国的小城镇还要小得多。1910年以后，美国人口普查局用2500人作为界定是否为城市地区的标志。2000年的美国人口普查要求城市符合以下两个要求：第一，核心普查区内的每平方英里密度大于1000人；非核心普查区内的每平方英里人口密度大于500人。根据这一标准，美国的小城市大多比我国的小城镇镇区还要小。由于美国工业发达、城市化程度很高，小城市除了规模、作用和影响范围同大中城市不同外，一般生活设施水平与大中城市差别不很显著。❶

【案例2-3】加州西米谷市的规划建设

以加利福尼亚州的西米谷（Simi Valley）市为例，西米谷市的人口规模为11.7万人，而且是近十年才发展建设起来的一个城市，这样的城市在规模和城市发展阶段上与我国的小城镇特别是长江中下游人口密集地区的小城镇有一定的可比性。西米谷市位于温都拉县（Ventura County）东部，与洛杉矶市的西北部毗邻，距洛杉矶市45min车程。总面积39.2平方英里，平均高程为700~1000英尺（约214~305m）。1969年10月10日设市，

---

❶ http://www.reference.com/browse/wiki/Township_ (United_ States)

著名的罗纳德·里根总统图书馆就在这里。

美国所有的城市在成立时都决定了它的政府构成形式，共有两类，一类是"宪章城市"（Charter City），另一类是"普通法城市"（General Law City），前者是一种更为独立的实体，有自己的城市宪章，拥有更多的裁决权，一般规模大的城市或一些老的城市属于此类。后者没有自己的城市宪章，必须遵守州法律，对州政府有更多的依赖性，大多数小城市属于此类❶。

西米谷市政府的构成就是属于"普通法城市"，由市议会（City Council）结合市行政官（City Manager）进行管理。市议会包括市长在内有5个议会成员，通过全民选举产生，任期为4年。市长和议会成员一般都有自己的职业，如律师、医生、商人，所以不是全日制的市政府工作人员，在地方政府的工作属于兼职，报酬很低甚至没有报酬。只有市议会开会时，才会聚齐，市长的权利与其他几位市议员的权利是均等的，唯一的特权是负责召集其他议员开会。市政府的决策必须由市议会投票表决，市议会的会议是向市民开放的，任何人想要旁听都可以，在会议前电话预约即可。市民也可以在会上就自己的疑问或感兴趣的问题提问。西米谷市议会任命了市行政官和市代理律师（City Attorney）各一名。市行政官是全职的市政府工作人员，负责管理市政府的总体事务。市政府的服务工作可分为五类：总体服务（General Services）、警察事务（Police）、社区服务（Community Services）、公用事业（Public Works）及环境服务（Environmental Services），各有专门的部门负责人，部门负责人由市行政官任命。规划管理属于环境服务部的管理范畴，环境服务部（Department of Environmental Services）下设规划分部（Planning Division），负责规划事务管理。在美国，大多数地方政府有独立的规划委员会（Planning Commission），成员一般是5个或7个，

---

❶ William Fulton. GUIDE TO CALIFORNIA PLANNING. SECOND EDITION. POINT ARENA, CALIFORNIA: SOLANO PRESS BOOKS, 1999.

由市议会指定，在有些规模很小的城市里，市议会本身就担当着规划委员会的角色。西米谷市有其独立的规划委员会，成员为5个。地方政府往往拥有一系列的委员会，但只有为数极少的几个委员会拥有作出法定性规定的权力，规划委员会就是其中之一。

西米谷市在小城镇建设中很重视规划的作用。其小城镇规划遵循4条基本原则：一是尽可能满足人的生活需要，注重功能；二是充分尊重和发扬当地的生活传统；三是最大限度地绿化和美化环境；四是塑造城镇不同的特点和培育有个性的城镇。

在西米谷市建设小城镇不能随意而为，需要编制详细规划，而且政府很重视基础设施建设（图2-5、图2-6）。美国小城镇建设资金由联邦政府、州政府、地方政府和开发商共同承担，联邦政府负责投资建设连接城镇间的高速公路，而小城镇的供水厂、污水处理厂、垃圾处理厂等是由州和小城镇政府负责筹资建设。开发商则负责小城镇社区内的交通、水电、通信等生活配套设施的建设资金。一般来说，地方城市规划建设很少直接从联邦政府获得拨款，但是有关国计民生和具有全国意义的建设项目仍可能获得联邦经费支持。例如，城市地铁、大型机场建设等。而地方政府从州政府也可获得部分拨款，一部分拨款按城市人口比例平分，另一部分需要通过竞争方可获得，有些州政府拨款附带条件，例如要求地方政府必须降低交通拥挤、减少空气污染等。地方政府的收入是主要的城市规划建设资金来源，包括财产税、收入税、销售税、牌照税、罚款和使用费等。而其他非传统收入也日益成为重要的城市规划建设资金来源。如联合开发，即通过公私合作等方法获得建设资金，将所有权和经营权相分离；出租土地和城市空间，城市政府收取租金；收取环境影响费，即对影响环境的建设项目收取交通影响费、拥挤影响费等费用；收取财产增值税，即对由于公共建设项目产生的新增财产值进行收税，如对车站附近、交通沿线的商场、旅馆等收取好处费；发行公债，即发行普通债券和专门债券。

图 2-5　西米谷市街景一　　　图 2-6　西米谷市街景二

西米谷市特别重视环境建设和公共参与。为了有效控制城市发展超出环境容量要求，美国每个城市都进行了发展控制。西米谷市在发展控制上的规定在1996年通过，过期时间是2004年12月，到期可以由公民投票决定是否延期。发展控制规定了西米谷市每年只能发放483张单个家庭房屋的建设许可证。

西米谷市对每个项目还要进行环境评估。加利福尼亚州有一部重要的法律，即《环境质量法》，它要求，任何项目在被批准前都必须让公众和决策者知道它对环境潜在的、重大的影响。环境评估的基本内容是美观、空气质量、生物、考古或古生物、地质或土壤、灾害、水文、土地利用、矿产资源、噪声、人口、公共服务、娱乐、交通流量、市政设施等。

在美国，环境建设是城镇建设的主要内容之一，给小城镇提供了一个可持续发展的社会经济环境。每个建设项目都充分考虑环境因素。环境影响评估始终是规划建设管理的主要决策依据，因为项目的经济利益只有项目申请人最为关心，而真正直接关系他人利益的，往往是体现在环境利益方面，在规划建设管理中，公共利益的集中体现就在于环境影响，环境影响评价实际上是项目所有人的利益与社会公共利益的较量。只有公众的利益参与其中，并且公众的意见对规划建设管理决策产生影响，才有可能真正实现可持续发展。

西米谷市是一个典型的美国小城市，其政府机构相对于整个城市来讲是典型的"小政府，大社会"。政府之小，不仅表现在政府组成的规模，也表现在政府的权力，更表现在政府权力的行使过程。政府规划建设管理的每一个环节都少不了市民和相关部门的参与,每一个具体的项目审批都以市民的公共利益为基准,政府规划管理的全过程皆处于市民利益的监控之下。政府之小还在于,其在规划管理中所处的地位只是州法律和市立法的忠实守护者和执行者,而不是规划项目的直接推进者和实施者。

小城镇相对于州政府、县政府、镇政府来说,在权力的层级划分上却是个典型的"大政府",小城镇的规划建设管理完全依赖于小城镇政府有关机构的独立运作,较少看到上级政府行政干预控制的影子,其权力是独立和完整的。因此,其在规划建设的管理上可以充分做到以本镇的利益为出发点,规划管理服从于本镇的利益❶。

2.1.2 新兴工业化国家及发展中国家的乡村综合开发型模式

2.1.2.1 韩国的新村运动

韩国的一级行政区有1个特别市、9个道和6个广域市,其下有市、郡、区二级行政区。

20世纪60年代,韩国推行了两个五年经济开发计划,启动了"出口导向"的工业化战略,加快了工业化和城市化的发展。作为新兴工业化国家,韩国在工业发展中取得了不菲的成就。与此同时,由于政府忽视农业和农村的发展,结果造成农业和农村的严重落后。农业的相对落后导致国内工业产品市场的缩小和粮食进口外汇的浪费,威胁到工业和经济的可持续增长(徐廷旻,2006)。于是韩国政府在20世纪60年代末期第三个五年计划中,提出了"农渔村经济的革新开发计划",是为"新村运动"。其基本目标是促进农民树立"勤劳、自助、合作"的精神,改善农村生活环境,发展农业,提高农渔民的生活水平(孙成钢,2005)。新村运动最初在农村推行,后来扩展到城市、工厂和学

---

❶ http://www.simivalley.org/Fastracts

校，工作内容也由单纯的管理改革扩展到政治、经济、社会和文化等诸方面，成为一场席卷全韩的全方位社会改革运动。但是，新村运动除了农村以外，其他方面并没有取得成效。1979年11月该运动的发起人，即当时的韩国总统朴正熙遇刺身亡，新村运动急速落幕（徐廷旻，2006）。

新村运动的工作内容主要有五个方面，即基础设施投入增加，福利、环境改善，精神启发和城市与工厂建设。其实施大致分为三个阶段：第一阶段是试行、打基础阶段（1970~1973年），以改善生活环境为突破口，投资集中在基础设施、福利和环境改善方面。1971年，新村运动刚开始时，韩国80%以上的农家都是茅草屋，马路、桥梁、渠道、供水设备等基础设施也都落后不堪。为改善农村生活环境和基础设施，政府推进了房屋改造、道路铺设、桥梁修建、给水设备建设等项目。第二阶段是自助发展阶段（1974~1976年），政府发现，如果居民收入没有增加，就不能保障居民参与农村建设，所以工作重点着力于发展多种经营，增加农民收入。韩国政府自新村运动初期开始，在全国范围内推广"统一号"水稻高产新品种，并提供相应的财政补贴。鼓励发展畜牧业、农产品加工业和特产农业，并通过政府投资、政府贷款和村庄集资的方式建立各种"新村工厂"，大力发展农村工业，扩大生产，把原来家族式的小农经营转化为以面、邑为单位的生产、销售、加工为一体的综合经营，使非农业收入大大增加。由于农业收入和非农业收入的增加，韩国农民人均收入由1970年的137美元升至1978年的700美元，增加了4倍多。第三阶段是自立完成阶段（自1977年起），政府强调村容村貌的建设（汤铭潭等，2004；徐廷旻，2006）。

在新村运动之初，大部分投资由普通居民来承担。比如1971年的居民负担比政府投资多了两倍，1972年的居民负担增加到总投资的83.7%。为了引导村与村之间的竞争，政府采取了"拣选支援"的战略。但随着政府主导作用的强化、农业生产基础设施的完善及改善农村生活环境等政策的实施，投资财源逐渐转变为政府承担（徐廷旻，2006）。

为期10年的新村运动取得了巨大的成功，为韩国经济全面发展奠定了扎实的基础。1971~1981年，韩国国民生产总值从90亿美元上升到668亿美元，人均产值从1971年的277美元跃增到1977年的1012美元，1981年的1734美元，1987年的3110美元。1970~1987年间，韩国经济增长速度列世界第二（孙成钢，2005）。农村生活环境、农业生产基础设施等也得到了改善，但负面影响也不小。

首先，以中央政府为主导的推进方式，虽然有利于高效率地推行国家政策，但不可避免地产生不顾地方的特殊情况和地区差异而强求一律的推进方式。更重要的是，由于运动过程中不能保障农民的自愿，许多自愿的工作也变成了官办，造成了农民和地方政府对中央政府的过分依赖。

其次，新村运动并没有大规模地缩小城乡收入差距，相反却造成严重的农户负债。因为新村运动推动农村现代化、城市化，追求美好的物质生活，农民不得不改造自己的房子，不得不承担严重的债务。1970~1980年，农户平均负债由16000韩元增加到34万韩元，增长21倍。

韩国城乡收入差距的最终缩小是在新村运动结束后才实现的。城乡差距的缩小给韩国城市化进程提供了原动力，农业人口占总人口的比重不足10%，大量新城镇得以兴建，新村运动转向为新城镇运动。

【案例2-4】 首尔市郊的新镇建设

为解决首都首尔市的日益拥挤问题，20世纪80年代末，首尔市郊在政府的主导下兴建了五个小城镇，即，南郊的Bundang、Pyungchon和Sanbon，西郊的Ilsan和Joongdong，见图2-7。它们既是本地农民就地非农化转化的场所，也起到了分散大都市功能的作用。与已存在的工业卫星镇不同的是，这五个小城镇着重于第三产业的发展。例如临近Kimpo机场的Ilsan镇的建设目标是以欧陆建筑风情吸引国际商贸企业和酒店的入住，因此城镇建设过程中除了充分考虑到公共设施的便捷性和舒适性外，还注重了利用草木、森林塑造各具特色的人居环境。目前，市郊五镇已成为政府进一步推动新城镇运动的样板。例如它们在基础设施建设过程中遇到的问题和解决对策方面的经验，见表2-3。

新城镇建设发展基础设施过程中的问题和对策　　表2-3

	问　　题	对　　策
主体开发方	（1）主要由中央政府推动，地方政府和私有部门处于被动局面； （2）公共部门之间存在矛盾（部门之间、地方政府与部门之间）； （3）居民被排除在参与规划和建设之外	（1）采纳多种发展方式以提高私有部门在建设中的参与度； （2）促进公共部门和私有部门在角色、功能上的互补
基金方	（1）建设实施中负有过大的责任； （2）开发者缺乏筹措资金的能力； （3）缺乏吸纳私人资金	（1）筹建新城镇发展基金； （2）发行城镇建设公债； （3）在国家、地方政府和建设执行者间建立成本控制标准
私有财产的征用	（1）延缓了整个收购进程； （2）补偿标准和理论基础的薄弱； （3）补偿决策委员会在移民、行动方案等方面缺乏对策	（1）为新城镇建设的长期发展预留土地； （2）执行生活导向型的补偿机制； （3）补偿决策委员会考虑居民的意见
环境的发展	（1）标准化的规划缺乏对个案城镇发展环境的适用性； （2）草率的发展规划导致居住环境的便利性下降； （3）次等级的基础设施建设普遍被公共部门的投资所忽视	（1）建立充分的规划条例； （2）引导公共投资到新镇环境优化建设； （3）采用相应的策略建立多样化的城镇环境

资料来源：Korean Planners Association，1991

图 2-7 韩国首都首尔市郊小城镇
(图片来源：http：//www.iklc.com/B_business/B_balance/construction.asp)

2.1.2.2 泰国以提高农民收入和生活水平为核心的乡村综合开发活动

泰国，位于亚洲中南半岛中部，现有75个府和曼谷直辖市，面积51.4万km^2，2005年总人口达到6476万人，享有"东南亚粮仓"的美名，是亚洲唯一的粮食净出口国和世界主要粮食出口国之一。

二战前，泰国是一个十分落后的农业国，当时除有些碾米厂外，几乎没有工业。二战后，随着制造业和服务业的发展，尤其是旅游业的崛起，泰国经济结构已发生重大变化，由过去主要以农产品出口为主的农业国逐步向新兴工业国转化。城市化水平也得以提高，城市人口占总人口的比重由1985年的18%上升到2000年的43.3%，城市人口高度集中于南部的曼谷及其周边地区（占全国总人口的12%）。

自1961年起，泰国开始实行经济发展五年计划，政府在前四个五年计划中投入了大量的资金在交通、水力发电、高等教育和一般公共福利等方面，这些项目在一定程度上改善了城市区尤其是曼谷地区居民的生活，但对乡村居民的影响却微乎其微（冯华等，1985）。直至1982年，泰国政府公布了第一个明确的农村发展政策，建立了不同层次的农村发展管理体系，并系统地开展工作，取得了令人瞩目的成绩，例如泰国极度贫困的村庄由1984年的5560个下降到1990年的180个。

泰国的乡村综合开发活动主要有以下两大类措施：

（1）缓解农村贫困，通过生产资料资助、公共设施改善及技术推广等手段，提高农民的收入及生活水平。

泰国政府十分重视把科研成果迅速转化为生产力。在1972~1992年，泰国政府三次重组农业科研机构和科技推广、管理机构，使研究所、中心和试验站与泰国农产品种植区域更加协调一致，满足不同自然资源和社会经济条件地区农民的需要，让科研成果更快更有效地转让给农民，确保出口农产品在国际市场上立于不败之地。

（2）促进乡村就业，通过财政支持来改进干旱地区的水利设施，发展非农产业，以提高就业和收入。其中最有成效的是"一村一产品（One Tambon One Products 缩写为 OTOP）"战略。

泰国是一个农业和旅游业并重的国家。如何将这两方面有机地结合，使之产生效益，一直是泰国政府着力研究的问题。2000年，刚刚从金融危机中艰难走出的泰国经济依旧虚弱。在这种情况下，泰国政府提出了 OTOP 战略，这一战略从鼓励全国每个乡镇发展自己的传统乡村手工艺品入手，通过给农业剩余人口提供就业的机会，改善低收入人群生活，推动市场供求关系，使特色产品迅速融入到市场供求链中，并得以迅速发展。

在鼓励生产特色产品的同时，泰国政府还制定了严格的规范标准。在各乡推出的产品中，如果获得政府认定，被正式注册为 OTOP 产品，则可享受在商业咨询、包装设计、市场渠道、技术服务等方面的全面支持。如今，泰国人和有经验的外国游客在泰国消费时，只要看见 OTOP 标志，就会放心购买，不用担心粗制滥造等质量问题。OTOP 战略通过提高农民的收入，营造放心的购物环境，间接鼓励消费和刺激消费，使市场经济的多方面环节都得到发展，为加速农村经济发展起到了积极的作用（周海俊，2006）。

【案例2-5】基于社区团体参与的 Chakkarat 乡镇建设

Chakkarat 位于泰国东北部，距省府呵叻（Nakhon Ratchasima，泰国第三大城市）40km、距首都曼谷300km，拥有8个分区，1999年的人口为63408人，比1994年的77154人有所缩小。

通过提高本地生活质量和提供工作机会来对抗大城市对居民的吸引成为乡镇建设的目的之一。

除了政府财政的支持，社区团体的参与在 Chakkarat 乡镇建设中亦起到了重要的作用。早在1988年当地就受益于德国技术协会的帮助项目。该项目不仅在供水、厕所改造方面提供了服务，而且通过农业（家畜、作物）和非农业活动（成衣、手工、制砖）提高了居民的收入，进一步促进了农村信贷体系等机构的完善。20世纪90年代中期，附近机场的建设给 Chakkarat 的发展带来了生机，两个制糖厂的成立则将农业用地的利用方式从种植木薯和水稻转变为甘蔗。

1997年席卷全国的经济危机也给本地的农业带来了冲击，但很快 Chakkarat 就克服了危机的社会经济问题。主要的原因在于，自1998年以来，人口和社区发展协会成功地招商引资，制鞋、运动服、服装等工业企业入驻当地的 Non Pruk 村。为了改善工厂周围的环境，1999年，那里的制鞋厂（耐克的分厂）执行了特别的社区参与项目，即耐克村镇发展项目。这一项目为乡村地区工业企业和社区的协调发展提供了成功经验，如图2-8、图2-9所示。

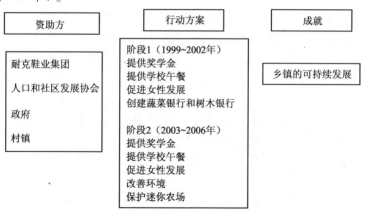

图2-8 Chakkarat 地区耐克村镇发展项目
（资料来源：www.pda.or.th/pdf/CSR-Thailand-finalrevision-WF0811.pdf）

图 2-9　Chakkarat 的政府机构大楼
(图片来源：http://www.pea.co.th/peane3/NE3_Office.html)

2.1.2.3　印度以缓解乡村贫困为核心的乡村综合开发活动

印度分为 28 个邦和 7 个中央直辖区，邦下设县，中央直辖区下设立区。位于南亚的印度是一个农业人口众多的发展中国家，有近 70% 的人口居住在农村。按联合国每人每天支出 1 美元的绝对贫困标准计算，印度的贫困人口约为 3.9 亿人，且主要集中在农村地区。同时，印度农村的各项基础设施、生存环境、教育和医疗等社会保障程度都大大落后于城市。为了解决乡村贫困的问题，印度政府制定了许多有关农村发展的计划和工程，并不断增加资金投入，因而农村的建设取得了一定的成效（王晓丹，2006）。

印度农村建设加速的转折点是印度中央政府的权力下放，也就是 1993 年开始实施的第 73 宪法修正案。该法案催生了完整的自治机构体系的建立。而政府有关农村发展的各项工程均由自治机构负责实施（王晓丹，2006）。

印度的乡村综合开发活动主要表现在以下三个方面：

(1) 通过农民合作组织促进农业发展

从 20 世纪 70 年代起，印度政府就发起了著名的旨在推进奶业发展的"白色革命"(因牛奶是白色的而得名),采取了一系列行之有效的方针政策来发展奶业。其中一项措施就是扶持组建奶牛生产合作社。印度奶牛的平均饲养规模很小,仅2~3头/户,而且饲养非常分散,但合作社将奶牛饲养者有效地组织起来。在政府的扶持下,印度建立了以奶牛生产合作社为基础,以乳品加工厂为核心,提供产前、产中、产后配套服务的"产加销"一体化体系,并实行按交售鲜奶的多少返还利润的办法,以保护奶农的利益,调动他们的生产积极性。为了推动奶牛合作社的发展,印度政府在资金和技术等方面给予合作社大力支持,通过农业筹款公司和合作发展等部门,向合作社提供短期贷款(主要用于购买饲料和支付薪水等)、中期贷款(主要用于购买牲畜和归还贷款等)和长期贷款(主要用于购置机器设备、修建房屋和建立加工企业等)(周俊玲,2003)。

(2) 广开农村居民就业渠道

农村劳动力就业问题是印度政府重点考虑的问题之一,也是减轻农村居民贫困的重要途径。有关就业的工程主要包括:

1) 普遍农村就业计划。工程的设计思想是,通过在农村地区修建持久耐用的社区基础设施,加强政府对农村的投入,一方面可以使农民获得额外的就业机会,获得工资性收入,保证贫困人口的最低粮食需求,同时也可以改善农村落后的经济、社会基础设施。该工程每年大约产生10亿人·日的就业机会,每人·日最低可获得5kg的粮食(实物),各邦同时可根据各自情况自行制定给付额外现金报酬,报酬必须直接支付给劳动者本人。

2) 乡村自我就业计划。该工程通过商业信贷和政府资助的组合贷款方式向贫困线以下家庭提供小额资金扶持,用于帮助他们形成可以产生收入的资产。政府希望通过这种方式依靠贫困人口自身的能力在农村地区形成大量的微型企业,主要为手工加工业,来产生大量的就业机会,使贫困人口脱贫。主要方式是动员贫困人口自我组织起来,形成自我帮助小组。

3) 国家以工代赈工程。该工程于2004年开始在一些最落后的农民聚居地实施。其目标是向符合标准的受益户中最少一人提供每年100天的就业机会,工作是非技术性的手工劳动,如修路、架桥、平整土地、开凿运河、兴修水利等。而且由《全国农村就业保障法案》保证农民就业的权利和获得最低标准工资。

(3) 加强乡村基础设施建设

基础设施建设的重点是饮用水、环境卫生、住房、教育和道路建设等。其中针对贫困线以下无住房的农村居民,印度政府于1985年启动农村住宅工程。政府提供资金,制定标准,由受益者自己建造房屋。具体受益户由村委会决定,落实女性优先的政策。其他农户可以通过"信贷加补助计划"获得政府一定数额的扶助资金用于住房的改造。年收入在3.2万卢比(1卢比约合人民币0.2元)以下的农户,可以获得最高1万卢比的补助和最高4万卢比的贷款用于住房的建造和改造(王晓丹,2006)。

【案例2-6】为缓解大城市病而兴建的Noida新镇

Noida与德里相邻(见图2-10),距德里市中心15km。Noida于1976年才开始设镇,其腹地为大德里东部的36个村庄,其名字也是由New Okhla Industrial Development Authority的缩写而得。新建Noida的目的,一是为了安置不适宜在德里发展的小规模的和污染的工业企业,二是为了分散德里过于拥挤的居民,尤其是德里市区因贫困而无家可归者。土地利用结构的变动(见表2-4)直观地反映了该镇经济发展的特征及邦政府的政策引导方向。由于新镇的迅速扩展,公共建设资金短期内无法到位,导致了商业设施的滞后,很多居民不得不到德里购物,与之相反的是,为富裕阶层服务的休闲娱乐用地比重要高得多:沿着Yamuna河有一条玫瑰园,镇的东南部则建有高尔夫球场。由于德里的工业企业不愿意离开原址,Noida的工业绝大部分为新办的企业,但在吸引德里居民方面获得了成功,至1995年,迁移到Noida镇的居民中有59%来自德里市。这说明新镇通过出售住宅和工业用地为政府迅速地积累了建设资金。

图 2-10　印度北部 Noida 新镇一角
（图片来源：http://www.greatmirror.com/）

Noida 新镇土地利用的发展　　　　表 2-4

用地类型	1995 年		1998 年		2011 年（预测）	
	面积（hm²）	比重（%）	面积（hm²）	比重（%）	面积（hm²）	比重（%）
住宅	1131	42.15	1607	35.5	3672	47.14
商业	132	4.92	36	0.8	431	5.53
工业	811	30.23	1092	24.1	985	12.65
交通	365	13.60	1013	22.4	941	12.08
行政机构	152	5.70	571	12.6	536	6.89
休闲娱乐	—	—	208	4.6	—	—
合计	2683	100.0	4527	100.0	8420	100.0

资料来源：Potter 和 Kumar，2004。

2.2　国外乡镇建设对我国的借鉴与启示

　　处于不同的经济发展阶段和城市化进程的国家，在乡镇建设中面临的问题也是大相径庭的。总的来看，国外乡镇建设的成功经验主要有以下四个方面：

2.2.1 重视乡镇规划的权威性和按规划实施建设

乡镇规划不但具有综合性、科学性、超前性和务实性,而且还具有权威性。规划一旦得到批准,就必须按规划实施,不能随意更改(金逸民等,2003)。许多国家在长期的实践中,形成了一套固定而有效的程序,一般步骤是:提出规划草案,组织民众评议,邀请专家论证,再经议会批准。经过这几个环节,既充实了规划的内容,又提高了规划的质量,也较好地体现了规划的民主性、科学性和法律性,从而避免了人为的随意性,为规划的建设和管理提供了依据。例如,法国的蒙贝利尔镇在制订规划时,曾举办了三个展览会,并且广泛征求民众的意见和建议,这样可以促使居民关心和支持市镇规划的实施,既加深了公众的归属感,又可以防止腐败现象发生,保护地方的人文和生态环境(汤铭潭等,2004;金逸民等,2003)。

2.2.2 强调乡镇建设的个性

乡镇不是大中城市的缩影,其鲜明的个性能通过街道、房屋等表达出来。建筑物是一种社会性的象征,它是物质、智力和心理的综合体现。建筑物不仅应当满足居住的基本功能,并且应当使人们感受到社会生活的丰富多彩。乡镇建筑的风格和特色不要简单追求新奇、独特,重要的在于和谐、自然。国外的许多乡镇,布局严谨,群体协调,各式新老建筑相互并存、相互衬托,有机地构成了一幅幅颇有韵律,又具时代特色的画面。关于建筑技术,强调应当尽可能提供各种标准化的构件配件,使人们充分发挥自己的聪明才智,以自己的喜好、情趣,组合形式各异、多姿多彩的建筑。建筑的个性越突出,也就越有价值,更会受到人们的赞赏和推崇(汤铭潭等,2004)。

2.2.3 突出乡镇建设中的人文关怀

赋予乡镇活力的是本地居民,乡镇建设中唯有突出人文关怀才能吸引居民，避免乡镇的衰败。国外乡镇建设中的人文关怀主要表现在：1) 关心居民的就业问题，拓展居民的就业渠道；2) 注重社区的建设，重视社区社会服务的发展，关注弱势群体的生活；3) 营建吸引居民聚会的公共场所，加强居民间的交流，强化他们对乡镇的认同感和归属感。

2.2.4 重视乡镇建设的管理工作

国外许多乡镇都建设得很有秩序，管理得非常严格，成功的经验主要表现在：1) 政府在乡镇建设中有明确的组织、领导和管理的责任。西方农村基层政权的基本格局是：议会与政府并行，议会立法，政府执行，各自独立，相互制衡。2) 建立相应的机构，具体地从事乡镇建设的管理工作。例如，英国的"乡间委员会"为半官方组织，专门负责小城镇建设的管理和乡村自然风光的保护，并对乡村的道路、绿化、水面利用、露天娱乐设施、野营点的建设，加以规划和组织管理。3) 依据法律管理乡镇建设事业。乡镇建设中的很多问题，仅靠政策引导、道德约束，是难以有效控制的。只有依靠立法、采取法律手段，才能规范人们的行为（汤铭潭等，2004）。

由上可见，国外在乡镇建设上的切入点各有侧重，与我国当前乡镇建设的重点有一定的差异，因此不能照搬国外模式，而应该根据我国地域发展不平衡的现状，有针对性地探索新时期乡镇建设的新思路。尽管这样，我们还是能从国外乡镇建设的实践中得到一些有益的借鉴和启示。

(1) 乡镇建设理念方面的启示：充分认识和加强乡镇的地位和作用

从历史角度看，乡镇在城市化进程中扮演着大中城市不可替代的角色。伴随着城市化进程的推进，无论是发达国家还是发展中国家都经历了乡村重建的过程。先期城市化的国家，乡村重建往往走的是一个被动的、滞后的路子，而后期城市化国家基本上都采取了主动的、同步的方式。对于农村人口众多、农村居民受教育水平相对较低的中国，乡镇应当在工业化、城市化和现代化历史进程中，作为一种与大中城市和乡村不同的社区单位，在缓解大中城市就业压力、农村劳动力转移和促进农村非农产业发展、提高农民生活质量等方面起着不可或缺的作用。从我国的实际出发，应该将小城镇定为乡镇企业的聚集中心，以及从农村转移出来的从事非农产业的人口的聚居中心（汤铭潭等，2004）。不过，需要强调的是，即使是乡镇企业，也不能因其偏离大中城市而降低了环境保护的准入门槛。

(2) 乡镇建设财政政策方面的启示：加大政府投资和融资支援

乡镇建设需要大量的资金，单靠政府财政投入毕竟有限，尤其是当地财政力量薄弱的欠发达地区。国外推进乡镇建设的各项政策措施都是以财政投资和融资支援为后盾的。欧洲国家的普遍做法是建立基金会，以基金会为主体筹集资金，专门用于农业和农村建设，特别是落后地区、贫困地区的开发和建设。如德国农村公共基础设施建设资金主要由政府通过补贴的方式来鼓励农民改造和建设，并由农民参与项目决策、设计、监督和实施。产业的开发由基金会等股份制金融机构协调和扶持。韩国新村运动则采取中央财政和地方财政投资和乡村集资的方式，为避免划拨财政经费后层层被消化和削弱的现象，中央财政由中央新农村领导小组直接负责，通过专款专用、专款配套、直接到村或农户等各种方式，建立合理的财政投入管理体制。

(3) 乡镇建设实施方面的启示：倡导公众参与规划建设

由于缺乏公众的理解和支持，自上而下的乡镇规划在建设实施中，往往会遇到来自基层的很大阻力。而西方国家在城镇建设中，规划的开始阶段就有公众参与，当建设规划草案公开征询意见时，人们还可以提出异议。因此，在建设规划的制定和颁布过程中，公众参与是提供建设规划的调整及其灵活性的重要途径，也是公众参与的基础，从而使规划得以顺利实施。

参考文献：

[1] 金逸民，张军主编. 中国小城镇发展战略研究. 北京：中国农业科技出版社，2003

[2] 冯华，杜白操，王振萼编，国外村镇建设资料集. 北京：中国建筑技术发展中心，1985

[3] 汤铭潭，宋劲松，刘仁根，李永洁主编. 小城镇发展与规划概论. 北京：中国建筑工业出版社，2004

[4] 庄侃. 国外小城镇建设经验. 经济日报，2006/06/01

[5] 孙成钢. 韩国新村运动，10年破"三农"难题. 新华每日电讯8版，2005/10/30

[6] 徐廷旻，党国英. 韩国新村运动真相及对中国的启示. 南方都市报，2006/07/14

[7] 周海俊. 国外扶持农业发展的做法及启示之二. 湖南省统计局，湖南统计信息网，2006/02/28

[8] 王晓丹. 印度的农村建设. 中国社会科学院院报，2006/07/14

[9] 吴景龙，袁华军. 国外小城镇建设. 中国市区县长网，2004/12/31

[10] 周俊玲. 印度奶业的发展经验与启示. 世界农业，No. 12，2003

[11] H. H. Seedor, H. -H. Meyer（eds），Landeskunde Niedersachsen-Natur- und Kulturgeschichte eines Bundeslandes. Neumünster：Wachholtz. 1996

[12] 建设部赴日村镇建设考察团，建设部村镇建设代表团赴日考察交流. 小城镇建设，No. 4：5-13，2005

[13] Korean Planners Association. Plan and Management of City 3，Jipmun- dang，1991

[14] Potter, R. B.；Kumar A.. A New Town in the National Capitol Region of India. Geographical Paper No 174. The University of Reading. 2004

第3章 乡镇建设的理论基础

3.1 城镇化理论

3.1.1 城镇化的内涵及其与经济增长的关系

城镇化的内涵广泛,同时具有社会、经济、空间等方面的含义。国内"城镇化"与"城市化"两种提法概念上的差异,也表达了对城镇化不同的理解,尤其是对于小城镇在城镇化过程中的作用存在不同的看法。

经济增长与城镇化发展水平之间存在着客观的对应关系。大多数地区,城镇化发展总体上呈现以下趋势:随着经济的增长,城镇化水平提高首先从较缓慢阶段进入高速发展时期,到经济发展较成熟阶段,城市人口提高空间有限,城镇化水平增长又会趋缓。对应着不同阶段的转换,有两个主要的拐点,城镇化水平一般在30%和70%左右(见图3-1)。我国"十五"期末,城镇化水平约为43%,正处于城镇化高速发展的时期。

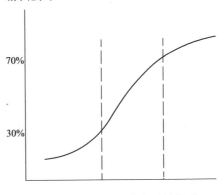

图 3-1 城镇化与经济发展的关系

3.1.2 城镇化的动力机制

3.1.2.1 规模效应和集聚效应的理论解释

从经济学的角度,城镇化的本质也是经济活动专业化与分工演化的过程。这其中,又可以进一步理解为两种作用过程,即规模经济效应与集聚经济效应。规模经济效应的内涵为:对于单个企业来说,随着企业生产规模扩大,产品长期平均成本降低。根据生产要素组合方式的特征,企业选择合适的生产规模,以取得最佳经济效益。对多个企业来说,集聚能促进生产更细的分工和更高的专业化程度,从而带来高的劳动生产率和生产成本的大幅度降低,诱导相关产业发展。

集聚经济效应的内涵为:由于生产集聚、人口增长,促使形成高效率的基础设施和公共服务网络,特别是金融、保险、信息咨询业的发展,从而带来巨大的外部经济效应等。例如从就业的角度,有资料表明,每增加一个第二产业就业岗位,就有潜力新增两个第三产业就业岗位。

对企业来讲,当生产规模超过某点时,成本—效益曲线可能显示出不经济的趋势。城镇化带来的集聚过程也会存在着不经济的情况。即城市规模过大,相应产生交通阻塞、环境污染、地价上升、公共费用增加、生活质量下降等负面问题。

理解集聚效应,同时不能忽略人口在空间上适度的集聚可以产生社会资本,即通过人员的交往、信息的交流,有助于产生相互的信任,拓宽个人发展的渠道,给人精神慰藉,促使互助行为的发生。

以规模效应和集聚效应可以解释由于第二、第三产业的空间聚集,最终产生了城、乡不同的空间形态。

3.1.2.2 推拉效应

推拉效应是一种比较通俗的说法,也是最容易理解的过程,因为其与个人的选择直接相关。一方面,城市以其高就业率、高收入、较好的教育和训练、较好的公共设施和其他公共制度的优势对广大农民产生巨大的吸引力；另一方面，农村因为相对贫困、落后，经济不发达、生活不便利，产生了对人口的推力。影响到个人是否从乡村移民决策的基本要素包括：城乡之间实际的工资差异，以及移民后在城市地区找到工作的概率等。

3.1.2.3 产业结构优化推进的城镇化

不同产业类型对城镇化的效用可以简单概括为：农业是城镇化的基础，工业是城镇化的动力，第三产业是城镇化发展的后劲。

农业的基础地位体现在其为城市的发展提供粮食、工业原料和剩余劳动力。农业积累甚至提供乡镇工业启动的资金，并在现阶段对亦工亦农的农民还起着基本的保障作用。俗话说："仓廪实，民心聚；农业稳，天下稳"。工业的动力地位反映在工业企业的发展、工业机械的广泛使用，带来了更大的增值效应，同时为农村进入到农业机械化发展和农村剩余劳动力转化的良性循环提供了可能。第三产业的发展不仅创造更多的非农就业机会，也直接提升城镇化的质量。

用产业增加值对比，各地经济发展均不同程度地经历着由"第一、第二、第三"的产业地位的排序，逐步过渡到"第二、第三、第一"、甚至"第三、第二、第一"的状态。产业结构的演替，其对应的人口就业结构也在发生变化。

长期以来，我国第一、第二、第三产业之间发展不平衡，使产业结构的优化效应难以体现。特别是第三产业不发达，大大降低了等量工业资本所提供的就业机会。同时，由于非农产业就业不充分，抑制了社会对工业产品和农产品的有效需求，限制了工业的扩展和农民对农业投入的积极性，延缓了农业的产业化和现代化，导致整个社会产业结构长期在低水平徘徊。

3.1.2.4 城镇化的反作用力

城镇化能否健康推进也对经济社会发展形成极强的反作用力。我国长期以来内需不足，已经形成对经济扩张的制约，其中低城镇化率是造成内需不足的重要因素。农村剩余人口不能进入城市,收入长期不能提高,降低了居民生活需求。国内市场难以打开,遏制了资本再投入的势头,经济增长难以实现或者是过度依赖国外市场,出现经济增长而就业不增长、"繁荣而不富裕"的局面。同时长期过高的出口依存度不可能持久,这都影响了经济的可持续发展。

3.1.3 中国农村城镇化的背景、特征及其约束条件

3.1.3.1 中国农村城镇化的背景

(1) 农村人口就业和收入结构

和大多数发展中国家一样,中国的城镇化背景具有以下的特征:经济基础相对较弱、涉及大量的人口、人口出生率和净增长率高、贫富差异明显等。

目前我国农村农业劳动力人均耕作面积低于 $0.3hm^2$,适度规模经营至少要达到 $1.3\sim 2hm^2$,这样就必须使 75%~85% 的农村劳动力转移出来,使城镇化水平达到 70% 左右,可转移的农业劳动力数量巨大。

农村地域内现存的大量剩余劳动力,以隐蔽失业的形式存在,部分进入到城镇,成为非正规就业的主要组成部分。农村剩余劳力在某种程度上成为现代工业部门发展的"劳动力储存库"。部分剩余劳动力在农村地域范围内从事非农生产,离土不离乡(见表 3-1)。各地农村人口的就业结构和收入结构也存在较大差异,同时,城乡之间收入目前还保持较大差距(见表 3-2)。

无锡锡山区两个自然村劳动力调查 表 3-1

样本点	调查人口(人)	劳动力结构				非农业劳动或兼业劳动的就业分布		
		劳动力人数(人)	纯农业劳动力(%)	兼业劳动力(%)	脱离农业劳动力(%)	本村(%)	本镇(%)	其他(%)
宛山	225	165	23.6	55.8	20.6	44.4	37.3	18.3
东升	168	120	11.6	36.7	51.7	67.0	28.3	4.7

无锡锡山区农民与区属单位职工收入对比　　表 3-2

年　份	1998年	1999年	2000年	2001年	2002年	2003年	2004年
农民人均收入（元）	5342	5454	5520	5011	5372	6064	7005
（市）区属单位职工平均工资（元）	8772	9370	10177	11480	13114	16385	8772

资料：无锡锡山区农村收入典型调查

问卷调查的结果显示：调查的92户农户中，有53人从事纯农业生产，兼业的为136人，非农劳动96人，累计非农收入186.7万元，农业收入4.24万元。农业收入在总收入中的百分比为2.2%。且大多数农户会认为：种田已经不重要，只是保证自己米、菜的供应，谁拿它养家？

（2）耕地资源受到严重冲击

对于国内较发达地区而言，一方面国家增强了保障农业用地的硬性约束，另一方面，各地政府在强大的第二、第三产业的投资潜力下仍然面临着发展的重大抉择，甚至是诱惑。

我国各地区前阶段的经济增长，很大程度上属于"土地依赖型"的增长。在此过程中，耕地资源锐减，已转化成的非农用地却利用粗放，不是一种可持续的发展过程。问题出现的根源在于以"经济增长为中心"的主导价值观念和以"GDP"为核心的官员政绩考评制度。

（3）农村社会基层组织结构

我国农村在镇、行政村的建制管理模式下发展，并确立了村民委员会作为农村基层群众性自治组织的法律地位，乡镇具备一级完全政府职能。目前的焦点问题是乡镇的适宜规模、公共物品提供的质量、村民自治的发展前景等。

我国20世纪90年代以来乡镇行政区划调整力度加大，普遍采取了撤乡并镇、撤村并点的举措（见表3-3），对于节约用地、集中建设基础设施和公共设施、减少行政开支有利。但随着服务人口数量的增加，且服务人口仍保持高度分散的居住方式，乡镇机构的撤并同时也可能引起包括教育、治安、医疗等的公共物品服务质量下降。

1992 年以来我国乡镇机构和行政村的变化情况　　表 3-3

指　标	1992 年	2005 年	2005 年和 1992 年相比
乡镇数（个）	48250	38412	-20.4%
其中：乡	34115	20686	-39.3%
其中：镇	14135	17726	+25.4%

资料来源：中国统计年鉴 1997 年、2005 年村镇报表（全国）。

目前，乡镇一级公共物品的供给普遍存在着以下问题：资金不足，供给质量不能保证；制度内供给不足，制度外供给比例偏高；供给选择机制缺乏，供给与需求脱节；供给的实践和法规不透明，容易产生负面问题等。

完善村民自治是基层民主化管理的趋势，其对农村社会基层组织结构必将产生深远的影响。目前，关于村民自治的实现方式及村民自治与乡镇的管理模式之间如何衔接正在广泛的讨论之中。随着国家对乡村经济依赖性的减弱和乡村市场经济的发展，以及传统的权力文化向现代文化的转变，国家的行政权力将逐渐退出乡村政治领域，实现乡镇自治就应该成为改革的重要目标（于建嵘，2006）。在这个过程背后，农民将成为建设的主体。

现存的镇村管理模式及对应的土地使用制度未必是一种高效的管理架构，但在现实中却是农民的保障系统的重要构成。所以，农村社会组织结构的变革，也宜更多地立足于提高公共物品的服务质量，提高基层民主，保障农民权益。

（4）农村空间分布特征

与传统的农业耕作方式对应，农村居民居住呈现出散布的空间形态，全国行政村平均人口保持在 1100 人左右。江苏无锡典型调查显示，自然村平均人口约为 200 人，江苏盐城典型调查显示，自然村平均人口约为 300~600 人。由于自然条件的差异，地区之间有差异。即使就江苏省的苏南、苏中、苏北地区对比，差异也很明显。

20世纪80年代以来,国内较发达地区乡镇工业和村办工业的发展,在居住分散的基础上,增加了第二产业分散布局的特征。镇区及村镇自有用地大手大脚、集约度不高,在土地资源日益约束的背景下,显得不够合理。分散的布局形态,给农业的规模化经营造成了阻力,同时,极大地影响了消费效率,加大了公共物品提供的困难。因此,改善农村空间分布形态也成为资源约束下土地集约化利用的切入点。

3.1.3.2 中国农村城镇化的特征

(1) 以工业化带动城镇化为主要动力

20世纪80年代以来,工业投资拉动成为各地城镇化的主要动力。乡镇政府积极发动地方民间资本,采取非常合作的态度招商引资,努力接受较发达地区的资本转移。同时,加强乡镇软硬环境建设,增强自身竞争力,目的是充分发挥工业化的强大推动作用。

(2) 隐性城镇化人口占据一定的比例

以城镇人口统计的城镇化指标不能真实地反映我国城镇化水平。事实上,统计口径上的很多农业人口实际就业已经转为第二、第三产业,如果将这部分隐蔽的第二、第三产业人口也部分或全部计为城镇人口,中国城镇化的水平要比现状统计的值高出许多。

(3) 异地城镇化比例高

在全国范围内,人口由西向东迁移趋势显著。在东部较发达地区,人口也呈现出梯度转移的特征(见表3-4)。

无锡市锡山区六个乡镇外来人口统计　　　表3-4

年份	外来人口总数	外来人口分布				六乡镇人口总数	外来人口所占比例
		镇区外来人口数	镇区外来人口占总数的比例	村庄外来人口数	村庄外来人口占总数的比例		
2003年	89459	43185	48%	46274	52%	372839	24%
2004年	117545	50515	46%	60510	54%	432505	26%

3.1.3.3 中国农村城镇化的约束条件

（1）土地资源约束

城市型的生产与生活方式比农村型的生产与生活方式整体上更加节省空间和土地，城镇化有助于缩小人口增长对土地的压力。

耕地资源对农村的社会稳定和发展意义重大，但根据单位报酬递减的经济学法则，由于耕地有限性的特点，随着人口的不断增长，人均收益必然不断下降。要从根本上解决农村经济与社会问题，必须努力使一部分人口从传统的农业生产与生活方式中转移出来，同时积极发展第二、第三产业，增加非农就业机会，提高城镇化水平。

与此同时，国内农业规模经营推进缓慢，并不是由于技术条件不成熟，根源还是在于土地资源的约束。在城镇化推进过程中，农村部分剩余劳动力进入城镇，却不能同步带来农村人均耕地数量增加、规模化经营和农村劳动生产率提高，所以不是一种健康的城镇化。

（2）土地产权约束

乡镇经济前阶段的发展，国家政策的支持和农村土地集体产权制度在其中起到核心作用。但下阶段的发展，尤其要推动农业人口的空间转移，最为关键的是土地产权制度的改革。需要打通要素流通市场，国有土地与集体土地之间做出有效的衔接。需要思考为什么对部分农民而言，进城打工成了"进有生财之道，退有安身之本"的策略？农民的现有利益附着在土地上，这部分利益不能充分兑现，对于大多数有迁移愿望却缺少启动资本的农民而言，自然不会轻易放弃。土地产权制度不改革，只能给城镇化的进程加大阻力。

（3）相关制度约束

现存的行政区划制度、乡镇财税制度、行政构架及官员考核制度、城乡规划制度等，均不同程度地影响着农村城镇化的进程。

中国农村改革，涉及多系统的改良，仅有中央头1文件的支持以及中央直接的转移支付，还不能长久地保障农村的建设发展，制度建设是核心和基础，制度之间的衔接和配套也是需要反复探索的过程。

3.2 城乡相互作用理论

3.2.1 我国城乡关系的发展阶段

3.2.1.1 计划经济体制下的城乡关系

计划经济体制带来城乡分离的格局，城乡表现为核心和附属关系，在一定程度上也是剥夺与被剥夺的关系。城市在经济生活中处于主导地位，成为推动经济发展的主要力量，而农村的力量则呈相对弱化的趋势。城市具有更高的劳动生产率，可以创造出更多的财富，农村则长期收入低，农民缺乏生活保障。

3.2.1.2 改革开放以来的城乡关系

当经济发展到一定阶段后，城乡的分离与对立及差异过分悬殊，不利于城乡经济社会的平衡和社会生产力的进一步提高，影响国民经济的协调发展。资源配置的不合理程度加剧，资源浪费严重，农村贫困化、农民收入过低已成为严重的社会问题。消灭城乡对立是改革开放的重要职责之一。

1978年以来，国家相继进行了一系列制度改革，包括取消粮食统购统销制度，农村税费减免，增加对农村的转移支付等措施，正由上而下地逐步通过促进农业现代化、农村城镇化，促使城乡二元结构趋向于城乡一元结构。

3.2.2 中国城乡二元结构的现实状况

新中国成立以来，中国重工业优先发展战略以及高度集中的资源配置制度决定了中国城乡关系的演变。由于中国是在资本稀缺阶段强制推行资本密集的重工业优先发展战略的，为此就必须有一个部门为城市工业（尤其是重工业）发展进行资本积累。中国政府采取了强制性"以农补工"的方式。为此，采取了城乡隔离的户籍制度、工农产品的"剪刀差"政策等措施来实施这一战略,强制农民提供工业化积累,直接造成了城乡利益的冲突,使生产要素无法在更广泛的城乡空间进行有效配置,从而造成了区域和国民经济整体利益低下,也直接导致了中国长期以来的城乡"二元"结构。

3.2.2.1 二元经济结构——发达的城市经济与落后的农业经济

A. W. 刘易斯首先提出"二元经济"的概念:指一个国家或地区同时存在着现代化产业和传统的自然经济(农业经济),二者之间存在着很大的产业断层。这种状态往往在落后国家或地区出现。有技术移植、政策等多方面原因,是一种不协调的状态。

中国属于典型的二元经济结构,即传统农业部门与现代工业部门非对称性地并存。一方面是落后的、机械化水平较低的、以手工劳作为主的、缺乏规模效益的农业生产,一方面却是纳入到国际分工贸易之中的、具有国际竞争力的现代产业部门。即使较发达地区农业部门以 GDP 衡量的总产出已经趋弱,但农业部门仍是大多数人的就业途径,大部分人口广泛分布在农村地区。农业部门的劳动土地比例很高,资本投入较少,使用传统农耕技术,家庭是主要生产单位和自身产品的消费单位。相反,工业部门中资本性商业活动占主导,建立在现代技术和专业化分工的基础上,资本劳动比率高,经营规模相对较大。

从收入的角度来看,城乡也存在着很大差异。由于人口对土地形成的巨大压力,农业部门的实际收入接近于最低生存费用。在中国农民兼业型的就业状态下,农业的收入常常是微不足道的。农民在农业上的实际收入是由制度性的共同分享原则决定,而不是由劳动的边际生产率决定。在商业化的工业部门,则趋向于由竞争性原则调节着生产和分配。

3.2.2.2 二元社会结构——城乡社会间的断裂

收入水平的差异,身份特征的差异,受教育水平和技术培训机会的差异等等,都属于城乡社会差异的内容。即使农民工流动在城市中,也有着典型的身份特征,两种社会的人群之间很难融合。

📖 资料：一个民工演艺社的小品《隔膜》
为什么我让座，
这个城里人不坐呢？
她是嫌我们脏吗？
那些高楼大厦，
那些宽广的马路，
不是我们建造的吗？
为什么这些城里人不让座，
还嘲笑我们让座呢？
在我那宽广美丽的富有人情味的故乡，
互相帮助不是天经地义的吗？
我们与城里人的心为什么隔得那么远呢？

3.2.3 城乡相互作用的基础条件

经济的一体化是城乡相互作用的基础条件，其内涵则可以从要素流动性、功能互补性和空间一体性来进行分析。

3.2.3.1 人口等要素的流动性

包括劳动力、资本、技术等要素的流动是城乡相互作用的直观表现，其中人口流动具有非常典型的代表意义。

城乡之间广泛的人口流动，主要是单向的由农村向城市的人口流动过程，可能产生的社会效应包括：实现要素在更大的区域范围内配置和组合，为第二、第三产业发展提供了充足的候补劳动力，增加农民收入。对农业而言，随着农村的剩余劳动力源源不断地进入城市，有利于农村规模化经营持续发展和劳动生产率提高。但大规模的农村剩余劳动力进城也可能增加了城镇交通的压力，给城镇管理、社会治安、计划生育管理等带来困难。

3.2.3.2 功能互补性

城乡间的功能互补体现在：乡村为城市提供生活原料、工业原材料和源源不断的剩余劳动力，同时也提供给城市重要的自然生态环境背景。城市为乡村提供工业产品、不断开拓的市场、信息服务和技术支持等。

如大都市周边乡村地域中传统农业向都市农业转变的过程，反映了城乡间的功能互补关系的时代变迁。都市农业除了农业自身的产业经济职能，和都市相关的具体功能包括生态平衡、鲜活农产品供应、观光休闲、文化科普、美化城市、示范辐射等。都市农业的典型特征为多元化、高度产业化、高度智能化、经营国际化、农业信息化等。作为现代农业的重要构成，发展都市农业是提升农业综合竞争力，加快农业现代化的有效途径，也能有效促进城乡统筹发展，同时具有生态环境建设的意义。

3.2.3.3 空间一体性

城乡空间的一体性特征主要体现在资源利用和环境保持方面。虽然有行政区划的分割、建设形态的差异，但流动的空气、流动的水、共享的生态环境等所体现的自然生态系统的完整性，决定了城乡空间的发展无法分开对待。

3.2.4 城乡相互作用的特征

从包括人口在内的要素流动特征和越来越发育的"贸工农"一体化现象来进行分析。

3.2.4.1 人口流动特征分析

国内目前广泛存在的人口流动趋向包括两种，一种是大范围的由西部地区向东部地区的流动，一种是由农村向城市的流动。大背景是劳动力相对于经济发展速度过剩。在2005年约有1.1亿富余劳动力从农村到城市务工，其中6710万进入到地级以上的大城市，占总量的61%，其中70%的人流进入沿海的发达地区（见表3-5）。

农民流向本地乡镇企业和跨区域流动的统计　　表3-5

	乡镇企业就地消化（万人）	跨区域流动消化劳动力（万人）
1978	2827	—
1983	3235	约200
1988	9545	2600
2004	13866	11823

资料来源：仇保兴，2006。

现阶段农村剩余劳动力流入城市除了因户籍而享受不到城市公共物品的服务以外,也直接受到城镇生活门槛的约束。城市生活费用比农村高,城市居民要支付较高的水费、房租和交通费等。同时,从农村流入城市就业的劳动力需要弥补心理上的不适应,或称心理成本。

分别考察由农村向城镇流动的人口的就业特征、年龄特征、家庭状况和流动路径,可以发现目前农村剩余劳动力进入到城镇的就业状况一般为非正规就业,不能从雇佣单位或雇主那里获得完全的诸如住宿、饮食、劳保用品、工伤保险、医疗等福利待遇。也会在子女教育、被克扣工资、工时超限等方面遇到不少问题(见表3-6)。

南京红山片区外来工混居区居民的工时抽样调查　　表3-6

聚居区居民每日的工时(h)	样本统计(份)	所占比例(%)
<4	2	0.69
4~8	134	46.05
9~10	90	30.93
11~12	37	12.71
>13	28	9.62

流动劳动力的年龄主要集中在18~40岁,多数已有孩子的年轻夫妇会将孩子留在农村,由留守的老人照料。所以,农村真实的人口聚居状态已经发生了变化,"老龄化"特征显著。但外出打工者的根还系在农村,仍会尽力去营造住房、保留土地的耕作权益等。

劳动力迁移过程是个向前看的行为,只要存在良好的预期就能导致迁移行为的发生。劳动力迁移有明显的传带关系,早期移民可以为后期移民减少信息搜索成本、迁移成本等,可以帮助他们更快地适应城市生活。来自同一农村社区的移民常常聚集在城市的某个地方居住,一方面是基于传统乡土观念下的亲缘和地缘关系,一方面也是为了最大可能地获得早期移民所提供的外部收益。

　　农村剩余劳动力流动的目的地呈现出层次的分异，即在本地乡镇打工，还是到其所属县市，甚至其他大中城市，对于不同地区有差异。沿海发达地区，有条件在家门口打工，中西部地区的农村剩余劳动力则长途跋涉到沿海地区务工。由于特殊的区位条件，会出现跳跃式流动特征。如南京地处苏皖交界，就有高比例的安徽民工来此寻找机遇。

3.2.4.2　其他要素流动特征分析

　　除了作为劳动力要素的人口，其他生产要素，包括资本、技术、信息等的流动也遵循着市场规律，产生不同方式。既有因地缘靠近产生的"传染型"流动，也有依城镇的等级式流动，或者是更加灵活和不确定的跳跃式流动。

　　对于资本来说，总是寻找最大的获利机会。乡镇的发展一度因其低廉的土地、劳动力成本获得发展，但这种比较优势未必能长期存在，所以将比较优势转化为竞争优势，才是乡镇长远发展的关键。

📖 **资料：昆山外企搬家**

　　对于那批早早进入中国的第一代劳动密集型外企而言，外资云集的昆山已不再是一个廉价劳动力俯拾皆是的制造业天堂。他们要不断寻找下一个"水草丰美"的地方……

　　这已经不是苏旺你的第一次搬迁，他们前一次是将韩国工厂搬迁到中国。

　　在昆山，苏旺你也不是唯一一家想搬迁的企业。与它一墙之隔的韩国鲜禾制鞋有限公司也正准备搬迁到苏北的连云港。当地更多的劳动密集型外企都动了走的念头。

　　他们想走的原因很简单——招不到合适的工人。苏旺你公司大门口常年贴着招工广告，但应聘者寥寥。由于工资没有竞争力，当地的熟练工人更愿意选择IT企业就业。而昆山当地的劳动力成本也在不断提高，最低的工资水平已到700元……

　　资料来源：南方周末，2006年7月13日。

3.2.4.3 贸工农一体化

农业发展高产、优质、高效的目标要求贸工农的一体化，工业的纵向一体化过程也有可能导致其向农村渗透，如奶业集团在农村拓展其定点收购农户，并提供技术支持和标准化管理等。对于农业发展来说，传统农业产业链可能延伸至农产品的加工与销售过程。贸工农一体化对于传统农业的改造意义在于：适应了市场经济发展的需要，可以引导农民的组织化，在分户经营的基础上，通过公司及合作经济组织，使有组织的农户作为平等的经营主体共同进入社会化大市场，以现代企业形式，进行大规模的加工和销售活动，提高农业的比较效益和市场竞争力。直接的作用在于：把千家万户的小生产与千变万化的大市场联系起来；把分散的小生产与健全的社会化服务结合起来，形成不改变家庭经营格局的规模效益；有利于促进农业结构调整、可以保障农业安全（如农药超标问题、饲料安全）等，当然最重要的是增加了农民收入。

中国城乡二元经济结构的形成有多方面的历史原因，而消除城乡差异，统筹城乡发展，将二元经济结构体系转变为整体性的现代增长体系是发展的根本目标。二元经济结构在理论上存在着转折点，即城市的就业需要充分消化了农村的剩余劳动力的时候。对于中国目前的现状，当然这是个漫长的征途。中国二元经济结构的持续存在，已经威胁到经济整体的持续增长，也呈现出越来越大的社会矛盾。自新世纪以来，国家持续强化新农村建设，加大财政支出的转移支付力度，扶持农村发展，目的是通过政策的引导，减小城乡的差距。在实际操作中，既然不可能降低城市工资水平，那么改善农村的生活条件就可能是缩小城乡收入差距的可行措施。

加强城乡关系的一种根本性措施是城乡统筹发展。即使客观上"城"和"乡"仍然存在着产业类型、景观形态的差异，但从政策制度制定的角度，应不再区分对待城乡，而是一律平等对待。从空间规划的角度，也应消除城乡之间的主次关系，进行一体化规划。

3.3 乡镇建设经济学理论

3.3.1 区域经济发展理论

3.3.1.1 区域经济空间结构的理论

(1) 平衡增长与非平衡增长

平衡增长强调各地区和经济各部门的全面同步增长。但是平衡发展思路的致命弱点是：如果资本资源严重不足，将难以支撑平衡增长所需的大量资金。

非平衡增长针对平衡增长的缺陷，提出突出重点地区和重点产业部门的不平衡发展战略。非平衡增长的思想可以作用于地方主导产业的选择。主导产业不仅本身在经济总量中占有较高的比重，同时和其他产业具有较高的关联度，也具有高需求收入弹性。即随着居民收入增加，对此种产品的需求也随着增加，意味着产品有较好的市场前景。此外，主导产业一般也具有较高的自我创新能力。

主导产业及相关产业集群的创立往往成为区域经济发展的关键。主导产业的选择至少应该满足下列条件：产业基础完善，不存在严重的瓶颈制约；产业结构带动力较强；产业具有较强的自我调整能力，即随着市场的变动有很高的适应性；产业发展不存在硬性的技术制约；不存在严重的资金约束。主导产业的战略选择直接影响了乡镇产业政策的制定和对外招商引资的方向。

(2) 主要理论

作为经济空间结构的代表理论包括增长极理论、核心—边缘理论、点轴渐进扩散理论、圈层结构理论等。

增长极理论包括两层含义，经济增长首先基于主导产业的建构，然后通过产业的关联效应，对整体经济产生影响。另外一层含义是将增长极同城镇联系起来，主要对应着城镇的产业空间集聚。增长极对周边地区同时存在极化效应和扩散效应。极化效应意味着城镇吸聚了周边地区的资本、劳动力等生产要素,在一定程度上剥夺了其他地区的发展机会,产生周边的阴影地区。扩散效应强调城镇的发展为周边地区提供信息、技术、管理经验,甚至因产业结构变迁进行的产业转移等,能够带动周边地区的发展。极化效应和扩散效应在不同阶段体现出变化的强弱对比关系,区域发展初期,极化效应明显,区域发展成熟期,扩散效应增强。

核心—边缘理论是在增长极的概念上发展而来,试图解释一个区域内城镇之间、城乡之间如何由互不关联、孤立发展变成彼此联系、平衡发展的区域系统。其中"核心"与增长极对应,指城市或城市集聚区,"边缘"指城镇周边受影响地区。

点轴渐进扩散理论对应着以增长极(城镇)为节点,反映区域内依据轴线动态发展的过程。其中轴线与基础设施建设密切相关,将联系城市与区域的交通、通信和其他基础设施的建设集中成束,沿轴线建设城市和开发区等,最终在整个区域内形成由不同等级的城镇和不同等级的轴线组成的"点—轴"为标志的空间结构(见图3-2)。

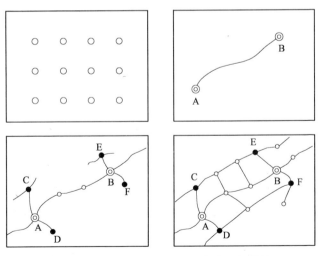

图3-2 点轴渐进扩散理论对应的空间增长

圈层结构理论反映从城市核心区到外围地区呈现出来的同心圆状的空间分布规律。具体分为城市核心区（内圈层）、城市边缘区（中间圈层）、城市影响区（外圈层）。每一圈层的功能、人口分布、空间形态、景观特征均有规律地变化。

上述理论结合，易于帮助我们动态地、从不同层次理解乡镇发展过程中涉及的几组关系。包括乡镇在区域城镇体系中的地位、乡镇与临近城市的关系、乡镇建成区与镇域的关系等。考察乡镇的发展，其着眼点首先在更大的区域范围内，区域内的环境特征已经在一定程度上决定了乡镇发展的可能性。

3.3.1.2 竞争力理论

这里强调的不是具体产业的竞争力，而是主要针对乡镇经济综合竞争力的构建。竞争力理论与前文所述的优势分析有相通之处。乡镇的竞争力在于研究乡镇内部因素，力求合理地组织内部的各种资源，以形成其他的地区不易模仿的独特的竞争能力，努力超越自己过去成功的经验和发展历程。

竞争力理论是一个应用最新经济、管理和社会发展理论的综合的应用科学体系，主要涉及三个方面的问题：竞争优势之源是什么，即什么带来了竞争优势；竞争优势之源是通过什么样方式表现出来的，即"源"与乡镇发展之间的内在逻辑关系是什么；如何才能保持竞争优势，即要回答竞争优势的可持续性问题。

对于乡镇而言，能够成为竞争之"源"的包括特殊的区位优势、已有的产业基础优势、独特的自然资源与历史文化资源条件、适当的制度环境等。潜在的竞争优势需要彰显和扩展，如历史文化资源的优势，既可以通过现有的物质环境的维护来突出，也可以通过文化宣传来扩大影响。

乡镇竞争力的塑造可以在相当大的程度上打破一种惯性，即仅仅沿着原有的产业基础发展的道路。竞争力的提高，也带来新的可能性，即吸引有很大偶然性的外来投资。

乡镇竞争力是动态的，着眼于未来的发展，表达的是乡镇发展的后劲，不同发展阶段中影响乡镇竞争力的主导因素是不同的，且随内外环境条件的变化而发生变化。只有抓住乡镇独具的竞争力要素、本质特征，以及乡镇发展的主要矛盾，才可能使得某个乡镇形成独特的竞争力。

3.3.1.3 区域经济一体化

区域经济的专业化和一体化是同步发展的。既然各地区形成了产业分工，也要求各地区之间的密切联系，以发挥分工的效益，这种联系要求地区之间的合作加强，相应产生了地区经济一体化。

区域经济一体化的必要性在于城市区域是全球时代竞争的基本空间单元。其可能性在于交通、通信等技术的发展。构建一体化经济，目的不再局限于解决区域内部的具体问题，而是针对增强区域的吸引力和竞争力。对单个城镇来说，不能主动融入区域经济一体化中，则会有被边缘化的危险。

促进区域经济一体化依赖硬件环境和制度环境的完善。硬件环境主要是交通、通信线路的网络化构建和资源环境的协调。例如相邻地区间公交 IC 卡的通用，或减少类似苏南地区机场、港口建设一度出现的恶性竞争。制度环境的核心在于统一的要素市场的建立，减少地区之间要素流通的障碍，同时要求公平的竞争环境。劳动力市场、普通商品市场、资本市场等在一个框架内，信息透明，易于获得，可以大大提升市场提供经济要素的质量，提升经济效率。

无论是硬件环境还是制度环境的构建，都需要区域内不同地区之间平等的对话协商，这也是迈入多元化时代的特色。各地区发展都有自我的利益诉求，区域整体发展又能为各单元的发展带来更大的收益。通过协商，寻找 1 加 1 大于 2 的可能，是地区开放性发展的必由之路。对话平台的形成，需要地方城镇的自觉意识。

资料：长三角经济区一体化进程步入"快车道"

长三角经济区的一体化进程正步入"快车道"，是日前在南京召开的第五次沪苏浙经济合作与发展座谈会上形成的共识。其内容包括：

（1）区域交通体系日臻完善。围绕国家长三角高速公路和城际轨道交通规划，沪苏浙将重点推进高速公路和铁路项目的衔接。上海至南京城际轨道交通项目的预可行性研究报告和可行性研究报告的编制及审查工作已经完成；宁杭城际铁路项目前期研究工作也已开始；上海—南通铁路预可行性研究报告编制完成，崇明至启东过江通道工程可行性研究报告和相关专题研究工作也已完成。

（2）"无障碍旅游区"雏形初现。通过积极完善旅游合作协调机制，沪苏浙共同构建"长三角无障碍旅游区"。目前，三省市正积极创造条件促进长三角区域内旅游专业人才的柔性流动，相互认可业务资质证书，实行导游管理信息、执法信息的共享。

（3）生态环境保护全面推进。以规划编制、联合治理太湖、海洋生态环境保护为重点，三省市共同开展了长三角环境保护规划的编制工作。

（4）信息共享平台不断拓展。《上海市、江苏省、浙江省信用体系建设区域合作推进方案》提出"信用长三角"，力求实现三省市网络信息共享平台的试运行、三地信用工作信息的相互交流、企业信息的相互查询。

资料来源：http://www.waterinfo.com.cn/ssyj-1/xbkf/200512070003.htm

3.3.1.4 可持续发展理论

对可持续发展的公认定义是：既满足当代人的需要，又不损害后代人满足需要的能力的发展。由生态可持续、经济可持续和社会可持续三个部分组成。

传统的经济发展观，总体上是一种"工业实现观"，以GDP为唯一的衡量标准，而未考虑资源与环境成本，按照某些学者比较极端的说法，如果将生态成本考虑在内，即便像苏南等较发达地区所获得的成就可能还是得不偿失的。这给我们在大肆挥霍资源与环境的时候提起警醒。另外，从公平的角度看，无论是生产还是消费过程中产生的污染，大多属于负外部效应。即污染的制造者和其承受者不对应。为了公平，应该更多地将外部效应内部化，而不是由广泛的社会群体来承担少数直接受益者应负担的成本。

换个角度，国际上许多环境学家通过对发达国家在环境保护方面经历的"先污染,后治理"的发展道路的探讨,比较一致地认为环境压力与经济增长水平之间存在倒 U 形的发展规律,即承认必须经过一个相对环境不利的阶段。即便如此,资源与环境的耗费仍然存在着最底限,如果到了生态不可修复的程度,再多的经济投入,也会回天乏术。对于包括中国在内的发展中国家而言,与发达国家的工业化之路已经有很大差异,也不能绝对恪守"先污染,后治理"的信条。所以乡镇在引导与控制产业发展时,务必做一个比较全面的评价,既考量它的经济带动力、提供就业的能力,也应充分预计到它的环境负效应,并在日常管理中严格控制。

资料:环境的库兹涅茨曲线(见图3-3)

经济学家库兹涅茨 1955 年提出的用于描述收入不平等与经济发展之间关系的库兹涅茨曲线,反映事物在变好以前,可能要经历一个更糟糕的发展过程的逻辑规律。国际上许多环境学家通过对发达国家在环境保护方面经历的"先污染,后治理"的发展道路的探讨,比较一致地认为环境压力与经济增长水

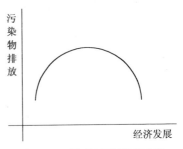

图 3-3 环境的库兹涅茨曲线

平之间也存在类似于库兹涅茨曲线的倒 U 形的发展规律,称为环境的库兹涅茨曲线。

经济的可持续强调产业结构及时升级换代,提升产业有自我更新的能力。社会可持续的内涵在于适当地控制人口增长,提高社会服务水平,延续历史文化传统等,以保障人自身的再生产。

3.3.2 乡镇产业发展理论分析

中国乡镇企业的发展有着特定的体制基础,也充分体现了"船小好掉头"的特征。伴随着经济全球化的浪潮,国际大型企业的不断扩张,对于技术创新能力、信息反馈能力的要求越来

高，乡镇企业在已经充分利用了制度优势提供的空间后，发展面临着极大的挑战。讨论产业发展的客观规律，目的是为产业政策及相关政策的制定提供借鉴。

3.3.2.1 产业集群理论

产业集群是一组在地理上靠近的相互联系的公司和关联的机构，它们同处或相关于一个特定的产业领域，由于具有共性和互补性而联系在一起。类似的称谓包括产业区、地方生产系统、地方企业网络等。其特征包括：同业或相关产业的空间聚集、企业间交流密集、企业同当地社区联系紧密、产业间的组织制度能促进创新文化产生等。

产业集群的发展既是某些地区成功的经验，也是其他地区在经济全球化的经济背景下争取获得竞争优势的关键。产业集群虽然有一些共性的特征，也因各地的经济文化背景的差异，存在发展的多种可能性。

中国改革开放以来，各地涌起自下而上的工业化浪潮。既有东南沿海外商直接投资驱动下的外向型加工工业区，也有浙江温州一带依靠当地企业家精神和工商业传统发展起来的特色产业群，还有北京中关村这样依托国家高科技资源形成的高科技产业集群。这些集群在不同的背景下，走上了不同的发展道路，以不同的方式加入全球市场分工与协作网络。

📖 资料：浙江大唐袜业产业集群

大唐镇位于浙江省中部、杭州湾南翼，诸暨市的西南部。大唐袜业产业集聚在地域上以大唐镇为中心，涉及周边12个集镇，120个村，1万多户农村家庭，吸纳从业人员10多万，是我国也是全球最大的袜子生产基地。在十几年的发展历史中，大唐袜业已形成了具有专业化分工与协作的生产体系，并推动着相关产业，如袜业用料生产和原料、产品、袜机及联托运市场的兴起（见图3-4）。大唐袜业产业集群的主要特征为：

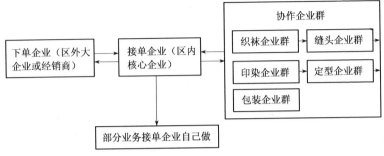

图 3-4 大唐袜业的组织模式

(1) 大量中小企业云集，产品技术含量不高，并以劳动密集型为主。大唐袜业的主体是大量小型、分散的家庭企业，例如2004年，大唐8000家袜子生产企业有80%资产在50万元以下，但同时大唐袜业的发展也解决了大量的本地劳动力。大唐袜业不仅吸收了本地及周边乡镇20万劳动力，也大量吸引外来务工人员。据统计，大唐袜业现有外地劳动力3.3万余人，以青年女性为主，主要来自江西、安徽、贵州等中西部地区。

(2) 弹性专精的生产方式。在大唐，下单周期短、交货快，生产效率高，能够随时随地集中大量机台，在最短时间内完成生产任务，保证了产品的时效性，表现出极强的灵活性。

(3) 大唐袜业的发展有赖于不断的创新。大唐袜业从最初的手摇袜机开始，在20年时间里已经与国际接轨，机械设备更新换代，现已大量采用电脑袜机，自动化与技术化水平越来越高。

中国的制度转轨时期，地方政府在地方经济发展过程中仍保持了相当的主动作用。公共政策对于地方产业发展思路的调整就包括了如何从强调外来扶持转向调动地方发展的内动力，和通过构建产业集群的方式抵御风险，增强自发展能力。

乡镇企业主要由一些中小企业构成，缺少资金雄厚的大企业支持，缺少技术研发投入，企业较难抵抗市场的波动。地方经济发展积累的财富常常在巨大的全球性经济波动中瞬间消失殆尽。在这种背景下，产业集群导向的公共政策显得格外必要。产业集群的理念对乡镇发展的启示在于，政策制定如何从市场出发，促进本地企业之间的公平竞争和集体协作，增加资本积累。

发展产业集群所采用的方法很多，例如，为企业提供信息，包括一般信息和为特定产业群中的企业提供特殊信息；提供培训服务，提供基础设施等。要通过一种机制，使产业集群中的企业、地方政府和非政府组织之间进行对话，以提高企业间合作的效率，例如共同营销、共同设计、共同负责培训等等。决策者可以提倡在产业集群内成立供应商协会和组织协会，以促进转包业务的发展，提高服务效率。区域内所有的企业、公共机构和居民都是产业集群发展的受益者，因此应该使他们有机会关心和参与产业集群的决策。使企业也认识到产业群成员比分散的企业能获得更好的经济效益，从而决定是否进入产业集群。

3.3.2.2 产业梯度转移理论

区域经济发展的梯度差异为产业的梯度转移提供了基础。产品生命周期理论为此提供了解释。区域经济的盛衰主要取决于其产业结构的优劣，而产业结构的优劣又取决于地区经济部门，特别是主导专业化部门在工业生命循环中所处的阶段。

> 资料：弗农的产品生命周期理论
>
> 由弗农于20世纪60年代提出的，用于解释国际投资的空间变化。将产品类型分为新产品阶段、成熟产品阶段、标准化产品阶段，并把各个阶段与企业的区位选择联系起来。其中，新产品阶段生产需要较高的科技水平、信息、较高的消费等，生产地更多地出现在发达地区；成熟产品阶段，产品的设计和生产已经实现部分标准化，直接投资的区位选择增大；标准化时期，趋于劳动力成本低的发展中国家。

产业梯度转移主要是通过多层次城市系统扩展开来，转移之所以必要，首先是因为随着技术的转让，同种工厂增多，竞争也将加剧。这时工厂已经不能主要靠垄断价格来获利而不计成本。因此，在做出新工厂布局的决策时就不能不考虑运费成本、劳动费用、地租等，相应就会做出区位的新选择。

转移之所以是有序的，而不是随机跳跃式的进行，是由地区接受能力的差异决定的。根据梯度转移理论，每个国家和地区都处在一定的经济发展梯度上,但这种梯度,并不完全对应着地理位置,类似中国的东、中、西三大地区的划分,而是对应它的经济发展水平,或者概括地说,对应着它的投资环境。投资环境的含义既包括物质硬环境,也包括政策等软环境。

产业梯度转移为乡镇企业发展同时带来契机和危机,处于梯度上的乡镇面对着投资转移的机会,但梯度转移内在的动态性、资本的高流动性又决定了如果不能将阶段性的发展机遇转化成持久的发展动力,不能及时地进行产业升级换代,很容易造成以土地、环境换短期发展,长远地看反而是得不偿失的局面。

乡镇主动承接产业转移的姿态可以通过以下几方面得以表达:对内改善投资环境,提升区域竞争力;对外与所属经济区内高层次的经济发展地区沟通和联系,积极宣传,疏通资金、人员等的流动渠道,努力实现产业的对接。在前期的过程中,不可否认存在着一些偶然性的因素,但在成功地承接了梯度转移的产业后,产业能否进入可持续的发展状态是有一定规律可循的。此时乡镇应充分发挥自身的独特条件,打开局面,同时加强自我发展的能力,使转移来的产业不是始终以一种嫁接的状态出现,而是逐步本土化,减少资本再次转移的风险。

3.3.2.3 产业横向一体化与纵向一体化

现代产业部门从单部门企业日益扩展到多部门企业。对于多部门企业而言,企业增长的动因在于实现规模效益、实现交易内部化、充分发挥技术优势、减少来自竞争的压力。企业增长的主要战略在于横向一体化和纵向一体化。横向一体化对应着现有生产活动的扩展并由此导致现有产品生产份额的扩大,可以有效地减少竞争对手的数量,降低产业内相互竞争的程度。如百事可乐公司从原来生产百事可乐主打产品,后生产七喜等多种软饮料,扩展产品品牌,抢占饮料国际市场。纵向一体化指企业向原生产活动的上游和下游生产阶段的扩展,使企业通过内部组织和交易方式将不同生产阶段联结起来,以实现交易内部化。如化学工业公司可向石油冶炼、采油方向扩展,以实现后向一体化,或者向塑料制品、人造纤维等方向扩展，以实现前向一体化。

对于较为成熟的乡镇企业，从小企业逐步成长为占据相对市场份额、实现更大的经济带动能力的企业，会择机实施横向或纵向一体化的策略。为促进企业扩张，政策环境的核心在于提供基础设施以形成便利的空间联系、配套灵活的产业管理政策、完善金融证券的交易手段等。

3.3.2.4 创新理论

著名经济学家J·熊彼特强调创新是指企业家对生产要素的新组合，即把一种从来没有过的生产要素和生产条件的新组合引入生产体系之中。创新是一个经济范畴而不是一个技术范畴，它并不是指技术上的发明创造，而是指将已发明创造的科学技术引入企业生产经营过程中，形成企业新的生产优势，从而形成一种新的生产能力。他认为，发明并不等于创新，发明者不等于创新者，只有敢于冒风险把一种新发明最先引入经济组织之中的人才是创新者。

经济学上的创新概念指生产要素的重新组合，或者是生产函数发生了变化。一般包括以下五项内容：引进或开发出新产品、生产工艺改进或更新、开辟了产品销售的新市场、获得了原材料新的供给来源、企业内部的组织管理形式发生了变化或得以改进。具体从事创新活动的是企业家。对产业发展来说，技术创新的核心要素是人才和制度。人才是创新的主体，制度形成创新的环境。

乡镇吸引人才的优势并不显著，但乡镇较为灵活的制度环境可以在一定程度上弥补这种缺陷。在此基础上，乡镇宜积极吸引人才，提供充分的信息服务，鼓励风险资金投入，着力塑造有利于创新的环境。

3.3.3 乡镇建设的空间经济分析

3.3.3.1 集中带来集聚效益

乡镇相对分散的居住现状与第二、第三产业的分布状态，无助于体现集聚效益,也难以带来更多的以第三产业为主的就业机会。鼓励和引导包括居住和产业的相对集中,是发挥集聚效益的前提条件,集中建设也是对有限的土地资源的集约利用方式。

3.3.3.2 不存在绝对的城镇合理规模

对于一个特定的城镇,是否存在合理规模,一直存在着争议。事实上,由于城镇经济发展水平的多样性、区位条件的差异等,即使采用效益—成本等分析方法,也很难确定任何一个城镇的合理规模。从区域城镇群空间分布来看,存在一定的规律性,即不同等级城镇按照人口或经济规模呈金字塔分布状态。但具体到某城镇,在城镇群中处于什么层次,发展过程中等级层次会产生什么样的变化均是未知数。

同时,城镇规模和空间形态发展在各阶段并不是成正比增长的。不同的发展阶段之间可能存在着"门槛"。属于"门槛"的限制大体上可分为三类:地理环境的限制,工程管网铺设技术和投入的限制。如跨高等级航道需要修建桥梁等,以及因发展的需要而必须对城市结构或某一部分进行改造而带来的限制,如拓展原中心区而进行大量用地置换。这些限制都是相对而言的,但克服它们需要增加的基建投资曲线有一个凸点。当然在一次性的巨额投资之后,城镇发展往往会有更多空间和更多选择。

3.3.3.3 存在乡镇建设的基础规模

虽然乡镇发展的规模上限尚难预计,从经济性的角度而言,却可能存在基础规模。乡镇作为农村公共物品提供的基本层次,需要满足包括镇区居民和对应辖区农民的生活、生产配套和服务。但地方公共物品和服务的提供,或者依靠乡镇足够的财政能力支持,或者依靠地方自筹解决。公共服务设施如果服务地域窄、人群少,则很难维系或只能低层次运转。因为商业服务设施层次低、服务质量差,难以吸引人口迁入,容易使乡镇发展陷入恶性循环。部分乡镇村办小学的撤并,反映了现实中的这种约束。又如在很多乡镇污水处理设施无法配置,消防设施不能到位，则乡镇的环境和安全也难以得到保障，更加难以促使基础设施向商业化经营模式的转变。

结合上述分析，有学者的研究结论表明，综合考虑包括学校、医院、金融设施、市场、农业技术服务等的效率，甚至兼顾农村治理的有效性，提出小城镇适宜的基础建设规模在 3～5 万人，如果可能联合组成城镇组团，组团适宜的人口规模甚至能达到近 10 万人。当然在经济发达与落后地区，会存在较大的差异。

3.3.3.4　强调阶段建设的联动效应

除了特定阶段需要做出"门槛"是否跨越的抉择，在乡镇建设的任何时期，都需要将有限的资金发挥最大的效益。既要及时把握机遇，更应有助于乡镇的长远发展。所以选择投资建设的重点，应该是关联性强、效应长远的内容。

经济投资活动可以分为"社会预摊资本"和"直接生产性活动"两类。在资本不充分的前提下，如果优先发展"社会预摊资本"，即优先发展公共交通、通信设施等，就为"直接生产性活动"创造了宽松的外部经济环境，降低私人投资的直接成本，对私人投资产生某种引诱力。但同时这在一定程度上也是一种"超能力发展"的不平衡发展战略，如果肆意牺牲其他的投资来集中建设基础设施，也可能带来长远的社会问题。

参考文献：

[1]　Michael Pacione, Urban Geography. London：Routledge, 2001
[2]　崔功豪等. 城市地理学. 南京：江苏教育出版社, 1992
[3]　许学强等. 城市地理学. 北京：高等教育出版社, 1997
[4]　孙立平. 博弈——断裂社会的利益冲突与和谐. 北京：社会科学文献出版社, 2006
[5]　李路路. 再生产的延续——制度转型与城市社会分层结构. 北京：中国人民大学出版社, 2003
[6]　李小建等. 经济地理学. 北京：高等教育出版社, 1999

[7] 李小建. 公司地理学. 北京：科学出版社，1999
[8] 王辑慈. 创新的空间——企业集群与区域发展. 北京：北京大学出版社，2001
[9] 李彬. 乡镇公共物品制度外供给分析. 北京：中国社会科学出版社，2004
[10] 高洪深. 区域经济学. 北京：中国人民大学出版社，2002
[11] 崔功豪等. 区域分析与规划. 北京：高等教育出版社，1999
[12] 吴明伟等. 我国城镇化背景下的流动人口聚居形态研究——以江苏省为例. 南京：东南大学出版社，2005
[13] 仇保兴. 中国城镇化进程中的城市规划变革. 上海：同济大学出版社，2005
[14] 保罗. 贝尔琴等. 全球视角中的城市经济. 长春：吉林人民出版社，2003
[15] 魏立华等. 大城市郊区化中社会空间的"非均衡破碎化". 城市规划，2006；05
[16] 赵燕菁. 制度变迁. 小城镇发展. 中国城镇化. 城市规划，2001；08
[17] 邹兵. 渐进式改革与中国的城镇化. 城市规划，2001；06
[18] 王辑慈等. 地方竞争优势的源泉——论全球化背景下的地方产业群. [EB/OL]. http：//www.clusterstudy.com/wxcn/index.php，2003-06-03/2006-07-24
[19] 王辑慈. 地方产业战略［EB/OL］. http：//www.clusterstudy.com/wx-cn/index.php，2003-06-03/2006-07-24
[20] 王海卉等. 无锡市锡山区农村发展专题研究报告. 南京：东南大学城市规划设计研究院，2005
[21] 吴思，于建荣. "新农村建设"背景下的乡村治理. ［EB/OL］. http：//www.phoenixtv.com/phoenixtv/83931284530790400/20060811/863360.shtml

第4章 乡镇建设的总体思路和框架

4.1 乡镇建设的指导思想和基本原则

4.1.1 乡镇建设的指导思想

科学发展观是推动我国乡镇发展、加快推进乡镇现代化建设的重要指导思想。科学发展观的一个重要着眼点是在农业、农村、农民问题上，乡镇建设是推进农业现代化的战略思想和基本思路的集中体现。目前，我国总体上已进入以工促农、以城带乡的发展阶段。按照科学发展观的要求，要集中解决好城乡、区域、经济社会、人与自然、国内发展与对外开放五个方面的统筹发展问题，其中的一个重要方面是解决城乡发展的严重不平衡问题。全面建设小康社会，实现社会主义现代化，最艰巨、最繁重的任务是解决"三农"问题。我国有13亿人口，农村人口占大多数，农业和农村发展不上去，农民生活得不到明显提高，就无法实现全面建设小康社会的目标，无法实现社会主义现代化，无法实现国家的长治久安和中华民族的伟大复兴。我们应从社会主义现代化建设事业的全局出发，站在贯彻落实科学发展观的高度，深刻认识建设乡镇的重要性、必要性和紧迫性。乡村集镇数量多、分布广，是乡村第二、第三产业的集聚点，并且具有较为发达的交通、通信及良好的水电、排污条件。因此，乡村集镇建设，不仅很好地把城市与乡村两个市场连接起来，而且是实现农村剩余劳动力转移的主要场所。加快乡镇建设是社会主义新农村建设的必然选择，理清建设和发展乡镇的思路，不仅有利于缓解农村人多地少的矛盾，缓解大中城市人口过度膨胀的压力；而且是促进集镇规模效益和农民收入增长，解决"三农"问题的重要途径。

建设社会主义新农村要树立新的发展理念，以邓小平理论和"三个代表"重要思想为指导，以科学发展观为统领，按照"生产发展、生活宽裕、乡风文明、村容整洁、管理民主"的总要求，以建设现代农业、发展乡村生产力、增加农民收入、提高农民素质、改善镇容镇貌、加快社会事业发展为重点，突出乡镇凝聚力，实现工商富镇、科技人才兴镇、生态家园建镇，不断强化经济发展的支撑作用、农民群众的主体作用和体制的保障作用，变革发展观念，创新发展模式，转变增长方式，提高发展质量，尽快建设经济繁荣、设施完美、环境优美、文明和谐、充满活力并具有地域特色的新型乡镇，真正成为建设社会主义新农村的核心。

未来乡镇的发展在宏观上要有利于集镇发展第二产业和农村大规模转移人口、保护和节约耕地利用，实现缓解我国人多地少的矛盾，并保持国民经济持续稳定发展的目标；微观上要实现乡镇自身经济的繁荣和可持续发展，从而在思想上以科学发展观为指导，在物质空间上以集镇为核心，在经济上以特色产业为基础，在生态环境上以保护为前提，解决好"三农"问题，真正实现城乡统筹发展。

4.1.2　乡镇建设的基本原则

（1）以人为本，科学发展。坚持可持续发展，保护与开发并重，合理开发利用各种资源，努力实现资源的可持续利用，增强资源对经济社会发展的保障能力，促使经济、社会与生态效益协调发展。

（2）因地制宜，彰显特色。根据各个乡镇所处的地域位置、自然环境特征、经济优势、历史发展，建设具有个性和特色的乡村集镇。

(3) 生态立镇，保护环境。许多乡镇地处生态环境系统脆弱的地域，乡镇建设要走生态化道路，保护好乡村集镇所具有的自然风貌。

(4) 突出重点，全面发展。以发展主导产业，建设公共事业为重点，积聚乡镇财力，增加乡镇居民收入，改善生产和生活条件，缩小城乡差别。

(5) 启动民力，政府调控。乡镇建设要充分发挥农民在建设社会主义新农村的主体作用，在政府的调控下，注重实效，循序渐进，吸纳更多的农民进入乡镇，建设乡镇。

(6) 设施配套，功能齐全。乡村集镇是一定地域范围内农村生产和生活的聚集地，其集聚和发展的潜力离不开基础设施的建设。交通、通信、水、电、排污等都要建设到位，确保城镇的生产和生活。

(7) 统筹规划，分步实施。立足当前实际，使规划既具有可操作性，又充分考虑未来发展的需要，使规划具有一定的超前性。

(8) 面向市场，科学管理。乡镇的发展要突破传统经济体制的束缚，以市场机制引进资金、企业和产品，同时要学会科学地管理自己的产品和服务，把自己的产品和服务推向国内外市场，参与到全球经济一体化进程中去。

4.2 乡镇建设目标

4.2.1 乡镇建设的总体目标

按照科学发展观的总体要求，充分发挥乡镇连城带乡的传输、服务功能；整合资源，以发展乡镇经济为中心任务；进一步壮大乡镇特色产业，实现乡镇财政收入和乡镇居民收入增加，提高乡镇居民生活水平；完善乡镇基础设施，满足乡镇生产和生活的需要；保护乡镇历史文化古迹，大力开发乡镇生态旅游和旅游服务业；完善保障体系，为乡村居民提供理想的安居乐园。

根据上述总目标，我国乡镇在建设过程中，应确定具体的目标，主要包括以下几个方面：

经济目标：根据国家统计局确定的城镇小康生活水平指标，我国乡镇通过 10~15 年的建设，实现人均 GDP 指标 20000 元左右，GDP 保持年均 10% 左右的速度增长，恩格尔系数在 40% 以下，居民人均可支配收入达 8000 元（以 2000 年价计算）。加快调整乡镇现有产业结构，提升第三产业在产业结构中的比重，尤其是为生产和生活服务的部门、为提高科学文化水平和居民素质服务的部门以及为社会公共需要服务的部门。第三产业在三大产业结构中应达到 40%。

社会目标：新型农村合作医疗覆盖率超过 80%，计划生育率达 95% 以上。

人口素质目标：平均预期寿命超过 75 岁，义务教育入学率达 100%。

民主法制方面：农民对社会安定满意度达 90% 以上。

资源环境方面：森林覆盖率达 30% 以上，垃圾集中堆放处理率达 85%，河道（塘、水库）合格率达 90% 以上。

基础设施目标：与城市相比，我国乡镇基础设施目标主要包括道路、供水、供电和邮电通信四大方面。乡镇道路系统建设要能适应乡镇社会经济发展要求，保障乡镇内外交通联系方便、安全畅通。农村安全卫生用水普及率达 85% 以上，农户享有卫生厕所比重达 70% 以上。电网覆盖乡镇；保证乡镇居民生活具有充足可靠的供电能力。通信实现电话系统和邮政系统的全覆盖，广播电视系统能够满足乡镇居民不断增长的文化生活的需要。

4.2.2 不同地区的乡镇建设目标应有所差异

乡镇建设目标既受制于具体的客观自然历史条件，更取决于人们的主观创造性。乡镇必须根据自己所在地区的实际，摸索出一条适合自己的建设模式，正确选择建设目标，才能迅速稳定地发展。以下列举三个地区的乡镇建设目标，各地区可参考这些地区乡镇建设目标，制定符合自身地域情况的建设目标。

江苏省扬州市近日明确了"全面小康村"的具体标准。具体标准涉及6个方面19项内容。经济发展方面，标准为农民人均收入超过1000美元、人均集体可支配收入超过100元；社会发展方面，标准为新型农村合作医疗覆盖率超过95％，计划生育率达100％；人口素质方面，标准为平均预期寿命超过75岁，义务教育入学率达100％；生活质量方面，标准为农村安全卫生用水普及率达90％以上，农户享有卫生厕所比重达75％以上；民主法制方面，标准为农民对社会安定满意度达90％以上；资源环境方面，标准为村森林覆盖率达25％以上，垃圾集中堆放处理率达100％，河道（塘、水库）浚清洁合格率达90％以上。

地处西南边疆地区的西藏阿里地区，"十一五"时期经济社会发展主要调控目标是：到2010年，全地区GDP年均增长14％；农牧民人均纯收入达到3800元，年均增长16％左右；地方财政收入年均增长14％以上；第一、第二、第三产业比重调整为22∶30∶48；社会消费品零售总额年均增长12％以上；城市功能和基础设施建设进一步完善，城镇化水平达到18％；县通沥青路达到80％以上，乡镇和80％的建制村通公路，加强乡镇客运站建设；加快电源点和电网建设，基本消除无电乡（镇）、无电村；县城防洪能力逐步提高，保灌面积逐步扩大，基本解决人畜饮水困难和饮水安全；基本实现乡乡通邮，村村通电话；全面普及九年制义务教育，基本扫除青壮年文盲，高中阶段入学率达到80％，在城镇逐步普及学前教育，办好职业技能培训，扩大远程教育覆盖面；加强公共卫生建设特别是农牧区医疗卫生基础设施建设，千人拥有卫生技术人员达到5.8人；社会保障覆盖率达到80％；加强先进实用科学技术推广和科技创新工作；文化事业健康发展。

山西省确定小城镇2010年建设环保目标13项标准描绘优美乡镇。农民人均收入超过2200元；城镇居民年人均收入超过

4500元;编制了科学的小城镇总体规划及环境保护规划,并按规划进行建设;环保公共设施完善,建成区自来水普及率大于90%;农村生活饮用水卫生合格率达到85%;地表水、空气、声环境质量达到环境规划要求;重点工业污染源排放达标率达到100%;生活垃圾无害化处理率大于80%;生活污水集中处理率达到60%;人均公共绿地大于$8m^2$;清洁能源普及率大于50%;集中供热率大于50%;无污染事故发生。地表水和大气环境质量达到功能区划要求。县级人民政府所在地城市绿化覆盖率达到25%,人均公共绿地$6m^2$,污水集中处理率达到50%,垃圾处理率达到60%,30%的小城镇建成国家级或省级"环境优美乡镇"。

4.2.3 乡镇建设目标具有阶段性

乡镇建设是一项复杂而艰巨的工程,不可能一蹴而就。我国地域广大,乡镇发展水平差异较大,各市县乡镇建设目标应根据各自的比较优势以及制约乡镇建设的主要问题确定分步骤战略。历史经验证明,短期行为不利于经济社会的健康发展。乡镇建设过程中,首先需要解决新中国成立以来实施以农保工、优先发展工业战略带来的农村一系列欠账问题,如基础设施、医疗保障、农村教育、民主管理等。这些问题的形成是多年积累的结果,显然,试图在短期内全部解决不现实。为此,应立足现实,稳步推进乡镇建设。

一般而言,乡镇建设目标的实现可以分为两个阶段,近期为5年,远期15年。近期应抓住我国宏观经济发展的良好机遇,加快发展,尽快提高乡镇居民物质生活水平,改善基础设施,尤其是交通、供水和供电设施;远期经济发展要稳定并以较快的速度增长,从而为缩小城乡差距创造条件,全面解决乡镇居民的居住环境、医疗保障和文化服务设施等问题。

我国西部地区新农村近期建设的目标是提高农业发展水平,不断调整和优化产业结构、培育特色农产品、大力发展农民专业合作经济组织、以农产品为原料的深加工工业和中介组织是新农村建设的重点。为此,"十一五"规划的前两年,条件相对较好的西部地区市县乡镇,应在继续巩固"十五"计划期间农业生产已取得成绩的基础上,重点做好农业生产的标准化建设、服务体系建设以及产业化建设,逐步建立和健全土地的流转制度,向适度规模化生产方向发展,争取在"十一五"规划末期实现农业内部的大分工,为全面推进农村多种经济的发展创造良好的环境。条件相对较差的西部地区市县乡镇,应立足主导产业以及特色农产品的培育,政府应在资金和技术上给予全力支持,争取在"十一五"规划末期实现一县一个主导产业,一乡一个特色产品。

西部地区新农村建设的远期目标是增加农村居民的绝对收入和相对收入。基于此,各级市县乡镇政府在发展农业生产水平的同时,不仅要提高边远地区乡镇剩余劳动力技能培训和输出的比重,增加农村居民的绝对收入,而且要全面推进乡镇医疗卫生服务体系的建设,完成中小学收费制度的改革,增加农村居民的相对收入。尽管这些年西部地区农村剩余劳动力转移取得了可喜的成绩,但农村剩余劳动力的相对数量依然较大,其原因在于乡镇建设速度较慢,乡镇交通不便、信息闭塞的边远地区农村剩余劳动力转移数量有限。为此,今后要把农村劳动力转移的重点放在农村偏远地区。具体做法是政府划拨边远地区农村居民技能培训专项经费,在各乡镇免费举办培训班,再通过劳务输出服务机构以及个人联系等方式,实现劳动力近距离和远距离转移。与此同时,西部地区农村居民因病致贫、因教致贫的现象已直接影响到新农村建设的进程。为此,远期目标中,要加大建设乡镇卫生医疗服务体系的投资力度,建成服务功能齐全的医疗卫生服务网络体系,把农村居民就医成本降到最小;同时要全面推行义务教育。

发达地区乡镇建设近期目标是坚持工业化、城市化和新农村建设并重并举,以经济发展和农民增收为核心,按照"生产发展、生活宽裕、乡风文明、村容整洁、管理民主"的要求,大力实施"城市带动、农业提升、村庄整治、社会发展、农民保障、基层建设"六大工程,让农村更发展、农民更得益。乡镇建设远期目标是按照国际化、市场化、现代化的要求,进一步加强产业合理布局,优化产业结构,提高企业的组织化程度,提高劳动生产率和科技含量,提高产品和服务质量,着力发展特色农业、高新工业和以旅游为重点的第三产业,达到第一、第二、第三产业协调发展,建成都市型、开放型、生态型的现代经济新格局。

4.3 乡镇建设的基本内容和重点任务

4.3.1 乡镇建设的基本内容

乡镇建设涉及的内容比较广泛,广义的乡镇建设既包括物质环境的建设,也包括非物质环境的建设;狭义的乡镇建设主要是指物质环境的建设,包括乡镇房屋、基础设施、公共空间、生态环境及乡村空间等方面的建设。

4.3.1.1 物质环境的建设

(1) 乡镇建筑建设

乡镇建筑建设包括住宅建设和非住宅建设两大类,而非住宅建设主要是一些生产性房屋、营业功能的房屋(商业、金融、邮政电信等)及公共房屋建设(政府机关、学校及医疗、科研单位等)。

乡镇建筑建设一方面是乡镇经济生产的基础,另一方面房屋建设使人们能够有足够的生活、学习和娱乐空间,满足人们精神生活发展的需要。乡镇建筑建设尤其是住宅建设对于促进人们生活水平的提高和乡镇发展具有积极的作用。

乡镇住宅建设主要有单体独院式、公寓式及商业居住混合式等几种类型,乡镇住宅建设要把创造良好的生活环境和居住环境放在首位，灵活布局，精心设计住宅的类型和特色，满足人们的日常生产生活需要，把规划合理、设计新颖、功能齐全、设施配套、质量优良、环境优美，并具地方风格和特色的建筑结构布局作为住宅建设的目标。同时对当前乡镇居住建筑住宅贪大求洋，功能混杂，安全、卫生等方面存在的问题也应给予重视。

乡镇非住宅建设内容复杂，形式多样，应该结合实际用度进行设计与建设。生产性房屋建设主要是工业、交通运输业、建筑业等部门的厂房、试验室等，这些房屋的建设要以满足生产需求为主要目标，在不破坏镇区整体环境的基础上，紧密布局，为安全生产奠定基础。营业功能的房屋建设除了满足商业服务功能以外，还要能够塑造乡镇景观，吸引大量乡村人口，促进乡镇商业服务功能的不断完善。公共建筑建设主要是政府机关、学校及医疗、科研单位等房屋建筑的建设，公共建筑建设要进行安全、集约型设计，对水、电等资源和能源进行合理的利用。公共建筑往往会形成乡镇的中心或次中心，应该进行合理的空间组织与艺术处理，体现乡镇的特色和公共建筑的功能。

（2）乡镇市政工程设施建设

我国城乡差异体现在许多方面，其中城市与乡镇市政工程设施的差异最为显著，落后的市政工程设施严重制约了我国乡镇经济的发展、对外经济联系和农民生活质量。乡镇市政工程设施包括道路交通、给水排水、电力、通信、燃气、供热、环卫、综合防灾等设施，乡镇的道路交通系统是乡镇社会经济活动的骨架，是乡镇内部村落保持联系的支撑以及实现对外联系的保证，人、车交通流需要依赖乡镇道路得以实现；由给水、排水、电力、电信、燃气、热力等各个运行系统的市政设施系统是维持乡镇生命力、提高乡镇运行效率、改善乡镇居民生活质量的基础。因此，完善乡镇市政工程设施事关社会主义新农村建设、城乡统筹发展的全局。

1）乡镇道路交通设施建设

主要包括道路的修建（铁路、公路、水运等），停车场的合理配置及交通广场的适当设置，另外还有桥梁、涵隧等设施的修建。道路的修建往往是引领乡镇经济社会发展的关键。目前小城镇道路建设一般是公路的修建，其他交通道路的修建主要是根据当地的具体情况进行，公路建设存在的主要问题是存在道路狭窄、路况差、缺乏合理的规划设计、道路的附属设施不全等现象，这些现象都严重制约着乡镇经济的发展，也给人们的生活带来很大的不便。因此，道路建设的过程中首先要根据当地经济条件和实际需求确定路网规模、类型和分布，与实际的车流、人流、物流量相适应，不能盲目建设过宽的道路；其次，乡镇道路建设中要根据经济社会发展空间分布进行合理布局，对路网规模等级、主次及分工进行合理的规划布局。再者，道路建设过程中要充分结合地形地势，为各种管线建设预留空间，考虑地面排水的需求等。另外，乡镇道路的建设应该考虑交通附属设施的设置问题，如交通灯和标志的设置，以保障路网的畅通。最后，乡镇道路建设横断面类型的选择除考虑交通需求外，还应综合考虑环境、景观要求、与两侧建筑的协调、排水及管线设置等的要求；道路交叉口的设置也应该尽量采取平面交叉方式或隧道式立体交叉，充分考虑当地的经济条件。

停车场建设是道路交通系统畅通的保障系统，但停车场地缺乏是小城镇建设中存在的重要问题。停车场地的建设包括公共停车场地和配套设施专用停车场地。公共停车场地建设首先要合理选择停车场类型和位置，过境机动车停车场应设置在过境道路或镇区主要出入口，车站、大型公共设施旁应设置机动车停车场地，因此镇内的机动车停车场则应靠近主要服务对象，车辆出入应不妨碍道路畅通、不影响城镇环境；非机动停车场则应设置在生活区、公园、大型的公共活动设施附近，服务范围不应过大。另外，停车场出入口应该面向次干道，与交叉口保持一定的距离，并符合行车视距的要求。配套的专用停车场地的建设，主要应该考虑使用单位的建设规模和性质，机动车、非机动车的人均占有率及城镇用的条件进行设置，确定停车车位和相应的停车场地大小，可以采取地面和地下两种形式。

乡镇道路广场的主要功能是疏散人流或车流，一般在车站前和大型公共建筑（如体育馆、展览馆等附近）配备。另外，为了更好地疏散车流和人流，防止交通混乱，道路广场建设一般也在乡镇重要的交叉路口和小城镇的主要出入口处。

2）给排水系统建设

给排水系统是城镇居民生活的生命线。给水系统的作用是保障乡镇居民的生产生活用水、消防用水、市政用水的供给，它的建设包括取水、净水、输配水工程，一般由水厂、给水增压泵站、给水管网等几个方面的建设。组成水厂的建设首先要进行水源选择（地下水、地表水），一般要选水源充沛、可靠、水质良好、地形较好、供水方便及污染源少的位置，建在河流的上游。另外，取水点与水厂也可以分开设置；给水增压泵站一般选在地形条件复杂，距离水厂或水塔较远、或建筑物层数较多。水压较小的地方设置，以便给水畅通，不至于破坏给水管网；给水管网的布置主要根据各个地区需水的要求进行铺设，也要预留管网进一步铺设的空间，铺设过程中采取环状和枝状相结合的方式，充分结合地形，保障用水量和水压标准。排水系统主要是收集污水并送到污水处理地点，经处理达标后排入水体中，以保障乡镇良好的经济运行秩序和环境质量，排水系统建设的内容包括污水和雨水的排水渠道、管网、泵站及污水处理厂等的建设。污水与雨水排水渠道和管网的建设可以采取分流制、河流制两种形式，未来小城镇建设应该以雨水、污水分流制为建设目标，管网的铺设也应充分利用地形，沿道路布置，避免或减少穿越道路、铁路、人防工程等，协调好与其他管网的关系。而污水提升泵站应该据污水排放口与污水处理厂的位置进行设置，对污水进行适当的截流，它与住宅、公共建筑的间距也应符合有关要求，需设置不小于10m的绿化隔离带。污水处理厂的建设在下面环保设施建设中讨论。给排水设施的建设在城镇建设中存在着很多问题，而乡村给排水设施的建设则几乎为零，是基础设施中亟待完善的一个方面。

3）乡镇电力、通信设施的建设

电力工程的建设与人们的生活息息相关，乡镇电力需求主要包括工业用电、镇区生活用电和乡村生活用电、农业生产用电。电力工程建设主要是根据乡镇的经济生活用电确定电源、电力网的布置及电压等级。变电所的分布基本上是每村一个，电力网线采取架空线路，而镇区一般采取地下电缆，铺设的过程中要保障安全，少占耕地，并考虑与其他管线的关系。

通信工程设施的建设包括电信系统、广播和有线电视系统、计算机系统等的建设，可以促进乡镇经济社会发展、丰富人民生活。电信设施建设主要是电信和邮政局所、线路管道设置等。邮政局所一般要在镇区设置，要给广大居民提供方便的服务；线路管道的设置一般是电缆线路和光缆线路，主要由城镇规模及空间发展速度、用户性质与密度决定，采用地下直埋或管道、架空等形式，一般对安全要求比较高，建设过程中要充分考虑各个分区未来发展的方向和潜力，预留电信管道铺设的空间。广播有线电视系统的建设对丰富广大居民的精神文化生活起到了重要作用，但是目前相当一部分乡镇无法获得有线电视信号。乡镇广播有线电视系统的建设包括有线电视台址的选择和有线电视线路的布置，有线电视台址的设置要根据小城镇的实际情况和区域条件确定。

4）乡镇燃气、供热设施建设

乡镇燃气设施的建设一般包括气源的设置和输配管网的铺设两方面，管线类型又分煤气、天然气两种，一般采取地下铺设，据居住区的分布确定输配管网的走向和分布，气源应远离居民区，保障居住区的安全。乡镇供热设施建设包括热源、供热管网建设两个方面，热力管线包括热水、蒸汽管线等，采取压力输送的，在小城镇采取架空式的较多，但也有采取地下敷设。农村的供热设施和燃气设施都没有修建，是新农村建设过程中需要重视的，而且大部分小城镇燃气、供热设施也建的相当不完善，给居民的日常生活带来很多不便,是需要进一步加强的方面。

5) 乡镇环卫设施建设

目前,由于乡镇经济水平的限制,人们环保意识薄弱,工业发展缺乏环境规划,很多乡镇环保设施建设相对比较缺乏。

乡镇环保设施建设主要包括污水处理、垃圾处理及保洁设施等的建设。污水处理设施的建设主要涉及污水处理厂、污水提升泵站的建设及污水管网的完善等方面。乡镇污水处理厂的建设数量应该遵循规划的要求和当地污水排放量的多少,其位置应选在河流下游或靠近农田灌溉区,尽可能使出水口靠近地势偏低的地区。它的布置也可以与主要的工业园区相联系,建设标准应根据环境保护要求、当地自然条件和水体条件、污水量和水质情况等进行综合分析和经济比较。

乡镇垃圾处理设施建设主要考虑生活垃圾量、当地燃料结构、消费习惯、消费结构及其变化、季节和地域情况等。垃圾处理在乡镇一般采取掩埋的方式,而有的小城镇由于设施的缺乏一般到处堆弃,导致环境恶化、河道废弃。农村垃圾也一般是随便倾倒,没有集中的垃圾处理设施。垃圾处理设施的建设是形成良好的乡镇环境的保障,可以充分利用充足的人力资源进行分类,有些可以回收利用,有的则可以粉碎进一步加工,有些采取集中焚烧、统一掩埋的方式处理,这些都需要垃圾处理设施的完善。

乡镇保洁设施的建设包括垃圾筒及道路清扫车等的设置。目前小城镇虽然有着城市景观,但是在保洁设施方面比较缺乏,除了增加垃圾筒、道路清扫车的数量外,还应设置一些路面喷水设施,对干燥的路面进行湿润,防止尘土过多。环卫系统主要包括如垃圾粪便的收集、清运、处理,公共场所保洁,公共厕所等环卫设施。

6) 乡镇综合防灾设施建设

乡镇综合防灾设施包括防火、防洪、防震、防地面下沉和人防设施等。乡镇综合防灾设施的建设能够减少自然灾害造成的损失,保障人们的生命财产安全。首先,消防设施的建设主要涉及消防站的布置、消防给水的供给和消防栓的设置,乡镇既要考虑重要防火单位,又要考虑覆盖全乡镇,为广大农村地区服务,所以要建设在镇区中心、交通便捷与医院、学校、文物保护单位等重点责任区靠近,还要对工厂等危险品储藏区负责,另外还要拓宽消防通道,保障消防给水的供给,为灭火创造条件。消防栓的设置间距应小于或等于120m,压力不小于0.1~0.15Mpa,流量不小于10~15L/s。其次,防洪排涝设施在一些沿江、沿河、降水丰富、洪水暴发频繁及地势低洼的地区应该给予高度的重视。防洪排涝设施的建设主要包括防洪堤岸、防洪闸、排涝泵站等的修建及河道整治等。乡镇防洪排涝设施的建设应该严格遵循小城镇防洪标准和小城镇规划的要求,加固防洪堤岸,根据洪峰水位和洪峰量确定标高修筑防洪堤岸;防洪闸主要在支流处设置,暂时在支流储蓄洪水,当洪水退后,将闸门打开,排出蓄洪区的水;排涝泵站则主要建在地势低洼地区,排水困难,需要通过泵站将积蓄的水排出;防洪排涝还应在河流上游修筑水库,用于调节降水的不均衡,积蓄洪水;同时应该积极整治河道,防止河床淤积,不利于防洪排涝。

乡镇人防设施比较缺乏,人防设施的建设应该在人流和居住区集中地段进行设置,要考虑平时和情况紧急时的两种作用,以防止人防设施建设形成巨大的浪费,可以设置地下停车场或商场;同时人防设施的布置要避开易燃易爆物品及单位;对于乡村地区,则根据具体情况对每个居民点进行人防设置,保护居民的生命财产安全。

避震疏散设施建设是抗震防灾设施建设的重点,包括疏散通道和疏散场地安排,一般是要求疏散通道要足够宽,防止震时建筑物坍塌阻止通行;尽量在居住区内布置绿地和公园等空旷场地作为震时疏散场地;同时,乡镇建设时应尽量避开滑坡、断裂地带,建筑物施工时要进行用地评价,对重点建筑的抗震结构标准要高一些。

(3) 乡镇景观与生态建设

1) 乡镇景观与绿化建设

包括一些公园、广场、绿地及体育场等，公共空间提供居民游憩、休闲娱乐和交往的场所，能够改变街道的狭长、封闭和单调感。现在乡镇公共空间建设比较单调，公园、广场少，绿化率也不高，一些街道和商业中心由于自身环境质量差也无法形成宜人的公共场所。因此，乡镇公共空间建设要结合街道等级、绿化系统与环境现状，按照现状分区进行公共空间分等建设，在镇区中心、商业中心建设镇区公园和广场，在各个居住区内建设小型的公园和广场，塑造景观和绿化相结合的乡镇公共空间；同时也可在学校及居民区修建体育场或者健身设施。

2) 乡镇生态建设

我国广大乡镇具有优越的自然生态环境，水体、绿地、农田自然基础与种植、养殖、开发等多类产业活动构成完整的生态系统。乡镇与城市相比，基础设施相对薄弱，但环境质量较好。随着可持续发展战略在全国的贯彻与实施，保护乡镇环境，加强乡镇生态建设已成为必然选择。这种选择就是要避免有些发达地区乡镇无序发展乡镇企业，以牺牲自身环境为代价的发展模式。

我国的国情是人多地少，资源相对短缺，生态环境脆弱。乡镇企业的发展带来的污染问题，使我国的环境出现了由城市向农村扩散的区域性污染，导致乡镇不再具有青山绿水的环境优势。依据"中国21世纪议程优先项目计划"，我国乡镇应该走一条凭借自身特点、具有良好生态环境、注重建筑与自然和谐的综合发展之路。

乡镇生态建设主要包括生态建设和环境保护两个方面，生态建设中重要的是生态示范区和生态工程的建设，生态示范区建设可以分生态农业、农工商一体型、生态旅游、乡镇工业等类型的生态示范区，对乡镇经济社会健康发展起引导作用；生态工程建设主要是针对目前乡镇发展过程中出现的问题进行反思，进行农村综合发展型生态工程、小流域综合治理生态工程、湿地生态恢复工程等的建设，乡镇生态工程的建设需要大量的资金投入和维护,主要根据乡镇的经济实力和发展现状进行决定。

乡镇环境保护主要包括水、大气环境、声环境等方面。乡镇水环境污染是由工业废水、生活污水、农药化肥污染水等引起的,因此水环境的保护要改进乡镇企业的生产工艺,建设污水处理设施,减少农业生产中农药化肥的使用量,发展有机农业和绿色农业。乡镇大气污染一般是由工业生产、居民生活和交通工具排放尾气引起的,因此大气污染防治要改变能源结构,对城镇采取集中供热和供气等。乡镇企业要改进设备,提高燃料燃烧效率,提高废气达标排放率,也可以通过提高城镇绿化率和植物吸收有毒气体来减轻污染程度。乡镇的噪声污染很大部分是由过境交通、工业生产及建筑施工引起的,因此减少噪声污染主要靠改变过境交通线路、合理的功能分区,加强建筑施工单位和工业生产的监督管理来实现。同时,应修建绿化隔离带,切断噪声传播途径。乡镇固体废弃物主要由工业、生活和建筑垃圾等引起,对固体废弃物应该采取多种方式相结合的处理方法,如填埋、堆肥、沼气发酵及焚烧等,同时也应该推行清洁生产,提高固体废弃物的回收利用率,减少固体废物的产生。

另外在环境保护的同时,还应该加强园林绿地系统的建设,从根本上改善乡镇环境,建设公园绿地、防护绿地、生态绿地、生产绿地、道路绿地等。

(4) 村庄建设与整治

乡镇建设包括小城镇和村庄两方面,镇是建设的核心,村庄是建设的基础,因此乡村建设也应该包括村庄建设和整治,内容主要是村庄居民点及其设施的建设。目前村庄存在散、乱、差的状况,建设的重点是实现农村土地的整合集约化利用、农业的现代化和机械化及农村居住环境的改善。土地整理首先实现农村居民点的集约发展,农田并块规模化生产,从而为农村农业的发展奠定基础;农村基础设施的建设尤其是道路交通、通信、给排水系统、供电、供气、供热设施的建设是改善农村居民生活环境的保障。另外乡村空间的建设还包括镇域大型设施和各种配套设施的建设，一些大型设施（如水库、污水处理厂及重点交通干线等）需要从整个区域的角度确定，要为未来的发展预留大型设施建设通道，同时为区域联系建设配套设施，保障镇域各村庄经济发展的促进作用。

4.3.1.2 非物质环境的建设

（1）提高依法行政能力

乡镇建设是一项系统工程，在这个系统工程中，乡镇各级领导是各项建设活动的组织者、引导者和管理者。作为国家各项政策的主要执行者，乡镇各级领导对法律的认识程度和依法行政能力，直接影响着乡镇建设的稳定性、可持续性以及建设质量。提高乡镇领导干部对法律的认识以及依法行政能力是乡镇建设最基本的内容，没有很强的法律观念，不依法行政必将导致乡镇建设紊乱无序，重复建设，浪费资源，并造成环境的破坏。

依法行政主要包括以下几方面内容：一是更新依法行政的观念，依法行政不仅仅是要求干部依法管理，还要求干部自身守法，更要求政府能够依法提供服务和依法接受监督。如果仅仅停留在依法管理的层面上，是不能适应市场经济发展的。市场经济要求政府为乡镇建设和发展提供服务，并能以身作则，遵纪守法，接受乡镇居民的监督；二是加强法律法规的学习，提供依法执政能力。乡镇干部通过对法律法规的学习，提高依法行政的意识，做到依法决策，依法办事。在具体工作中，从依行政命令办事向依法办事转变，推进依法建设乡镇；三是营造依法行政的法制环境和文化氛围，依法行政的前提是法制环境的建立，需要上级部门的支持，特别是司法机关和人民法院的配合，确保依法行政能够顺利进行。同时在全社会普及法律知识，提高公民遵纪守法的意识。由于历史文化以及经济发展水平等原因，我国广大乡镇居民的法律意识还不高，处理事情时仍沿用传统习惯来解决，重情感而忽视法律法规，从而给广大乡镇干部在依法行政中造成许多困难。因此，乡镇建设过程中，需要通过多种途径、方式进行宣传法律法规，并通过典型案例把宣传落到实处，形成全社会遵纪守法的文化氛围,从而使依法行政真正得以实现。

(2) 科学规划,突出特色

科学合理地规划乡镇,依据地方特色,不断提升乡村集镇建设的质量和层次,从而真实落实中共中央"十一五"规划中提出的城乡统筹发展,加快社会主义新农村建设。乡镇建设是一项涉及面广,政策性强的系统工程,充分认识乡镇建设的特征、建设模式、经济运行规律,因地制宜地规划乡镇是实现农村城镇化、现代化的一项基本内容。

乡镇规划的内容很多,涉及乡镇发展的各个方面,但对指导乡镇建设,推进农村城镇化,实现乡镇可持续发展的乡镇规划主要包括制订规划和执行规划两个部分。

制订规划就是根据相关法律、法规、规范性文件和技术规范,按照一定程序编制完成的规划,包括镇域规划、镇区规划以及部分地块的控制性规划。

镇域规划的中心内容包括四方面:乡镇经济社会发展与人口城镇化、镇村体系和村庄布局、重点发展空间和各项基础设施。镇区规划的中心内容主要包括:集镇的性质和发展规模、镇区用地发展方向和布局结构、镇区各项基础设施。在编制乡镇规划方案时,核心问题是如何凸显乡镇自身的特色,实现社会、经济和生态目标的统一。

执行规划就是根据相关的法律、法规以及经过审批的规划对各项建设实施规划管理的行为。我国许多乡镇都已编制完成了乡镇规划,但都普遍存在着执行规划不规范的问题,需要健全规划管理的机构,以行政、法律、经济等多种手段提高规划执行的管理水平,强调依法行政。

4.3.2 乡镇建设的重点和任务

4.3.2.1 乡镇建设的重点

(1) 经济建设的重点

经济建设的重点是产业的选择与结构的调整,尤其是建立在第一产业基础之上的第二产业的发展。因此，乡镇经济建设的主要任务是加快发展农产品加工业，带动和促进现代农业体系的建设和发展。农产品加工业是现代农业的牵动力量，是乡镇企业发展的重点产业。我国许多乡镇充分发挥各自农产品资源优势，全面实施"农业产业化和农产品加工推进工程"，重点发展粮食、畜禽、经济作物、山特产品、水产品、乳制品、果蔬加工等农产品加工业，延伸产业链条，实现农产品由初级加工向高精深加工转变。同时要着力培养一批农产品加工企业群体，引进龙头企业，以保障乡镇企业的持续活力，也带动农业的发展。

（2）环境建设的重点

优化农村环境是新农村精神文明建设的重点，是改善农村人居环境和提高农民生活质量的根本要求。实现乡镇物质环境的整洁美化，一要注意乡镇规划。坚持统一规划、合理布局、综合开发、配套建设、分步实施、逐步推进的原则。从解决农民要求最急迫、受益最直接的问题入手，重点搞好人居环境、文化阵地、垃圾处理设施等规划建设，加大投资力度，扩大实施规模，充实建设内容，使乡镇面貌朝着优化、美化、整洁的方向发展。二要注重乡镇建设环境整改。以"示范、整治"活动为载体，采取有力措施，通过"三治"（镇村发展治散、基础设施治缺、镇村环境治脏）、"三清"（清垃圾、清淤泥、清路障）、"四包"（农户门前包卫生、包秩序、包绿化、包治安）、"四改"（居民家中改水、改厕、改厨、改居），尽快实现广大农村环境的明显改观，使广大农民对生活环境进一步增强舒适感、亲切感。三要注重生态保护。要适应农民群众对保护生态环境、提高生活环境质量的新要求，把加强乡镇规划和环境治理有机结合起来，倡导农民的生态意识，有效保护好土地、森林、地下水等自然资源，杜绝滥伐、滥采、滥垦、滥挖现象，保护农村生态平衡。

（3）基础设施建设的重点

基础设施建设的重点：一是交通，要确保集镇对外联系方便，便于集镇产业的集聚，乡镇内部道路建设要便于农民出行，其主要任务是提高现有道路等级，完善交通网络，形成交通体系；二是供水设施，要确保乡镇居民生活饮用水的安全和卫生，有条件的地区还要满足生产用水，为经济发展提供条件，其主要任务是乡镇管网要与区域性供水管网连接；三是供电设施，这是保证乡镇生产和生活的基础，其重点任务是建设乡镇电网与区域性供电网络连接，保证乡镇生活用电，基本满足乡镇生产发展的需要。

(4) 社会文化建设的重点

发展和繁荣农村文化是新农村精神文明建设的重要内容，是满足农民群众日益增长的精神文化需求的客观需要。着重建好县（市）、乡（镇）、村三级文化设施。一是要建设和完善乡镇公益性文化设施，力争达到一个符合各省、市级建设标准的综合性文化活动中心，一个以镇（乡）党校或成人学校等为主体的理论教育培训基地，一个宣传文化长廊，一张覆盖所有行政村和自然村的广播电视网，一个综合性的室外体育活动场所。村级文化设施也要设置一个文化活动室、一个广播室、一个宣传窗、一个村务公开栏、一个室外文体活动场所。二是开展一批文化活动，以文化示范镇、文化特色村和文化中心户创建为重要载体，在农村继续深入实施群众文化工程，重点开展文化、科技、卫生、法律活动；深入开展知识进农户、新风进农户、信息进农户、娱乐进农户、广播电视进农户的"五进"活动，进一步推进广播电视"村村响、户户进"工程，广泛应用现代信息网络技术，加快信息数字化、资源共享化进程；扎实开展农村电影工程活动，加强农村电影的放映工作；积极开展农村民俗民间文艺展示展演活动，充分挖掘和利用农村各种文化资源条件，利用农闲、节日、集市等，组织灯会、花会、竞歌会、文艺演出、秧歌、篮球赛等群众喜闻乐见、健康有益的文体活动，打造一批特色文化品牌，培育一批文化大镇、文化强村和文化家庭，促进农村群众性文化活动蓬勃开展。三是培养一批文艺队伍。在抓好乡镇文化专职干部的配齐配强工作、加强思想和业务培训提高的同时，结合农村实际，要着力抓好农民文化活动队伍、民间社会文化团体、民间艺术人才队伍、文化中介组织队伍和文化指导员队伍等五支农村文化队伍建设，充分发挥他们在农村文化繁荣发展中的骨干作用。

4.3.2.2 乡镇建设的主要任务

乡镇建设的主要任务是整合城乡土地，提高设施建设水平，营造良好的居住生活环境，从而实现乡镇经济、社会、环境的协调发展。

（1）合理整合城乡土地

乡镇建设过程往往对土地乱占滥用，造成土地的大量浪费，因此整合城乡土地成为乡镇建设的首要目标。在保护基本农田的基础上，进行乡镇企业园区、生态工业示范园区的建设，清晰界定城镇的建设区范围，防止盲目扩大工业生产，圈占农田；对于零散的农村居民点采取适当集中、合理引导的方式，实现乡村居住用地集约化，防止农村住宅建设乱占耕地的现象发生。通过工业向园区集中、人口向城镇集中、住宅向社区集中的"三集中"原则，建设工业园区、住宅区及农田保护区，引导城乡人口的合理流动，整合城乡土地，实现集约利用，保障乡镇经济社会的可持续发展。

（2）提高设施建设水平

乡镇发展与建设，离不开基础设施和公共设施的支撑，因此提高设施建设水平是实现乡镇发展的保障。基础设施建设中交通、能源、通信、给排水是乡镇的血液循环系统，交通设施尤其是镇域交通网的建设能够引导乡镇发展的空间结构，通信、能源设施保障乡镇企业信息、能源获取的便捷性，公共设施的建设能够增强乡镇吸引力，增强城镇的服务功能，改善人们的生活水平，因此提高设施建设水平是乡镇建设的重要任务之一。

（3）营造良好的生活居住环境

乡镇建设最重要的任务是为乡镇居民营造良好的生活居住环境。乡镇的基础设施建设、公共设施建设可以为居民生活提供方便,生态环境建设、绿地景观建设则能为人们生活提供丰富的开敞空间和交流空间,从而改善人们的生活环境。人的发展是发展的最高目标,因此小城镇建设应该把改善人们的生活与居住环境作为最终目标。

参考文献:

[1] 农业部规划组.社会主义新农村建设.北京:中国农业出版社,2006
[2] 刘俊杰著.县域经济发展与小城镇建设.北京:社会科学文献出版社,2005
[3] 冯海发著.农村城镇化发展探索.北京:新华出版社,2004
[4] 刘亚臣、汤铭潭主编.小城镇规划管理与政策法规.北京:中国建筑工业出版社,2004
[5] 穆向丽.浅析小城镇可持续发展.安徽农业科学.2006,34(5):983~984
[6] 吴艳春.发展和建设小城镇-加快推进农村现代化.中央社会主义学院学报,2006,2
[7] 洪梅.乡镇领导干部如何提高依法行政能力.铜仁地委党校学报,2005,3

第5章　乡镇建筑

自改革开放以来,我国乡镇建设发展迅速,呈现一派繁荣景象。但在城镇化进程中,相当部分的建筑在建设过程中偏重功能,很少考虑艺术要求,导致了布局呆板、形式单调、体型杂乱、缺乏地方特色等问题。这已经不能满足人们的审美需求,也不符合社会与时俱进的发展需求。

建筑不仅是功能的实体,而且是科学与艺术的结合体,代表着当地的文化传统和人们的艺术素养,对体现地方风貌起到重要的作用。乡镇中的主要建筑不仅是构成乡镇轮廓的主体,同时还常被用来作为乡镇的标志。为此,本章主要介绍乡镇中住宅建筑、公共建筑、生产建筑的设计原则和注意事项。

5.1　乡镇住宅建筑

乡镇住宅建筑是为了满足家庭生活需要所构筑的物质空间,它是日常生活中最重要的建筑类型之一。乡镇住宅建筑设计水平的优劣直接影响到人民生活条件的改善和生活品质的提高,也直接受到乡镇经济、家庭收入等因素的影响和制约。由于各地自然环境、经济发展状况、传统民俗文化的不同,以及材料、施工技术等方面的差异,乡镇住宅建筑设计应因地制宜,既要充分考虑住宅建筑的节能、节地和经济效益,又要兼顾居住方式和生活模式的长远发展。

我国幅员辽阔,乡镇人口众多,乡镇住宅建设量大面广,需要投入大量的人力、物力,以满足广大乡镇居民的生活需求,保障基本的居住条件。为了适应不同的自然环境、社会环境和经济发展水平，乡镇住宅建设呈现出不同的特点和发展趋势，形成了不同的类型。人们通过祖祖辈辈对自然的适应和改造，形成了今天不同地区、不同发展阶段、不同类型的居住方式。随着社会的发展，居住方式和住宅模式还将继续随之变迁。

5.1.1 乡镇住宅建筑概述

5.1.1.1 我国乡镇住宅的发展历程

我国的乡镇住宅建设，从新中国成立以来大致经历了三个阶段（见表5-1）。

我国乡镇住宅的发展历程　　　　表5-1

阶　　段	时　　间	主　要　特　征
第一阶段	1979年以前	以平房为主，瓦房逐步取代草房
第二阶段	1980年代	楼房逐步代替平房，宅基地面积缩小，建筑面积扩大，建筑标准和质量逐步提高。
第三阶段	1990年代至今	大力发展成规模的低层住宅和多层楼房

第一阶段为1979年以前，是一个低水平的发展阶段。尽管在个别地方盖了"小洋楼"，但就全国而言，基本上沿袭着传统形式，以平房为主。只是逐步把草房改成瓦房，20世纪60~70年代，在江浙一带个别地方建设了一批一样长、一条线、一样高的低标准2层行列式民居，建设分散。

第二阶段为20世纪80年代，是乡镇住宅建设的高潮阶段，开始进行新型乡镇住宅的探索。平房逐步被楼房所代替，宅基地面积有所缩小，建筑面积却有所扩大，建筑标准和质量也逐步提高。

第三阶段是90年代至今，是乡镇低层住宅和多层楼房大量发展的阶段。尤其是在经济较为发达的东南沿海地区，平房建设已基本消失，取而代之的是成规模的楼房建设。乡镇住宅设计已得到普遍的重视。

5.1.1.2 乡镇住宅建设中出现的问题

随着全面建设小康社会进程的不断加快,乡镇经济取得了长足的进步,在很多地区都可以看到成片新建的住宅。但由于缺乏必要的指导,在这些住宅建设中也出现了一些问题。

在乡镇住宅建设中普遍存在的现象是:住宅越建越大,越建越高,互相攀比。住宅建设并不是根据自身的实际需求和经济能力出发,而是出于"跟风攀比"、"多占地盘"等因素的考虑,因此乡镇住宅建设存在一定的盲目性。例如:有些住宅外观鲜亮,但建筑布局、通风、排水等缺乏科学考虑和统筹安排;有些住宅片面追求房间的面积和高度,为此耗费大量财力,室内却无力装修。

由于乡镇住宅建设缺乏超前性、预见性和长远规划,再加上住宅设计水平与施工技术水平的限制,导致建造房屋的短期行为较为严重。"50年代土坯房,60年代盖瓦房,70年代加门框,80年代起楼房,90年代建洋房",频繁的拆建,造成人力、物力和财力的极大浪费。

5.1.2 乡镇住宅设计理念

与城市相比,乡镇往往有着优越的自然环境、独特的地理条件和浓郁的乡土文化,这些差异使得乡镇住宅区别于城市住宅,因此不能套用一般的城市住宅模式或简化了的城市住宅模式。同时乡镇住宅也区别于传统的农村独院式住宅,老式农宅不仅占地大、基础设施差、居住环境差,而且使用功能难以适应现代乡镇家居生活的需要。乡镇住宅有其自身的特点,例如:第一、第二、第三产业并存要求户型的多样化;多代同堂要求户均建筑面积大,既要考虑代际之间的密切关系,又要有相对的私密性等等。

在住宅设计中应遵循以下原则:

5.1.2.1 适度的面积标准

乡镇住宅设计中应注意经济适用。经济不等于简单，而重在适用。适当的尺度，精心的设计，既能创造出舒适健康的居住环境，又避免了建筑面积过大，层高过高造成的经济、材料、国土资源等不必要的浪费。

2001年，我国城市居民人均居住面积为10.3m^2，而农村居民人均居住面积已达到24.8m^2。针对建筑面积的调查发现，尚未建造楼房的住户普遍希望住房的建筑面积能进一步扩大，而已经搬入新居的住户则大多表示有许多房间闲置。

5.1.2.2 实用的功能组成

随着社会经济的发展，乡镇产业结构的调整，每个家庭的成员结构、经济收入和生活特性都有很大差异，乡镇住宅的功能设计应充分考虑这些因素。住宅的功能组成可分为两方面内容：一方面要满足基本的生活模式，即达到安全、适用、方便、卫生、舒适的要求，包括宅内的合理功能区分，以及各方面空间的界定等，称之为基本功能需求；另一方面要顾及乡镇家居功能的多样性，即不同职业、不同家庭结构、不同经济收入的家庭有各自的生活模式，会对住宅的功能提出多样化的要求，诸如农具粮食贮藏、手工作坊、营业店铺以及仓库等，这些称之为附加功能要求。

在乡镇有大量以农业生产为主或从事小规模的家庭副业、养殖业的家庭，这些住户需要住宅带有较大的院落，可以开展部分生产活动，也要求住宅有宽裕的贮藏空间存放农具。务工户和经商户对庭院的要求则更偏重于环境美化，把它看作是家居空间的外延，是交往活动的重要场所。

另外，家庭的人口数量决定了住宅中卧室数量的多少，家庭的人口结构决定了是否要设置老人卧室、儿童卧室和客卧，同时适当考虑房间远期的功能转变。

5.1.2.3 适宜的空间组织

功能布局问题是住宅设计的关键。合理划分功能空间，注重多功能空间和弹性空间的设计，使住宅既适应家庭现状，又兼顾未来的发展。目前，乡镇住宅功能布局中存在较多的问题有：生产生活功能混杂，家具功能未按生活规律区分，功能空间的专用性不确定以及功能布局不当等。因此，必须依据新的乡镇生活模式，科学组织功能空间，做到生产与生活分开，内与外分开，动与静分开，污与洁分开等。

随着乡镇产业结构的调整、经济水平的提高，乡镇居民的生活模式发生了很大变化，乡镇住宅的功能也随之转变。传统的乡镇结构中由于农业生产方式和经济条件的限制，住宅具有生产和生活的双重功能。而近年来，由于家庭成员职业的分化、家务劳动的电气化、社会交往范围的扩展、休闲方式的更新，使得家庭生活行为发生了很大转变，乡镇居住方式往多元化发展。

5.1.2.4　服从住区整体规划

舒适宜人的居住环境的创造不仅取决于住宅内部功能的合理布局，还取决于住区的整体环境。住宅的单体建筑应该与住区的整体规划有机结合，住宅的布局、位置、风格、高度等都要遵循上一级规划的要求。这样既避免乡镇住区布局的散乱，又有利于基础设施的合理配备与完善，创造优美的整体环境。

5.1.2.5　营造地方特色

由于乡镇地域广阔，气候与风俗习惯迥异，使得住宅具有一定的不确定性，在设计中应根据具体情况深入研究，区别对待。乡镇住宅的建设要充分尊重当地传统的建筑文化，许多乡镇有着悠久的发展历史和源远流长民族文化，其民宅和街巷都会受自然环境、文化传统和经济条件的影响，形成各自独特的风貌，是当地群众生活模式的真实写照。因此，乡镇住宅设计要从传统民居建筑中汲取精髓，建造具有鲜明地方特色的当代民居（见图5-1）。

图 5-1 具有地方特色的成都农宅

5.1.3 乡镇住宅建筑设计

5.1.3.1 住户类型分类与套型选择

目前在乡镇住宅套型设计中普遍存在着功能不全、功能与住户的要求不相符、面积大但使用不当等问题，合理的套型设计显得尤为重要。

住户规模、住户结构和住户类型是决定住宅套型的三要素。

住户结构的繁简和住户规模的大小则是决定住宅功能、面积数量和空间尺度的主要依据。受传统习俗、道德观念和经济条件等多方面因素的影响，家庭养老仍然是我国乡镇住户的一种主要养老方式。因此，乡镇住户的家庭结构主要有二代户、三代户和四代户，人口规模大多为 3~6 人。在住宅套型设计中既要考虑人口规模、又要考虑住户代数和人口结构，并且要考虑到人口构成随着社会形态、家庭关系和人口结构等因素的调整而变化。

住户的家庭生活行为习惯是影响住宅套型平面空间组织和设计的另一主要因素。而家庭生活行为模式则是由生活方式决定的。家庭主要成员的生活方式除了社会文化模式所赋予的共性外，具有显著的个性差异，它涉及到家庭主要成员的职业经历、受教育程度、文化修养、社交范围、经济收入以及年龄、性格、生活习惯、兴趣爱好等诸多因素，形成多元的千差万别的家庭生活行为模式。在套型设计中，除考虑每个住户必备的基本生活空间外，各种不同的住户类型（以职业区分）还要求不同的特定附加功能空间，其规律可见表5-2。

住户类型及其特定功能空间　　　　表5-2

序号	住户类型	主要特征	特定功能空间	对套型设计的要求
1	农业户	从事农、林、渔、牧等行业	小农具贮藏、粮仓、微型鸡舍、猪圈等	少量家禽饲养要加强卫生管理，确保环境质量
2	专（商）业户	从事竹藤类编制、织造等加工制造业以及小百货	小型作坊、工作室、店面、业务会客室、小库房等	工作区域与生活区域既要相互联系，又要相对独立，减少干扰
3	综合户	以从事专（商）业为主，兼种自家口粮田、自留地等	兼有一、二类型功能空间，规模和数量视实际情况而定	在经济发达地区，此类型户所占比重较大
4	职工户	在机关、学校或企事业单位上班，以工资收入为主	以基本家居功能空间为主，较高经济收入户可增设客厅、书房、阳光室、客卧、家务室、健身房、活动室等	重视专用空间的使用和设计

5.1.3.2　多样化的住户类型需要多样化的住宅套型和住宅类型

按照不同住户类型、住户结构和规模以及乡镇住宅的不同层次，需要对应设置具有不同的基本功能空间和辅助功能空间的套型系列。同时，为了达到既满足住户使用要求，又节约用地的目的，还应恰当地选择住宅类型，以便更好地处理建筑物之间的关系，随即妥善处理住栋的水平、垂直分户，联立、联排和层数等问题，详见表5-3。

不同住户类型、不同套型系列的住栋类型选择 表 5-3

住户类型 \ 住栋类型选择建议	垂直分户	水平分户
农业户、综合户	中心村庄居住密度小，建筑层数低，用地规定许可时，可采用垂直分户	在确保楼层户在地面层有存放农具和粮食专用空间的前提下，可采用水平分户（上楼），但层数最多不宜超过4层，必要时，楼层户可采用内楼梯跃层式以增加居住面积
专（商）业户	此种住户类型的附加生产功能空间较大，几乎占据整个底层，生活空间安排在二层以上，适宜垂直分户	为保证附加生产功能空间使用上的方便并控制建筑物基底面积，不可采用水平分户
职工户	基本上与城市多层单元式住宅相同，不可能采用垂直分户	为节约用地，职工户住宅一般均建楼房，少则3、4层，多则5、6层，宜采用水平分户

5.1.3.3 乡镇住宅功能布局

功能布局问题是住宅设计的关键。目前，乡镇住宅功能布局中存在的问题有：生产生活功能混杂，家居功能未能按生活规律分区，功能空间的专用性不确定以及功能布局的不合理等。因此，必须更新设计观念，改进生活方式，以科学的小康家居功能模式为准绳，优化住宅设计。

按照乡镇住户的一般家居功能规律及不同住户类型的特定功能需求，可以推出一个乡镇家居功能的综合解析图式（见图5-2）。这个图式表达了乡镇家居功能的有关内容、活动规律及其相互关系。其要点是：1）强调了起居室作为全家活动中心的作用；2）强调了各行为空间的专业水平逐渐增强的趋势，如将对内的起居厅和对外的客厅分开设置；3）家居功能中增设了书房（工作室）、健身活动室和车库等满足更高层次生活需求的空间；4）为不同类型的住户配置相应的附加功能空间，以适应乡镇产业结构的转变需求，例如：为专业户和商业户开辟加工间、店铺及仓库等专用空间；为农业户配置农具、杂物、粮食蔬菜的贮藏空间，建设微型封闭式禽舍等。

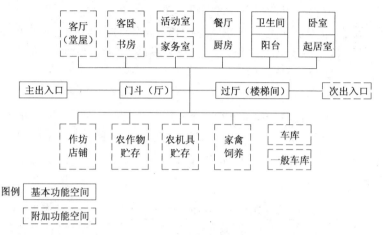

图 5-2　乡镇家居功能综合解析图式

（1）乡镇住宅必须有齐全的功能空间

随着人们对居住环境要求的提高，住宅的生理分室和功能分室将更加明细合理，人与人、室与室之间的相互干扰现象也将逐步减少。要保证各功能空间的专用性，确保不同程度的私密性要求，就要求住宅具有齐全的功能空间。

乡镇住宅的功能特点可以概括为：

1）农业与生产上的功能。乡镇住宅除了承担农业生产收成的加工处理和贮藏场所外，还要从事部分副业加工的地方。现代乡镇的第二、第三产业产业发展很快，各产业的比例也在不断调整与变化中。所以功能空间的设置不仅要考虑传统农业生产的需求，更要预见未来因生产模式的改变而引起的住宅空间的改变。

2）社交与行为上的功能。乡镇住宅是居民休息、家庭团聚以及接待亲友的场所，所以住宅是一个家庭成员生活行为以及与他人相处等的社交行为发生的场所。它的空间分割也在一定程度上反映出家庭成员的相互关系，同时还需要满足每个居住者生活上私密性及社交功能的要求。

3）环境和文化上的功能。乡镇住宅室内的居住环境及设备，应能满足居民生理上的需要（如充足的光照、良好的通风等）及心理上的安全感（如安心休息、健康生活等）。室外环境（如庭院布置、住宅造型等）也应该配合当地的地形地貌、自然条件、技术发展及民情风俗等因素来发展，使住宅及住区的发展能与自然环境融为一体。

（2）各功能空间要有适度的建筑面积和舒适合理的尺度

1）乡镇住宅的基本功能空间包括：门厅、起居室、餐厅、卧室（含老人卧室）、厨房、卫生间及贮藏间等。表 5-4 列出了有关科研机构通过大量调研分析而拟定的基本功能空间建议性面积标准。

基本功能空间建议面积标准　　　　　　表 5-4

名称	门厅	起居室	餐厅	主卧室（老人卧室）	次卧室	厨房	卫生间	基本储藏间	
								数量	总面积
面积 (m^2)	3~5	14~30	8~15	12~18	8~12	6~10	4~8	2~4	4~12

2）根据住户的职业特点、经济水平、个人爱好等，附加功能空间可分为两类：生活性附加功能空间包括客厅、书房、家务室、宽敞阳台及平台、客卧、健身房和阳光室（封闭起来的阳台或屋顶平台）；生产性辅助功能空间包括加工间、库房、商店、粮仓、菜窖、农具库以及宅院等。附加功能空间建议面积标准参见表 5-5。

附加功能空间建议面积标准　　　　　　表 5-5

类别	生活性附加功能空间								生产经营性附加功能空间		
名称	客厅	书房	家务室	宽敞阳台	平台	客卧	健身房	阳光室	生产加工类	编制手工类	店铺
面积 (m^2)	16~30	10~16	8~12	4~8	12~20	12~15	14~20	8~12	面积大小根据实际需要确定		

(3) 精心安排各功能空间的位置关系

乡镇住宅一般都较为宽敞，如果住宅内部的"动线设计"不合理，会给住户带来很多日常生活上的不便。因此，乡镇住宅居住质量的好坏不能仅仅以面积大小作为评判依据，而更应重视各功能空间的位置关系、交通流线等要素，保证住宅内部各功能空间之间的良好联系和相对的独立性。

按照功能空间的不同用途可分为生活区、睡眠区和工作区。按照功能空间的性质可分为公共活动空间、个人活动空间和生理卫生空间。区与区之间，功能空间与功能空间之间应该根据其在家庭生活中的作用及相互间的关系进行合理组合，避免出现无用空间。例如，在乡镇低层垂直分户的住宅中，通常把工作区和生活区连接布置在底层，提高使用上的便捷性，而把睡眠区布置在二层以上，这样把家庭公共空间与私密空间上下分开，互不干扰。

在平面布置上，因家庭公共空间的使用率高，应充分吸取传统民居以厅堂和起居室分别作为家庭对外和家庭成员活动中心的原则，底层把生活区的厅堂放在住宅朝向好且重要的位置，后侧布置工作区，既保证生活区与工作区的密切联系，又通过布置两个出入口，做到洁污分离。在二层把起居室安排在住宅朝向好且重要的位置，背侧绕以布置私密性空间，这样可以使每个房间与家庭公共空间直接联系，使得生活区得到充分利用。

5.1.3.4 乡镇住宅的剖面与立面设计

一般而言，住宅空间的变化较少，剖面设计较简单。住宅剖面设计与节约用地、住宅的通风、采光、卫生等问题的关系十分紧密。在剖面设计中，主要是解决好层数、层高、局部高低变化和空间利用等几个问题（见图5-3）。

(1) 住宅层数

住宅层数与城镇规划、当地经济发展状况、施工技术条件和用地紧张程度密切相关。《民用建筑设计通则》规定，住宅层数划分为低层（1~3层）、多层（4~6层）、中高层（7~9层）

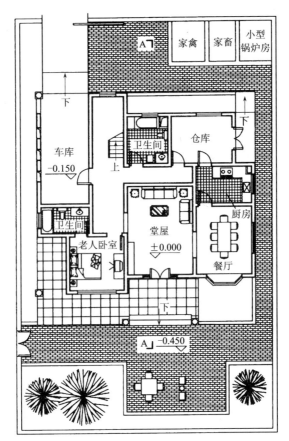

图 5-3 某乡镇住宅平面布置

和高层（10～30 层）。在住宅设计和建造中，适当增加住宅层数，可以提高建筑容积率，减少建筑用地。但随着层数的增加，由于住宅垂直交通设施、结构类型、建筑材料、抗震、防火疏散等方面会出现更高的要求，综合考虑这些因素，乡镇住宅一般为低层。低层住宅的底层占地面积较大。

（2）住宅层高

合理确定住宅层高，在住宅设计中具有重要意义。适当降低层高可以节省建筑材料，减少工程量，从而降低造价。在严寒地区还可以通过减少住宅外表面积,降低热损耗。由于住宅中房间的面积较小,室内人数不多,因此,住宅的层高应该控制在2.6~2.8m之间,乡镇住宅由于生活习惯的原因可以适当提高,但不宜超过3.3m。

住宅层高影响到后排住宅的间距大小,尤其当日照间距系数较大时,层高的影响就更为显著,由于住宅间距大于房屋的总进深,所以降低层高比单纯增加层数更为有效,如住宅从5层增加到7层时,用地大约可以节约7%~9%,而层高由3.2m降低到2.8m时,可节约用地8%~10%(日照间距系数为1.5时)。因此,在乡镇住宅设计时应合理控制层高。

(3)住宅剖面形式

剖面可有两个方向,即横向和纵向。对于住宅楼横剖面来说,考虑到节约用地或限制地段长度,常将房屋剖面设计成台阶状(即在住宅的背侧退台)以减少房屋间距,这样剖面就设计成南高北低的体型,退后的平台还可以作为顶层住户的露台,使用方便,也增加了顶层在出售时的吸引力;

对于坡地上的住宅,可以利用地形,设计成需要的剖面。对于纵剖面来说,既可以结合地形设计成左右不等高的立面形式,也可以设计成错层或层数不等的形式;另外,还可以结合建筑面积、层高等建设跃层或复合式住宅(图5-4)。

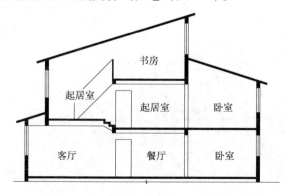

图5-4 利用坡屋顶的错落获得直接采光

（4）住宅立面设计

乡镇住宅建筑受功能要求、建筑造价等方面的限制较多，其立面形式变化较少。一般是在住宅的套型、平面组合、层高、层数、结构形式确定后，建筑立面和体型就基本形成了，也就是说住宅的功能性在很大程度上决定了它的立面造型，这也是造成住宅面貌容易千篇一律的主要原因。

在住宅设计中，立面设计的主要任务是通过对墙面进行划分，利用墙面的不同材料、色彩、结合门窗口、阳台、室外空调板的位置布置等，使外形简洁、明朗，以取得较好的立面效果，并充分体现住宅的性格特征。具体手法有：利用阳台的凹凸变化及其阴影与墙面产生明暗对比；利用外墙的色彩、材质、线脚对墙面进行分割；局部用栏杆、构架、空调板、女儿墙等构件进行装饰。另外，还可以结合楼梯间、阁楼、檐口、腰线、勒脚以及出入口等创造出新颖的立面形式。

在色彩上，住宅立面宜采用淡雅、明快的色调，并考虑到地区气候特点、风俗习惯等做出不同的处理。总的来说，南方炎热地区宜采用浅色调以减少太阳辐射热；北方地区宜采用淡雅的暖色调，创造温馨的住宅环境。同时要统一考虑立面上屋顶、门窗、构架的色彩，达成统一和谐的立面效果（图5-5）。

图5-5　与自然环境相协调的住宅色彩

(5) 因地制宜

中国民居的特征之一是充分利用自然地形和节约土地,根据当地的自然条件,因地制宜布置建筑,不论是山区或水边,都应争取每一寸空间。利用天然地势近水开池,靠溪跨水。

在城镇用地中,由于地形的变化,住宅组团的布置应当与地形结合。地形的变化对住宅组团的布置影响很大,应在保证日照、通风要求的同时,努力做到因地制宜,随坡就势,处理好住宅位置与等高线的关系,减少土石方量和基础工程量,降低建筑造价(图5-6)。

图5-6 陕北高原窑洞和江南水乡民居

5.1.4 对传统民居建筑文化的继承和发扬

我国悠久的历史文化,各地区独特的自然地理条件,各民族代代相传的社会习俗,形成了众多性格鲜明的传统民居风格。"传统民居"是指那些非官方的、民间的、一代又一代延续下来的、以居住类型为主的建筑，它是我国传统建筑中的重要组成部分，其产生和发展是社会、经济、文化、自然等因素影响的综合反映。

5.1.4.1 传统民居的分类及特点

传统民居建筑文化是一种复杂的文化，涉及社会、经济、文化、历史、自然生态、民族心理特征等多方面因素，需要以历史的、发展的、整体的观念对其进行研究。研究传统民居的目的是汲取我国传统民居中在聚落规划、空间运用、构架装饰以及建筑材料等方面的设计精华和文化内涵，融入现代乡镇住宅建筑设计中，在满足乡镇居民现代化生活需求的同时，更能得到精神上的归属感和文化上的认同感，展现地方风貌特色。

各地民居有许多种，刘敦桢先生在《中国住宅概说》一书中按平面形式把民居分为以下九类。

1）圆形：如蒙古包。

2）纵长方形：原始穴居形式，常见于云南、华北、华中等地。

3）横长方形：民居的基本形式，有不同的开间。

4）曲尺形：常见于南方农村。

5）三合院：常见于浙江、广州、上海、云南等地。

6）四合院：东北及北京等地。

7）三四合院的混合：常见于江浙、安徽、四川等地。

8）环形：常见于福建。

9）窑洞：常见于河南、陕甘宁等地。

传统民居中较有代表性的有北京四合院、陕西窑洞、福建客家土楼、广西的干阑建筑、云南"一颗印"等。

四合院住宅在我国分布很广，其中以北京四合院最为典型（见图5-7）。四合院是由四面的房屋或围墙围合而成，在封建宗法礼教的支配下，建筑按南北中轴线对称地布置房屋和院落。四合院是统称，根据建筑面积的大小以及方位的不同，从空间组合来讲有大四合院、小四合院、三合院之分。

窑洞是中国北方黄土高原地区最具代表性的民居，其最大的特点是坚固耐用，冬暖夏凉（见图5-8）。陕北的窑洞主要有3种：用石砌的叫石窑；用砖块砌的叫砖窑；在土崖上挖出窑洞，安上门窗而成的叫土窑。土窑有一种是在黄土断崖边，并列向里掘入，成为若干互不相通的单窑；另一种自平地掘入，先成一大平底四方阶，然后从四壁各自向里挖成若干单窑；更有自附外地面掘斜洞以通于阱中，成为过道。窑洞上可以行人走马，可以走载重大车。多数窑洞深 7~8m、宽 3.3m、高 3.3m。

图 5-7　北京四合院　　　　图 5-8　陕西农家窑洞

福建客家土楼从总体而言是中原建筑结合客家聚居地特点而形成的（见图5-9）。其建筑材料（土）和构筑方式（夯筑）与早期北方民间的土构建筑相类似，而以三堂为核心的中轴对称布局则来源于中原府第式建筑。但作为落脚于偏僻山区的移民，客家人必须十分注重建筑的防御功能，以抵御野兽、盗贼等侵害，因此形成了封闭、坚固、聚族而居的客家居住形态。

干阑建筑是用木料（或竹）而建（见图5-10），底层架空，其楼多为三层，顶层储粮，中层住人待客，低层放置农具和饲养牲畜。有的还建有耳房。这种住房形式适应于潮湿多雨、地势不平的南方山区。壮族的干阑建筑比较具有代表性，它可分为全楼居式、半楼居式、地居式等几类。全楼居式多见于比较偏远的山区。半楼居式多见于丘陵、半山区，地居式多见于平原地区。

图 5-9 最大的土楼——承启楼

图 5-10 广西壮族干阑式民居

中国民居所表现的多种多样的形式和各异的特点，显示了许多因素之间复杂的相互作用和影响。各地民居明显的差异是由于地理、气候条件的不同，地方材料和传统的构造技术与方法的不同、环境的不同、防御要求带来的特点、经济条件的差别、宗教因素对建筑形式的影响等等。在中国民居中可以看到多民族的特征，蒙古族以及藏族、朝鲜族、维吾尔族和西南少数民族等等，都强烈地表现出各民族的传统风格和风俗习惯。宗教信仰也影响住宅的平面形式空间安排和方位。

5.1.4.2 传统民居建筑文化的继承

我国传统民居建筑的布局和建设，一方面奉行天地人"三才"一统的宇宙观，强调"人与天地参"，另一方面，受传统儒学、道学的影响，"礼"被看作伦理道德和文化意识的核心，是传统社会观、审美观的指导原则。反映在传统民居建筑中，表现为"境态的藏风聚气，形态的礼乐秩序，势态的形式并重，动态的静动互释，心态的厌胜辟邪等"。

我国传统民居建筑强调人与自然的和谐，巧妙地将自然环境与居住环境融合在一起，以适应人们生活起居、情感交流、邻里交往等需求。传统民居重视建筑内在逻辑的理性和群体空间的灵活性，以规整有序的单体建筑创造出千变万化的群体空间组合。

提到传统居住建筑，不得不提到"天井"这一特殊空间。在传统民居中，大多以"天井"为中心，四周围以房间；外围是基本不开窗的高墙，以避风沙侵袭；主房朝南，各房间面向天井。这一称为"天井"的庭院,既满足采光、通风、日照等基本住宅要求,又可作为家庭开展杂务、副业、手工业等活动的场所,也能为接待宾客、娱乐休闲提供亲切舒适的室外空间。

5.1.4.3 处理好继承与发展的关系

在世界逐渐趋同的发展趋势下,继承传统特色和地域文化,已经成为各个国家和地区的共识。我国的传统民居建筑是宝贵的历史财富,如何在实现居民生活现代化的同时,不失去悠久的历史文化,延续传统民居的生命力,是我们必须面对的重要课题。

传统民居建筑是前人生活、生产空间的实体,但古老的居住空间已经无法容纳现代生活的实质内容。要继承传统民居建筑文化,就必须以"立足现状、坚持发展"的观点,将民居建设看作是一项不断更新变迁的动态工程。优秀的传统民居建筑,之所以有生命力,也是在于它能随着社会的转型、生产力的发展、技术的创新而及时变革。可以这样认为,"传统"本身就是"发展"的。将传统的居住建筑与新的居住理念相结合,借助现代化的技术手段,使传统形式在发展中获得新的生命力,才能真正实现传统文化的继承和发扬(见图5-11)。

图5-11 某镇新建住区中心

继承发展传统民居落实到物质层面上,是对居民生活的继承和延续。乡镇居住建筑环境的保护不能只限于形式的继承,而是鲜活的生活方式的继承,这也正是传统民居建筑的魅力所在。在乡镇住宅建设中,不可机械地套用历史文化名城保护的原则和方法,也不能消极地照搬照套、复制模仿,而是要积极地追寻传统民居富有生命力的本质和内涵,即传统民居发展过程中的稳定因素,再借助现代的建筑语言表达出传统与现代的完美共生。

5.1.5 建设绿色生态住宅

1999年《北京宪章》提出了"建立人居环境体系,将新建筑与城镇住区的构思、设计纳入一个动态的、生生不息的循环体系之中,以不断提高环境质量"的设计原则。乡镇住宅建设量大面广,是城乡生态系统中的重要组成部分,更应该积极发展绿色生态住宅。

5.1.5.1 绿色生态住宅的概念

绿色生态住宅是一种系统工程的综合概念。它要求运用生态学原理和遵循生态平衡,即可持续发展的原则。设计、组织建筑内外空间中的各种物质因素,使物质、能源在建筑系统内有秩序地循环转换,获得一种高效、低耗、无废弃物、无污染、生态平衡的建筑环境。这里的环境不仅涉及住宅区的自然环境,也涉及人文环境、经济环境和社会环境。绿色生态住宅应立足于将节约能源和保护环境这两大课题结合起来。其中不仅包括节约不可再生能源和利用可再生洁净能源,还涉及节约资源(建材、水)、减少废弃物污染(空气污染、水污染)以及材料的可降解和循环使用等。绿色生态住宅要求自然、建筑和人三者之间和谐统一,共处共生。

绿色生态住宅设计需结合当地生态、地理、人文环境特性,收集有关气候、水资源、土地使用、交通、基础设施、能源系统、人文环境等各方面的资料,充分利用适宜的技术,最大限度地提高材料和能源的使用效率,减少施工和使用过程中对环境的影响，使建筑有机地生长于周围环境中。

在这方面，我国已经开始进行尝试，例如：清华大学建筑与城市研究所对张家港双山镇进行了农村生态住宅的设计研究。通过布局结构，阻热技术、遮阳技术、通风技术、蓄能技术，以及住宅污物与垃圾无害化处理方面采用多种技术手段，对乡镇生态住宅建设进行了有益的试验。

5.1.5.2 绿色生态住宅的设计原则和方法

现在很多人（包括建筑专业人士）对绿色生态建筑的认识都是片面的，或存在着某些误区，有些人认为利用再生自然能源最重要，而忽略常规能源的利用；有些人认为绿化率高就能称为绿色生态建筑；有些人认为绿色生态建筑是智能的、昂贵的建筑，不适合普及推广；还有些照搬其他国家和地区的模式。绿色生态住宅的设计应该遵循一定的原则和方法：

（1）因地制宜，与自然环境共生

首先，要保护生态系统，重视气候条件和土地资源并保护建筑周边环境生态系统的平衡。在住宅设计中要重视节约用地，适当增加层数，合理降低层高，加大进深，缩小面宽。建筑室外的绿化系统应系统化，并强调室外铺装的透水性，以保持地下水资源的平衡。

其次，要利用环境，即充分利用阳光、太阳能、风能和水资源，利用绿化植物和其他无公害自然资源。住宅设计保证自然采光和自然通风，尽可能循环利用水资源，还要充分利用沼气池和太阳能。

再有，防御自然，即注重隔热、防寒和直射阳光遮蔽，进行建筑防灾规划。住宅设计时综合考虑朝向、体型系数、窗墙比，并采用遮阳板、密闭性能好的门窗、保温节能外围护结构、新型隔热墙体材料等技术降低住宅的使用能耗。

因地制宜，就地取材，充分利用当地资源，尽可能采用现代新技术，创造可持续发展的乡镇住宅。

（2）节约自然能耗，防止环境污染

首先，要降低住宅使用能耗，即注重能源使用的高效节约化和能源的循环使用。重视对未使用能源的收集利用，排热回收、节水系统以及对二次能源的利用等。

其次，要增长住宅的建筑寿命。使用耐久的建筑材料，在建筑面积、层高和荷载设计时留有发展余地，同时采用便于对建筑保养、修缮和更新的设计。

再次，要使用环境友好材料，即无环境污染的材料，可循环利用的材料，以及可再生材料的应用。对自然材料的使用强度应以不破坏其自然再生系统为前提，使用易于分别回收再利用的材料，适用地域的自然建筑材料以及当地建筑产品，提倡使用经无害化加工处理的再生材料。

（3）建立各种良性再生循环系统

注重建筑使用的经济性和无公害性。采用易再生及长寿命建筑消耗品，建筑废水、废气应无害处理后排出。特别是规模较小的乡村，应充分考虑到住户分散，污水负荷的时间变动大，环境自净能力强等特点，用最经济合理的办法解决这些住户的生活污染问题，保持农村的生态环境。

此外，还要注重建筑的更新和再利用。充分发挥建筑的使用可能性，通过技术设备手段更新利用旧建筑，对旧建筑进行节能化改造。即使建筑废弃时，也应注意无害化解体和解体材料再利用。

（4）融入历史与地域的人文环境

注重对乡镇历史街区的继承以及与乡土建筑的有机结合。积极保存传统民居建筑，用现代技术使其保持与原有环境的协调适应，继承地方传统的施工技术和生产技术。在住宅设计中，既要反映时代精神，又要体现地域特色，尽量保持居民原有的出行、交往和生活惯例，保留居民对原有地域的认知性，创造生动的交往空间。

5.1.6 乡镇住宅产业化与设计标准化

5.1.6.1 乡镇住宅产业化的概念

住宅产业化的定义于1968年由日本通产省首先提出，其目的是为了提高住宅的建设效率,优化资源的配置和利用,降低生产的时间和成本,最终达到提高住宅及相关行业的生产力水平的目的,达到人力和资源的有效合理配置。我国学者李忠福教授将住宅产业化定义为"采用社会化大生产的方式进行住宅生产经营的组织形式。具体地说住宅产业化就是以住宅市场的需求为导向,以建材、轻工等行业为依托,以工业化生产各种住宅配件成品、半成品,然后现场装配为基础,以人才科技为手段,通过将住宅生产全过程的设计、构配件的生产、施工建筑和售后服务等连接成一个完整的产业系统,从而实现住宅产供销一体化的生产经营组织形式"。

由此引申乡镇住宅产业化的概念即在乡镇规划的基础上,引导设计多样统一,在不断提高工业化水平的前提下,逐步实现构件定型化,施工机械化,在走向市场化的大趋势下,实现投资的多元化和管理的现代化、规范化。

5.1.6.2 建筑设计标准化

乡镇住宅产业化发展要求建筑构件生产工业化,设计标准化、施工现代化。其中构件生产工业化和施工现代化是建筑设计标准化的基础,而设计标准化可以促进构件生产工业化和施工现代化。建筑设计标准化是一个渐进的过程,是有利于解决重复出现问题的切实可行的方法,并从中制定标准,解决重复出现的问题可以说是建筑标准化的意义。反映在乡镇住宅的建筑设计上,标准化主要解决有关建筑材料、构造、建造方法、试验采样方法和质量管理、设计使用规范、建筑与维修等方面的标准。

5.1.6.3 乡镇住宅标准化设计的特点

在实现建筑设计标准化的过程中,应当重视以下问题:重视标准化设计也要考虑地区差异,将标准化设计与地区化设计相结合;标准化设计在运用现代技术的同时,还要注重借鉴和吸收传统文化特色;标准化设计不是建成千篇一律的建筑,而是强调构造做法和构建生产的统一化。

我国地域广阔，各个乡镇所处的地理位置和气候条件差异很大，各地区都有与本地特点相结合的一些传统建筑形式，例如西部黄土高原的窑洞、北方的四合院、南方高温湿热地区的干阑建筑，各地习惯大相径庭，乡镇住宅的构造做法也各有不同。因此，乡镇住宅的标准化设计必须与地方化相结合。

此外，我国各地乡镇，特别是传统文化名镇，保留了许多有历史和人文价值的建筑。但随着时代的进步，传统的建造方式已经无法跟上时代的步伐，不得不被淘汰。但盲目地追求现代化而彻底丢弃传统也是不可取的。只有将地方传统建筑与产业化相结合，对传统构件和构造进行标准化设计和工厂化生产，传统建筑文化才能被保护和传承。

5.2 乡镇公共建筑

5.2.1 乡镇公共建筑概述

随着我国经济的发展，乡镇比以往容纳了更多的社会活动，例如商业贸易、生活服务、文化交流等公共活动。因此，乡镇辖区内群众开展公共交往活动的空间载体——公共建筑的营造就显得相当重要。对乡镇公共建筑做单独的研究，是因为它区别于城市中的公共建筑，有其自身的特点和定位，设计必须在乡镇的具体背景下寻求合理的方案。

5.2.1.1 乡镇公共建筑的特点

乡镇公共建筑同城市的公共建筑相比，由于涉及了"农民、农村、农业"的三农问题，所以有许多区别于城市公共建筑的自身特点，这些差别在经济欠发达地区表现得更为明显。

（1）乡镇产业结构的影响

乡镇由于缺少政府投资的大项目，能提供给居民的就业岗位较少，居民大多自主就业，所以乡镇产业结构的特点呈现出"产、销、居"一体的方式，第三产业缺乏规模效应，普遍以小规模的、家庭作坊式的个体工商业和服务业的方式存在。

就乡镇第三产业的产业链而言，技术含量程度较低，与之配套的公共建筑大多集中在传统的日用商贸、餐饮等服务行业，电信、邮政、银行的分布也较少，具体情况视乡镇规模而定。

在当前大力发展农村经济的背景下，第一产业呈现集约化、"三高"型、特色型的发展方向，所以大力发展第三产业，吸纳农村剩余劳动力是乡镇产业结构的必然趋势。乡镇建设中旅游、商贸等第三产业的发展，必将促进相应的公共建筑的大量建造。

（2）乡镇公共建筑的规模和服务对象

由于乡镇的经济辐射能力弱，服务范围狭小，"集聚"效应不像城市那样明显。乡镇公共建筑的服务对象以当地居民为主，其开展的活动内容也主要围绕当地的生产、生活开展，公共建筑布局和建设表现出综合化而非专业化的特点。

（3）乡镇公共建筑建造资金的来源

在绝大多数乡镇地区，很少有国家资金和外资的介入，其发展主要依靠内部财力、人力，因此公共建筑的建造规模普遍较小。由于资金投入少、技术力量薄弱、专业人才缺乏，因此较难建造精品。但地价便宜、劳动力成本低等条件也是乡镇建设的优势。乡镇建设在融资渠道方面，应充分调动地方的投资积极性，建立起政府、企业、地方、私人全方位的投资渠道，同时推进"自上而下"和"自下而上"的建设模式。

（4）乡镇建设决策、管理机制

乡镇公共建筑的建设项目中，前期的可行性研究较为草率，有些地方甚至存在着领导"意向"代替项目论证的现象，缺乏科学合理的决策机制和监督机制。乡镇建设管理也是城建工作中的薄弱环节，建筑在投入使用的过程中无法得到及时的维护和修缮。乡镇机关应针对这些问题切实建立起介于政府和民众之间的公共管理体制，逐步扭转上述局面。

5.2.1.2　乡镇公共建筑在乡镇体系中的地位

我国目前的乡镇体系是由镇区、中心村、基层村三级构成的，它们通过政治、经济、文化上的联系，建立起一种相互联系、相互依存、相互制约的乡镇网络体系。乡镇中的公共建筑不仅要服务于本镇居民，还要承载镇域辖区内的中心村和基层村的村民公共活动的需求。因此，如何合理布局和定位公共建筑，使其效益最优化是值得慎重考虑的问题。乡镇公共建筑的选址、规模、服务区域等，不仅受到自然地理、资源分布、区域交通等显性条件的制约，还受到地区经济状况、区域发展战略目标等隐性因素的影响（见图5-12）。各种公共建筑在区域内的分布，如同乡镇行政体系一样，也有清晰的层级概念，例如镇区设立高中，中心村设有初中，而基层村只有小学。不同级别的公共建筑要服务于不同的范围，层次分明，构架清晰，既互不冲突，又能取长补短，形成有限资源的最优化配置。总体来说，镇区是乡镇体系中级别最高的行政单位，其凝聚的人力、财力、物力最多，公共建筑服务的范围最大，其次是中心村，最后是基层村。

图5-12　某镇行政办公大楼

目前我国乡镇的公共建筑的建设项目没有纳入乡镇体系中作整盘考虑，前期可行性研究不够深入，有些决策是出于领导为体现政绩，地方民众为相互攀比的心态，缺乏科学性。还有些公共建筑在设计建造过程中盲目选用配置指标,造成了乡镇资金的严重浪费,同时降低了公共建筑的运营效率。公共建筑的配置数量及配置指标,应从区域群体的高度考虑,各乡镇间建立起分工合作、相互配合的协调关系,充分发挥规模效应和聚集效益,避免不必要的重复建设。

5.2.1.3 乡镇公共建筑的分类

乡镇公共建筑的分类方式有很多,可以按公共建筑的服务方式、使用频率、建筑规模等多种方法分,但最普遍也最能体现公共建筑之间差异的分类方法就是按照建筑的使用性质区分。按使用性质的不同,可以将乡镇公共建筑分为商业服务设施、配套公共设施、交通运输设施、行政办公设施四类,这四类公共建筑基本涵盖了乡镇中典型、常见的公共建筑。

(1) 商业服务设施

商业服务设施是乡镇最常见的公共建筑,主要包括集贸市场、沿街商业房、专业市场、集中式商场等,而这些设施主要集中在镇区和中心村。相比较于中心村和基层村,镇区的用地规模和人口规模都有很大优势,更重要的是因为其规模而带来的资金、技术、人才的汇聚,使镇区有条件成为城乡之间的资源中转站。

1) 集贸市场

集贸市场是乡镇地区商品交换的主要基地,在活跃、繁荣乡镇经济方面具有重要作用。由于大多数农村地区的产品为农副产品,集贸市场承担了这类货物的交易职能。集贸市场根据经营货物的品种不同,可以分为副食、土特产、粮油、建材等很多类。对乡镇而言,集贸市场是当地居民获得生活资料的途径,也是向城市输出当地资源的渠道,同时给乡镇带来经济效益,创造就业机会,起到了促进乡镇发展的作用。

集贸市场的类型有室内大空间式、集贸商业街式、路边摊位式三种。随着乡镇经济的发展,集贸市场正在呈现固定化的发展趋势,路边摊位的形式由于阻碍道路交通、不便管理、配套设施不完善等原因，正在逐渐减少。

2) 沿街商业房

在乡镇商业设施中，沿街商业房是非常重要的一种类型，有着不可取代的地位和作用。在市场经济作用下，商业建筑的售价比居住建筑的售价高很多，而乡镇的市场需求量很有限，很少建造大规模的商业建筑，所以房地产开发商通过"底商上住"的沿街商业房形式，实现最大的利益回报。而另一方面，沿街商业房融合商业和居住于一体，商业店铺面积小、成本低，非常适合乡镇中个体商户和传统作坊的经营，同时也方便就近服务居民，满足群众的生活需求。在统一规划的前提下，沿街商业房可以考虑分期建设实施以及合作建房等多种建设方式。

根据居民与商铺经营户的关系，沿街商业房可以分为两类，一类是建筑上部为单元式一层或多层住宅，建筑下部为独立的营业面积，强调商店与住宅的出入口相互独立，互不干扰。另一类商住楼多为2~3层的低层建筑，建筑采用前商后住、底商上住的形式，商业部分由居民自主经营或租赁。建筑虽然也可能不只一个出入口，但区分不像前一种那么明确，类似于低密度住宅中的前后门关系。这种类型的商住楼保留了农村独门独户的传统生活习惯，又为产业转型中的农民提供了从事个体工商业和服务业的场所，在乡镇经济发展水平不高、土地价格低廉、建设密度低的地区较受青睐。

3) 专业市场

随着乡镇农业产业化的发展和乡镇经济的崛起，许多乡镇结合当地工农业生产，发挥原材料、产品的供应和销售优势，建设了许多大型的专业批发市场，如各地的果蔬、药材、水产品批发市场。这些市场通常规模较大，影响辐射范围涵盖周边县市甚至全国。这些专业市场是城乡物资交流的重要渠道，在国民经济体系中扮演着基层却又十分重要的角色。

尽管许多乡镇专业市场有着庞大的规模，但其经营方式往往是个体行为，难以形成规模经营。和城市的专业市场相比，乡镇的许多专业市场只有固定经营场地和简易遮蔽顶棚,并无正规建筑物,市场集货配货、物流运输等功能空间混乱,环境质量差,缺乏必要的质量检控、信息交换中心,给市场管理带来很大难度。

4)集中式商场

这里所说的集中式商场是指集中于一幢建筑中的面向个体消费的商业服务设施(图5-13),如百货商场和大中型超市。这类公共建筑的成本较高,对居民消费能力的要求也较高。在我国大多数经济不发达和欠发达地区的乡镇,由于居民收入低,消费能力弱,难以支撑大中型的集中式商场。由于地区消费潜力的限制,一般只在镇区有小型商场存在。

图5-13 某镇综合型商场

(2)配套公共设施

乡镇配套公共设施主要包括文教设施、体育设施、卫生设施三种类型。虽然部分设施在运作上已经开始有商业化运作的成分,但它并不以赢利为主要目的,它是群众享受现代生活品质的保证,与生活质量的关联度较为密切。这些设施的完善是切实提高乡镇生活质量的重要措施,直接影响乡镇的城市化进度。

1）文教设施

文教设施包括各类学校和文化站、文化馆、老年活动中心等建筑。

学校建筑除严格依照《中小学建筑设计规范》，还应充分考虑乡镇服务半径大、交通条件差的特点，有条件的乡镇中学应考虑采用寄宿制管理。

文化设施对丰富乡镇群众业余生活有很大作用，但现在很多文化设施使用效率低下，面临着经营困难、难以为继的尴尬境地。考虑到乡镇居民的文化素质、生活习惯、思想观念等因素，乡镇的文化设施应避免专业化、规模化，建设规模小、经营项目灵活的文化设施更具可操作性。

2）卫生设施

医疗保健体系薄弱一直是困扰乡镇居民，尤其是农民的严峻问题。尽管乡镇卫生设施一般规模都较小，建筑面积少，设施简单，标准不高，但同样不能忽视医疗建筑设计中的功能布局和医患者交通流线等问题（见图5-14）。

图5-14　某镇卫生院大楼

3）体育设施

完善的体育设施是高品质现代生活的一部分，考虑到乡镇的规模状况，一般设置规模较小，设施相对简单，便于在群众中普遍开展的体育场馆和场地，尽量避免大型、专业化的体育场馆。体育设施应考虑设在交通便利、区位优势较明显的乡镇，便于镇域内居民使用。

（3）交通运输设施

乡镇交通运输设施主要指公路客运站和铁路客运站，水运便利的地区应当考虑水运码头。这些设施承载着乡镇与城市的物资、人员交流转换的功能，是对外联系的重要枢纽。交通运输设施不但具有交通运输的功能，而且往往担当着乡镇"门户"的作用，向人们展示乡镇自身形象与特色。因此在建筑设计过程中，应充分体现当地的地域、人文、产业等特色，树立鲜明的乡镇形象。

（4）行政办公设施

行政办公设施包括政府办公和企事业单位办公两大类。乡镇政府办公楼是人民政权的象征，在建筑形象上既要表现庄严感，又要体现民主特性。目前，我国的政府建筑普遍采用坐北朝南、中轴对称，以表现政府的威严，建筑也常套用大门廊、高柱式的设计手法，让人产生威严敬重的感觉。但乡镇政府是国家基层行政机构，它在表现庄严的同时也要充分考虑亲善与民主的特点，套用过分"官威"的建筑，与"公仆"的形象有所不符。乡镇办公建筑设计，应充分结合自然景观，挖掘当地的地域特征，在体现庄严的同时，兼顾好便民、亲民、利民的乡镇政府形象。通常政府办公楼主体建筑的前方设有市民广场，便于疏散人流车流，方便乡镇群众开展节日庆典和集会等活动，也可作为群众日常休憩、散步的去处。乡镇的企事业办公一般规模较小，功能紧凑，以多层建筑为主，少见高层办公建筑，但具体视企业经营和发展情况而定。

5.2.2 乡镇公共建筑的空间组织

乡镇公共建筑的空间组织包括建筑内部空间组织和外部空间组织两部分，前者将建筑单独作为研究对象，着重表达建筑自身的功能联系、结构布局、设备安排等问题，后者将建筑与乡镇整体、周围环境、地段状况等共同看作研究对象，着重体现建筑与外部空间的整体性。

5.2.2.1　内部空间的组织

公共建筑和其他类型的建筑一样，是由一个或一组空间组合而成的，在进行空间组合时，不仅要反映各部分的功能关系，还要考虑空间的艺术构思和结构布局等因素。

在公共建筑中，常可按其内部空间的使用部分、辅助部分及交通联系部分的不同组合方式，大体归纳为以下几种基本类型：以通道等交通空间作为联系手段组织各类空间的组合；以套穿的方法将主要空间按一定序列展开的组合；以较大空间作为主体穿插辅助空间的组合以及单元式空间的组合等。

（1）以通道等交通空间联系使用空间的组合

这种空间组合的特点是各个房间的组成，在功能要求上，基本上需要独立设置。所以各个房间之间就需要有一定的交通联系方式，如走道、过厅、门厅与之相联系，形成一个完整的空间整体，通常称这种组合方式为"走道式"的建筑布局。这是一种使用比较广泛的布局形式，特别是对于某些公共建筑类型来说尤为适用，例如行政办公建筑、学校建筑、医疗建筑等基本上可以采用这种类型的空间布局。这类布局的方式通常有两种：一是走道在中间联系两侧的房间，称为内廊式；二是走道位于一侧联系单面的房间，又称为外廊式。

上述两种布局方法是各有利弊的，概括起来，一般内廊式布局的主要优点是走道所占的面积比较小，较外廊式布局经济。但是，这种布局房间的朝向有一半基本上是不好的，所以在采用内廊式布局时，一般都把不常使用的房间、辅助房间、楼梯间等尽量地布置在方位比较差的一侧。另外，这种布局若处理不好，容易造成走道采光不足，通常宜在走道端部开设窗子以解决走道的采光问题。尽管如此，也不能从根本上克服这种布局的弱点，所以有的地区特别是我国南方炎热的地区，为了争取良好的通风和朝向，往往选用外廊式的布局方法。当然，外廊式布局与内廊式布局相比，有它有利的一面；即所有的使用房间几乎都可以争取到好的朝向、通风和采光。但这种布局也有它自身的一些弱点，如容易造成过长的走道、偏大的辅助面积、过小的建筑进深等缺点。故在我国北方地区除某些特殊需要外，很少采用外廊式的平面布局。有的公共建筑根据使用的要求及空间处理的需要，采用内外廊相结合的布局形式，常可体现出两种布局的优点。

（2）以套穿的方法将主要空间按一定序列展开的组合

有些公共建筑从功能上要求各空间组合有一定的连续性，使用具有明显的流程要求，这就需要用套穿的方法将各个主要空间按一定序列展开。套穿式的空间组合可以有效提高建筑面积的使用率，节省交通空间。在设计中，人流路线安排非常重要，应避免人流的往返交叉造成的混合使用。这类空间基于各种因素的影响，布局千变万化，归纳起来基本上有五种形式：串联的空间组合形式、放射的空间组合形式、串联兼走道的空间组合形式、放射串联的空间组合形式、大空间分隔的空间组合形式。

（3）以较大空间作为主体空间穿插辅助空间的组合

当建筑物以一个较大空间作为人们活动的中心场所，在大空间周围常围绕布置附属空间，并要求它们之间有较密切的联系，这就是这类空间组合的基本特征。这种布置方式在设计中常常巧妙利用主体空间和辅助空间层高的差异，并充分利用结构空间，将大小空间相互穿插，例如，电影院、体育场、汽车站等。

（4）单元式的组合

单元式的组合就是按照建筑的使用功能需要，将建筑物划分为若干单独的使用单元，再将这些独立单元以一定方式组合连接起来。单元划分可有两种方式：一是按建筑内不同的使用部分划分为多个单元，如医院里门诊、理疗、住院部划分为功能不同的单元；另一种是将功能相同的主要空间分组布置，形成多个相同功能的使用单元，如幼儿园建筑中每个班级的卧室、活动室、盥洗室、储藏室的组合单元，医疗建筑中的护理单元等。这种平面组合功能分区明确，相互干扰少，通风、采光和朝向较好，布局灵活，还可适应不同的地形要求，同时也便于分期建设。

5.2.2.2 外部空间的组织

谈到公共建筑，不得不谈到公共建筑的外部空间组织。公共建筑的设计，不能就建筑论建筑，而应将它置于整体环境中考虑。公共建筑与其外部空间共同构成整体环境，两者维持着一种和谐共生的现象。

公共建筑的外部空间组织通常的做法是将建筑、绿化、场地、设施等所有要素整合分析，以整体的空间视角确定公共建筑的空间结构和布局。这种整体考虑的思维体现在建筑与空间的图的关系、建筑与场地的空间比例、空间的职能要求和空间的环境设计四个方面。

(1) 建筑与外部空间的图的关系

建筑是围合空间的实体物质，而空间是被围合的虚体。所以我们常常不自觉地把建筑实体作为认知主题，把周围空间环境作为背景考虑。其实，这种方法是片面的，公共建筑周边的空间也应得到正面的研究，良好的整体环境更需要建筑与空间的协调统一来共同实现。

(2) 建筑与场地的空间比例

公共建筑围合的空间有街巷和广场绿地，分别体现了"线"和"面"两种空间形态，而公共建筑可以被视为"点"的空间形态。尺度宜人的乡镇空间，就取决于这些"点"的高度 H 与"线"、"面"的宽度 D 之间的比例关系。日本建筑师芦原义信已在空间尺度比例这方面做出了深入的研究，他指出被围合空间的行人观看围合空间的建筑群体的仰角一般为18°（$H/D=1/3$），当观赏建筑的仰角为27°时（$H/D=1/2$），就可以完整地看到一栋建筑；当观赏建筑的仰角为45°时（$H/D=1$），是观赏单位建筑的极限。因此，在考虑沿街立面和广场绿地宽度时，应根据日照距离和观赏需求需要合理的选择仰角，至少保持 $H/D<1$，当 $H/D>1$ 时，建筑就会对人产生压抑感。至于什么样的比例是合理的,这个标准在不同地域文化和不同气候因素的影响下会有所差别。

(3) 空间的职能要求

根据乡镇公共建筑使用性质的差别,其外部空间职能包括交通职能、生活空间职能、城市景观职能等,通常情况下,外部空间的职能不是单一的,往往以某一职能为主同时承担着其他职能。考虑到乡镇的公共活动场所不如城市丰富,所以乡镇公共建筑外部空间特别强调其市民化的职能,设计中注重体现人性化细节,尽可能地为居民的人际交往和娱乐活动多提供场所。

(4) 空间的环境设计

品质优良的外部空间环境设计是优秀的公共建筑设计不可或缺的一部分,通过环境的设计和整治,可以大幅提高公共建筑的整体品质。乡镇公共建筑的外部空间环境塑造不同于城市,由于其特殊的地理特征、景观条件,更能创造出富于场所感的空间特色。在设计中纳入自然山水、田园绿化等有利因素,结合环境组景、环境设施等实体要素,从造型、色彩、质感等多方面挖掘空间的乡镇特质(见图5-15)。

图5-15 某镇老年活动中心的室外庭院空间

5.2.3 乡镇公共建筑的艺术处理

5.2.3.1 乡镇公共建筑的体量与尺度

建筑的体量与尺度是内部空间构成的外部反映，但并不是被动地直接反映，而是需要根据建筑的性质、规模、经济条件、基地环境等多方面的要求，结合建筑造型和构图的规律性，进行深入的策划。虽然建筑艺术处理的具体手法很多，但其设计所依据的美学原则是恒久不变的，主要概括为统一与变化、均衡与稳定、对比、韵律等方面。

乡镇公共建筑由于受到其背景环境和定位的影响，所以不提倡盲目地追求大体量，建议在设计中采用化整为零的手法，将建筑体量适当分解、组合，削弱建筑整体的体量感。在尺度处理上要以人们习惯的使用需求为基础，运用凹凸变化、材质、色彩、分割线等设计手法，适当地加以修正，尽量避免过大的尺度出现在乡镇公共建筑中，建筑应以恰如其分的尺度融合在乡镇建筑的整体环境中。

无论是体量还是尺度，衡量它是否恰当适宜的标准，是要将公共建筑置入乡镇整体环境中去分析研究，任何单独的、孤立的讨论都是没有意义的，过分夸张和失去真实感的建筑更是不可取。

5.2.3.2 乡镇公共建筑的色彩与质感

通过建筑外立面不同色彩与质感的准确运用，建筑能在体量、尺度、距离、感官、心理等多方面得到调整和改进，更深入地表达公共建筑的使用性质（见图5-16）。一般公共建筑较为明朗、轻快，但根据建筑性质的不同选用的色彩也各有差别，例如商业建筑活泼，办公建筑稳重，医疗建筑宁静，文教建筑明快。

乡镇公共建筑的色彩选择，首先应依据乡镇建筑的整体色调和公共建筑在乡镇中的定位，选择一种基准色，在此基础上通过

图 5-16　某镇文化活动中心

适度的明度和彩度的变化，表达建筑主体的体量感和层次感。针对建筑局部的处理可以选用一些对比色，有重点、有目的地突出入口、招牌、橱窗、空调架等部位，但切忌色彩对比过分强烈，失去建筑的整体感，也与周围环境不协调。色彩的运用归根结底就是把握好"统一与变化"的度，太统一就显得单调乏味，变化太多又显得杂乱无章。乡镇公共建筑的色彩选择除了遵循建筑设计的一般规律外，还应考虑到地方传统的用色习惯和喜好，例如：在粉墙黛瓦的江南水乡，宜选用淡雅的冷色调为主；在黄土高坡地区，宜选用温馨的暖色调。

在乡镇公共建筑的材质选择方面，综合考虑材料的价格、资源的环保性、地方特色的营造等因素，应尽量采用反映地域特色的当地材料。粗糙、质朴的乡土建材既具有价格低廉、取材便捷、绿色无污染等优势，又能强调建筑鲜明的地域特性，充分表现山野乡居的氛围，特别适合经济不发达或经济欠发达的乡镇、发展风景旅游业的乡镇和传统的历史文化乡镇选用。在大力发展工业园区的新兴乡镇，则适当考虑选用玻璃、铝材等科技感较强烈的材质，表现乡镇浓重的现代气息。

5.2.3.3 乡镇公共建筑的符号与风格

建筑的"符号"是指建筑在人们心目中被物化成一系列符号，诸如住宅让人联想到家，进而联想到"安全、温暖"。建筑符号具有"能指"和"所指"两层属性，"能指"是指建筑符号的外在形象特征，例如马头墙就让人联想到徽派建筑，漏窗、游廊就让人联想到苏州园林；"所指"是指内在的精神含义，如泥土、木材让人觉得质朴，钢材、玻璃让人觉得现代等。

乡镇公共建筑的外部造型上，可以适当使用具有代表性的传统建筑符号，例如：在我国传统建筑和传统聚落中，有许多独特的细部构建、典型的群体空间关系，风格鲜明、含义隽永。但照搬照套传统符号并不可取，因为很多传统的符号会和现代的生活方式相冲突。这就要求建筑师准确把握传统符号的精髓，通过简洁明快的现代建筑语言使传统文化得到升华和提炼。

在乡镇公共建筑风格的把握上，应综合考虑当地文化背景、风俗习惯、经济水平等因素，切忌盲目抄袭。建筑应当传承渊远流长的乡土文化，也应当符合乡镇的整体形象的定位和未来的发展趋势。

5.2.4 乡镇公共建筑设计中应当注意的问题

5.2.4.1 建筑传统风貌的保护

目前，我国乡镇建设中比较突出的问题是两个极端化的倾向。

（1）在某些历史文化遗存比较丰富、传统建筑文化保护观念深入人心的地区，维护传统风貌被当作一种口号，片面化地强调新建筑要采用传统建筑形式。对于部分设计师在设计公共建筑时，不论使用性质、不论基于环境，都用惯用的传统建筑语言来包装，使大量假古董充斥乡镇，空间格调趋于"庸俗化"，某镇商业老街改造意向见图5-17。

图 5-17　某镇商业老街改造意向

（2）在仅有少量历史遗存或没有历史遗存的地区，人们缺乏尊重、协调、借用传统的意识，各类公建都热衷于不锈钢、大理石、玻璃幕墙等材料，许多公共建筑的建造没有充分考虑周边的老建筑，与整体环境格格不入。

总体看来，我国乡镇建设现状中，大多数地方官员和普通百姓在传统风貌和现代风尚的抉择中，更倾向于现代建筑风格。但这种做法是否有利于形成鲜明的乡镇形象，是值得商榷的。

鲜明的城镇形象是乡镇的无形资产，从文化角度考虑，在乡镇公共建筑设计风格的取向上，我们鼓励创新。在设计现代建筑时，与地区建筑、乡土建筑的概念相融合，或许是解决我国乡镇面貌单一、提升乡镇形象的有效途径。

5.2.4.2　保持乡土特色

乡镇最吸引人之处在于贴近农村，贴近自然，拥有良好的人居环境基础。在乡镇公共建筑设计过程中，为了实现乡土田园特点，可适当提高绿化率，降低容积率和建筑密度，并采用亲近自然的规划设计模式，强调人地关系的有机平衡。

在乡镇公共建筑的设计过程中，应仔细分析当地特殊的气候、地理条件、历史背景，挖掘乡镇独特的地域特征。设计人员应强化这一特色,将风景资源、古迹遗址、古树古木、当地特色植物、历史人物、民间传说等纳入设计环节中,开发潜在的风景资源,弘扬历史文化,保护文物遗存,丰富园林绿化的内容。

5.2.4.3 可持续发展

生态环境的可持续发展是指乡镇公共建筑的设计应强调尊重自然,加强环境保护,促进人与自然的交融。我国众多农工型乡镇与生态圈的关系是唇齿相依的关系,它们的基础经济来源是农业与水产养殖业及其相关的食品加工业等产业。乡镇公共建设的规划设计中,应尽量减少由于建设而破坏当地原有的生态地貌特征。在具体实践上,应考虑对大气环境、水环境、声环境、水生物生存环境的影响,并提出相应的生态环境建设策略。在对建设基地分析时,应深入实地调查,确定需要保留的树木与池塘。此外,应分析地形的等高线,将不适宜建设的地区作为绿地,规划成小游园。在绿化树种的选择时,可以考虑经济林,以带来经济和生态上的双重效益。

从"生态观"出发,乡镇公共建筑的设计应推荐使用被动式建筑热工环境改善方法,尽量利用建筑设计方式来解决建筑保温隔热问题,如遮阳板、朝向的选择、天井的利用,这些手段能够在不增加太多造价的前提下有效改善建筑内环境舒适度,技术门槛不高,适合乡镇使用。

在乡镇公共建筑的建设中,对自然环境进行改造时,应注意改造的程度与方式,以寻求经济效益与生态效益的最佳契合点,避免破坏性建设。在河流附近建设公共建筑时,应体现水体的空间特征,沿着其堤岸建设线性滨水开放空间,决不能堵河填水,带来永久的遗憾;在丘陵地带建设公共建筑时,应尽可能地利用特殊地形,将其纳入到乡镇景观体系中来。

5.3 乡镇生产建筑

乡镇生产建筑是乡镇开展生产活动所需要的建筑物和构筑

物。根据产业性质的不同,通常将生产建筑划分为农业生产建筑和工业生产建筑。农业生产建筑又大致可以分为禽畜建筑、温室建筑、农业仓储建筑、农畜副产品加工建筑、乡镇能源建筑、水产品养殖建筑、菌类种植等副业建筑。本章主要讨论农业生产建筑中的禽畜建筑和温室建筑的设计原则和要求。乡镇工业生产建筑是指乡镇中从事工业生产所需的各类建筑物和构筑物。本章主要讨论乡镇工业生产建筑中较普遍的厂房建设的相关内容。

无论是乡镇农业生产还是乡镇工业生产都表现出集约化、规模化、产业化的特征,这些发展趋势要求相应的生产建筑也要相应地采用新工艺、新材料、新设备,比传统生产建筑进步了许多。

5.3.1 乡镇农业生产建筑设计原则

农业生产建筑的设计原则主要是有效配合农业生产的特殊需求,具体有:

5.3.1.1 创造最适宜的生物环境

农业生产建筑设计首先是创造最适宜的生物生长、贮存的环境。现代农业建筑跟工业建筑一样,需要提供最优化的环境条件以适应农业生产的需要。禽畜在适宜环境条件下比在恶劣环境条件下的生产能力强,产品品质高。例如,20℃是最适宜肥猪增重的温度,在5~20℃之间,温度每提高1℃,猪的采食量约减少0.94%,增重加快0.77%,高于20℃增重则迅速下降。由此可见,先进、科学的禽畜生产就要求创造最适宜的禽畜生长和生产环境。先进的禽畜建筑发展成密闭式建筑,其温度、湿度、通风、光照等都由人工控制在禽畜生长和生产的最佳环境,这样能最大限度地获取优质低成本的产品。

5.3.1.2 适合工厂化的生产工艺

农业生产建筑设计要有适合工厂化生产的工艺技术。要发展禽畜生产必须采用集约化的饲养方式,均衡组织生产工艺是工厂化饲养的关键。随着近代营养科学的发展、配合饲料工业的兴起、畜牧和兽医技术的进展以及机械化、自动化技术的发展，工厂化饲养将具备工业生产的特点，在密集的厂房内采取大规模集中生产，各环节具有严密的计划性、流水性和节奏性，并使各项作业实现机械化和自动化。

5.3.1.3 提供适当的建筑形式和构造

农业生产建筑还应根据工艺生产需要，提供各种适当的建筑形式和构造，如禽畜舍环境的控制很大程度上取决于建筑外围护结构。温室建筑更有独特的建筑形式和构造。农业生产建筑的地面是主要结构，因为禽畜在舍内地面生活（包括躺卧休息、睡眠、排泄），地面散失的热量约占禽畜舍总热量散失的12%~15%，此外关系到舍内的空气状况、卫生状况和使用价值。禽畜舍地面不同部位可采取不同的建筑材料，例如畜床采用三合板或木板，通道采用混凝土。农业生产建筑的墙体和屋顶除了遮蔽围护的基础作用外，更对舍内温度、湿度有重要影响，同时还要考虑到便于清洁、消毒，质量小、结构坚固等因素。禽畜舍的外门应保证禽畜和饲料的进出，方便清除粪便，一般在1.5~2m。每栋禽畜舍通常需要2个外门，一般设在两端山墙，便于机械化作业，门向外开，不设台阶、木槛等。窗户要保证舍内自然采光和通风换气，严寒地区要兼顾热损耗，无窗舍要保证人工采光和机械通风。

5.3.2 禽畜场设计要点

5.3.2.1 场地选择要求

任何农业生产建筑的建设首先是场址的选择问题，如果选择不当，将会给生产和基建带来很大困难。农业生产集约化、区域化的发展趋势，要求农业建筑的规划和建设便于组成产、供、销一条龙的产业体系。从资源优化利用的观点看，大规模畜牧业应结合气候资源、人口分布、饲料产地等因素考虑。畜牧场选址的具体要求一般应该考虑以下几个问题：

(1) 地势

禽畜场地地势要适中,如果地势过低而地下水位过高,环境容易潮湿;如果地势过高,又容易招致寒风侵袭,都有害于禽畜健康。场地土质要好,适宜建造建筑物,又能利用空地种植饲料作物等,但一般不能侵占肥沃的耕地建场。在坡地上建筑禽畜舍,坡度不宜过大,因为禽畜舍普遍较长,同一幢禽畜舍要求在同一平面上。通常长轴与坡地等高线平行,以减少土方量,坡向向阳。为防止坡上雨水冲入舍内,要考虑好排水沟位置。

(2) 交通

禽畜场每天有大量的饲料、粪便、禽畜产品进出,所以最好选择在交通便利又较为僻静的地方,既方便运输,又安全卫生。一般禽畜场距主要交通干道要求100m以上。有条件的情况下可以考虑水路运输,降低生产成本。

(3) 风向

禽畜场应位于居民区的下风向,既要考虑有一定的防疫间距,又要防止禽畜场的有害气体和污水等对居民的侵害。在冬季寒冷地区,在禽畜场上风向最好建造防风林带或天然屏障,防止寒风侵袭。

(4) 水电

禽畜场要保证量足质优的水源,在勘查水源时要对水源进行物理、化学、生物学的分析化验,对不达标的水源要净化、消毒后才能给禽畜饮用。

禽畜场要设在供电方便的地方,除正常使用的电源外,还应设置备用电源,这对现代化禽畜场特别重要。如在供电不能保证的地方,应在建筑设计中考虑机械操作与手工操作并用的可能性。

5.3.2.2 防疫、防火要求

禽畜场的防疫要求较为严格,一般与主要道路有一定距离,常利用周围自然的河流、山丘等作为天然防疫带,此外还要加设人工的防疫沟、防疫墙等。禽畜场根据功能要求分为若干区域，每个区域有各自不同的要求。生产区是禽畜舍的核心，宜将种禽畜、幼禽畜与生产禽畜分开饲养。管理区与生产区应加以间隔，外来人员和车辆禁止进入生产区，以防疫病传播。为防止疫病传播和蔓延，病畜管理区应设在生产区的下风向与地势较低处（建议与禽舍保持300m距离）设单独通道与出入口。

综合场内防火与防疫要求，一般禽畜舍间距为高度的3倍左右，具体可参照有关防火规范。

5.3.2.3 通风、光照要求

通常认为禽畜舍的长轴与夏季主导风向垂直，有利于舍内通风，但成组建造时，通风就受到一定影响。在群体布置时，建筑与夏季主导风向有30°~60°的入射角，既能保证良好的建筑通风效果，又能有效缩小建筑间距，节约用地。如果依靠建筑的山墙进风，进风面积较小，建筑长度不能过长。

舍内的通风换气是环境控制的重要手段，有自然通风和机械通风两种方式。

（1）自然通风

自然通风由自然界的风压或热压而产生空气流动。除了在房间两侧墙壁上设窗口外，还可以在屋顶增设气楼，装置排风管，加强通风换气的力度，如图5-18所示。

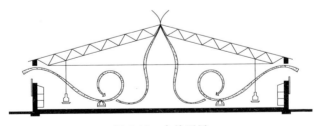

图5-18 自然通风

（2）机械通风

机械通风主要采用轴流式风机，有时也用离心式风机（见图5-19）。通风形式有负压通风、正压通风和联合式通风3种。

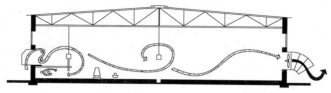

图 5-19　机械通风

负压通风也叫排气式通风或排风。这种通风系统用风机抽出室内混浊空气，使室内气压相对小于室外，新鲜空气通过进气口或进气管流入室内而形成室内外空气交流。如图 5-20 所示。因这种方法投资少、操作简单、便于管理，所以禽畜舍通风多采用负压通风。

正压通风又叫进气式通风或送风（见图 5-21）。风机将室外新鲜空气强制送入室内，室内压力增高，室内污浊空气经风口和风管自然排走。正压通风的优点是可以对室内空气进行加热、冷却以及过滤处理。

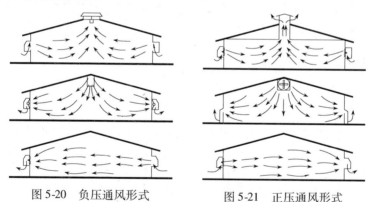

图 5-20　负压通风形式　　图 5-21　正压通风形式

联合式通风系统是一种同时采用机械送风与机械排风的方式，适用于大型密闭禽畜舍。

光照也是禽畜舍小气候的重要因素之一。适当的光照可以帮助降低湿度，消毒杀菌，增强禽畜体质，所以禽畜舍必须采光。光照分为自然采光和人工采光两种。现代化养鸡场、养猪场并无自然采光要求，采用密闭式房舍进行人工控制照明。

由于我国大部分地区纬度在20°~50°之间，太阳高度角冬季小、夏季大，建筑方位朝南可以适当增加冬季阳光入射，夏季又可以防止阳光过分照射。从日照角度出发，禽畜舍常采用南向或南偏东15°左右为宜。

5.3.2.4 保温隔热要求

家畜一般都具有耐寒而怕热的生理特点，因此，如何创造适宜的禽畜舍内温度环境对禽畜生产有重要意义。在冬季寒冷地区，必须选择保温性能好的围护结构，尽可能提高舍内禽畜的产热总量，防止寒风渗透。对夏季炎热地区，适当降低饲养密度，并组织好舍内通风换气，设置遮阳设施，种植绿化等，也能达到降温的目的。

禽畜建筑基本上有开敞式建筑、有窗式建筑和封闭式建筑三类。

（1）开敞式建筑

完全开敞的建筑就是棚舍，随着农业生产技术含量的提高，已经越来越少用。部分有墙的半开敞建筑防寒能力比棚舍强很多，但舍内空气流动性仍然很大，无法进行生产的温度控制。炎热地区可采用开敞式禽畜舍，冬季在房屋开敞部分设置塑料薄膜或塑脂制的卷帘。

（2）有窗式建筑

有窗式禽畜舍适用于夏热冬冷地区。开窗面积应满足夏季自然通风要求，南向外墙冬季受寒风影响小，日照率高，可以开设比北墙更多的窗户。考虑保温和自然通风的要求，有窗式禽畜舍可采用9~12m的跨度。

（3）封闭式建筑

外墙与屋顶均有良好的保温性能，内部采用机械通风、人工照明控制舍内的温度、湿度、气流和光照等，克服了季节影响，大大提高了禽畜舍的生产力，且能四季均衡生产。但是对建筑物和附属设备的要求也很高，且能耗大、土建费用高。一般采用12~15m的跨度，能减少外围护结构的面积以利于保温。还可以采用组装式禽畜舍，天热时将房舍的门窗、墙壁局部或全部取下，成为开敞式建筑，天冷时再装配起来，成为封闭式建筑。

5.3.2.5 总平面设计要求

禽畜场总平面的设计要求主要包括：功能分区、建筑物和构筑物的平面布置及其间距的确定等问题；合理组织运输，设计运输方式的选择、人流和货流交通组织等问题；竖向布置，确定建筑物的高程，地形的组织和雨水排除等问题；另外，还有场地绿化、美化和环境卫生等问题。

(1) 建筑物的合理布局

禽畜场按功能分为生产区、管理区和病畜管理区，除了要有明显的区分外，还可以根据生产环节确定建筑物之间的最佳生产联系。畜牧业生产过程大致包括以下几个环节：1) 种畜的饲养管理和繁殖；2) 幼畜的培育；3) 商品畜（生产群）的饲养管理；4) 饲料的运进、贮存、加工、调制与分发；5) 畜舍清扫、粪尿的清除及运输、堆贮；6) 产品的加工、保存、运送；7) 疫病的防治。

上述环节需要在不同建筑物中进行，彼此发生功能联系，如图 5-22 所示。

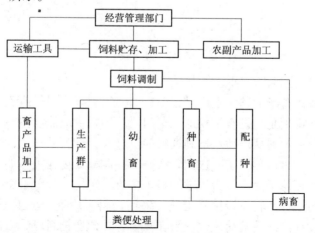

图 5-22 畜牧生产环节间的关系

禽畜场的建筑按彼此的功能联系统筹安排，建筑物之间的距离在考虑防疫、防火、通风、日照要求的前提下，尽量使总平面紧凑，节约建设用地。

（2）运输路线的组织

1）流线分离问题

禽畜场的运输十分频繁，由于禽畜的高度集中，防疫的任务特别重，车辆与人员进入生产区，必须进行严格的消毒。

场内道路应该有所分工，如饲料供应、蛋品的调运等清洁的物品要与粪便运输、病畜处理等不洁物分流设置，避免交叉感染。如能在道路布置上采用梳状形式，可确保分工明确，避免流线交叉。道路可采用单车道（宽度为3.5m左右），场地端头设有回车场地，如图5-23所示。

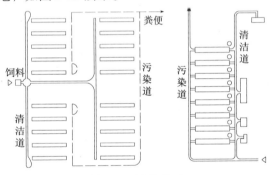

图5-23　道路分工

2）饲料供应问题

在禽畜场的整个生产过程中，如何组织好饲料供应流线十分重要，特别是当设有饲料加工车间时。饲料供应流线主要包括三个部分：饲料从产地运送到饲料加工仓库，饲料从仓库运送到加工车间，再从加工车间送到各禽畜舍。禽畜场运输关系如图5-24所示。在总平面设计中要求饲料供应流线短捷，尽量不交叉，并避免污染等。在发展饲料工业，采用饲料工厂集中加工饲料后，总体设计流线就被简化，只需在禽畜舍外建造饲料塔，由专业饲料车进出场内塔下加料即可。

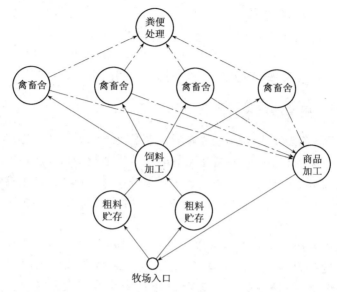

图 5-24 禽畜场运输关系

3）粪便处理问题

在禽畜场设计过程中，粪便的处理直接影响到禽畜场的环境卫生，其流线要求尽量采用短捷的直线运输，减少转弯及运输机械的空行。

（3）竖向布置设计

禽畜场的竖向设计要充分利用自然地形，因地制宜地将场地上自然起伏的地形加以适当改造，使之满足各建筑物、构筑物之间的生产运输要求。在平整场地时，力求减少土石方工程量，缩短工期，节省投资。只在建筑物、构筑物、道路基地等地段局部进行平整，其余保留原有地形，只作排水措施，称为"重点式平整"。当自然地形起伏较大时，可以将建筑阶梯式竖向布置，如地面高差过大，可采用挡土墙连接。当建筑靠山坡建造时，需在坡顶做一道截水沟，以阻止山坡顶上土方经流水冲刷、侵蚀切坡或冲入坡下的场地。坡顶与截水沟之间要保持一定的安全距离，以防滑坡。

(4) 绿化设计

绿化能减少噪声，改善小气候，并且可以保护堤岸，吸附粉尘和减少有害气体，还可以美化环境。禽畜场的绿化主要包括生产区绿化、管理区绿化以及与居民点之间的绿化隔离带等。

5.3.3 温室建筑设计要点

温室建筑是指采用透光覆盖材料作为全部或部分围护结构，可供冬季或其他不适宜栽培植物的寒冷季节栽培植物的房屋。一般的温室都设有采暖设备，无采暖设备而又可越冬生产植物的温室称为日光温室。在我国，习惯上把塑料薄膜覆盖、无采暖设备的温室称为塑料大棚。

温室按其用途不同可以分为：生产温室（从事商业和生产栽培的蔬菜温室、花卉温室、水果温室、育苗和育秧温室等）、科研温室（指那些能控制较多、较精的环境因素或能够造成某些特殊的环境条件从事科学研究的各类温室）、观赏温室（栽培与陈列观赏植物的温室或者为了园林建筑的观赏效果而配置的温室）。另外，温室又可分为传统温室（不加温或不控制温度的温室）、普通温室（主要控制温度的温室）、高级温室（自然光照人工气候温室）。按温室的覆盖材料又可分为玻璃温室、玻璃纤维增强的复合板温室、塑料薄膜温室。

5.3.3.1 保温隔热要求

(1) 温室光照

日光是温室光环境的唯一或主要光源。日光透过温室围护材料后，辐射强度和光谱组成将会有较大变化。为此温室日照要求获得比较理想的光谱透过率与组成，并尽可能使之均匀布在栽培床面上。影响温室光照的因素主要有以下几个：

1) 覆盖材料。塑料薄膜的光谱透过率比玻璃高，但随着使用时间的增长而急剧降低。塑料薄膜能透过部分红外线，而玻璃对于波长大于 $3\mu m$ 的红外波是透不过的，因此塑料薄膜的保温性不如玻璃好。

2)温室方位和坡度。温室的方位对于日光入射角和直射光的床面分布影响很大。在纬度较高的地区,南北向温室总透光量比东西向要多些(约7%),但南北向温室会形成弱光带或固定阴影,而东西向温室受季节影响小,直射光床面也比较均匀。传统温室为充分利用日照多采用南北向,而普通温室多采用东西向。

日光入射角与太阳位置和温室外形有关,透明材料上日光入射角越小,日光透过率越大。传统温室对日光入射角要求高,因此应尽量减小日光入射角,增大日光透过率。

3)温室结构。温室结构是支撑覆盖结构的骨架,除了抵抗风、雪、悬挂的设备和植物及自重的荷载外,应尽量缩小结构面积,以减少遮挡光照的面积。

影响温室光照的因素还有温室的选址。应尽量远离尘灰,并在尘灰源的上风向,以及装配清扫设备等。

总之,由于以上种种因素,进入温室内的日照量要比室外低,室内外日照量之比称为透光率,一般在60%左右。在温室设计中应注意提高温室的透光率。

(2)温室温度

1)温室的采暖与保温。在严寒季节,由日光产生的热量往往不能维持作物的生长需要,此时应配置必要的采暖设备来为温室补充热量,使室内空气和栽培土壤的温度达到作物的适温要求。大多数温室使用热水采暖,也有用热风、热气、电加热的。温室采暖设计应考虑栽培的特点。例如:为满足植物生理要求和节能要求,应提供变温装置;应保证作物生长范围内的温度均匀、稳定;采暖设备应少占栽培床面,所产生的阴影不要影响作物的生长等。

在温室高处排管采暖可不妨碍作业,但热损失多。如采用热风供暖,可不设散热排管。

保温是采暖的必要补充,良好的保温不仅节约能源,同时也起到稳定温度场的作用。除提高温室覆盖材料的密闭性能和沿外墙基础设防寒层等措施外,在室内常安装活动保温幕帘,白天打开幕帘,最大限度地接受日光,晚上利用合上的幕帘保温。常用幕帘材料为无纺布。

温室栽培生产的燃料费很大,约占总开支的30%~50%,单层保温幕帘热节省率约达到30%。国外较先进的节能温室,用玻璃或薄膜制成"有间隙的两层",在6~8cm之间,日落后吹进塑料颗粒保温,清晨再抽回储料槽内,当外界最低气温为-3.8℃时,室内气温可达13.8℃。

2)温室的降温。温室需要提高全年利用率,最大的问题是盛夏时室内气温远远超过作物的生长适温。只靠换气不可能将室温降到生长适温范围内,为此要采取特殊手段来降温。温室降温的方法有冷湿垫送风法、喷雾送风法、细雾降温法、凉水循环法、冷冻机降温法以及屋面遮光、淋水、喷雾等措施。

(3)温室的通风、换气

温室内外的空气交换可以降低室内的温度、湿度,增加二氧化碳浓度,造成一定风速。温室换气有自然通风和强制通风两种。常用自然通风,优点是经济、便捷。在温室屋面上开设天窗(可以自控开启),墙上开设窗,依靠热压或风压使内外空气对流,实现换气。强制通风是安装动力风扇进行换气,为了增加强制通风的效果,常配用导风管和导风板。

(4)温室管理

温室管理的中心问题是如何掌握温室具有人工调节环境的特性,创造作物生长的最佳环境,从而获得最大效益。生产温室大多以控制温室环境为标准,即由电器仪表将采暖与通风设备组成温度控制系统,通过供热与放热将室内气温调节到适宜作物生长的水平。近年来,普遍采用变温管理技术,根据各种作物不同的温度要求,在夜间适当降低室温,以减少植物因呼吸作用而消耗的养分,达到提高产量和节约能源的目的。小型温室常采用与露地相同的畦灌法,随着温室的大型化和现代化而出现的喷灌、滴灌和地中灌等可以电控的方法。

5.3.3.2 传统温室、塑料薄膜温室

(1)传统温室

传统温室是一种较简单的温室,又称日光温室。这种温室主要为斜面朝阳的采光结构,充分利用太阳热增温。白天后墙及部分土屋面接受日光照射,增加室内的吸热面积,夜间用草苫等覆盖屋面,尽量保持室温。在无加温设备的条件下生产蔬菜,冬季晴天平均最高温度可以达到25~27℃,平均最低温度在3~5℃。

1)鞍山式日光温室。玻璃面角度为26°~35°,这样直射光多损失光少,有利于提高室内温度。土屋面斜度考虑冬至日太阳能射入到温室里,充分起到白天吸热,夜晚放热的作用。这种温室室内无阴影,清明节前室内遮阴面积都在后墙上,不影响栽培面上的光照。鞍山式日光温室宽度较小,种植面积不大,如图5-25(a)所示。

2)北京式日光温室。白天靠太阳光照,夜间由火炉加温,一般能维持到20~28℃,可以满足寒冷季节蔬菜生长的需要。但这种温室南边栽培床白天温度高,夜间温度低,昼夜温差大;北边栽培床白天前面有作物遮阴,夜间距火炉近,昼夜温差小。因此室内温度不均匀,对种植不利,如图5-25(b)所示。

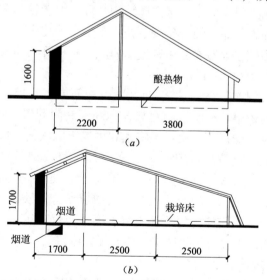

图5-25 常见的传统温室
(a)鞍山式日光温室;(b)北京式日光温室

日光温室要注意玻璃屋面的坡度。理想的温室，太阳光线与屋面成90°，但由于季节不断变化，给结构造成不现实的要求。根据各节气日太阳高度角与温室坡度的关系以及太阳光投射到玻璃屋面的角度和反射率，屋面的角度范围一般不低于30°，这样冬至严寒季节损光率较低。

(2) 塑料薄膜温室（塑料大棚）

这种温室价格低廉、保湿性强、耐风、透光好。温室内一般无供暖设备，少数用于育苗，早熟栽培的用简易热风炉或在土壤中设热水管线、电热线加热。保温常采用多层次覆盖、大棚内套小棚、小棚上覆盖草帘等。在北方地区宜采用跨度较大的棚形，以减少棚周围作物受寒的地带。晚间在棚上加盖草帘以提高保温效果。塑料大棚温、湿度调节一般均采用自然通风，华东等地区宜采用跨度较小的棚形，有利于通风。

1) 镀锌钢管装配式塑料大棚。采用镀锌薄壁钢管作拱架和纵梁，拱宽4~10m。棚形有圆弧形和抛物线形两类，薄膜由燕尾形卡桥或形料夹固定。这类棚结构合理、重量轻、采光好、作业方便、固膜可靠、便于拆装，并有利于专业化生产。通风换气可通过专用的卷膜器卷起棚两侧的薄膜，也可开设简易天窗。每亩用钢量在2.6t左右。

2) 钢筋塑料大棚。拱架和纵梁由钢筋或钢管焊接成平面或三角形断面桁架结构。拱间距离3~6m，其间配置2~4根用钢筋或竹竿制成的拱杆，由纵梁将其和拱架牢固联结。拱形采用圆弧和双圆弧，拱跨超过12m时，常增设管材或型材立柱，也可用钢筋混凝土立柱。棚高2.5~3.3m，薄膜常用钢丝或竹竿压紧。通风换气可借助简易天窗，或扒缝换气。这类棚采光良好、作业方便、抗风雪能力等均优于竹木棚。但每亩用钢量为3.3~3.8t。另外，棚架需涂防锈漆，并要经常维修。

5.3.3.3 玻璃温室

温室面积越大，散热表面对温室总面积来说越小，即保温效果越好；温室越高，空间越大，则室内空气对流好，全室温度均匀，这些都有利于作物的生长。因此，玻璃温室由最初的单栋式，后来发展为多栋连接式，但也有大型单栋式。玻璃温室目前正由小到大，由简单到复杂，设计在不断改进和提高。

（1）温室总体

玻璃温室有一定规模，需要认真选择温室场址，如场址要背风向阳，要有充足优质的水源，良好的土质，平坦的地势等。

屋面南北向的温室冬季接受日照量大，但从冬到春通过北屋面的弱光产生的阴影是固定的。综合考虑透光率、光照均匀度、日温差等多项因素，大型玻璃温室常采用屋面东西向的方位。

在温室总平面布置中，还应考虑方位与风向的关系，多风地区要避免屋面风压过大。大型温室宜采用小跨连栋式，这样温室外围面积小，室内空间也不过大，容易保温。

（2）温室单体

上海温室总面积为 2880m^2，屋面东西向，南北长 48m，东西宽 60m，10 连栋温室，每栋跨度 6m，柱距 3m，采用装配式镀锌型钢和铝合金结构，轻巧耐用。屋脊高 3.8m，屋面坡度为 26°34′。屋脊两侧设有天窗，屋面玻璃厚 5mm。其温室特点为：构件规格化，能在工厂成批生产，就地组装；通风面积大，天窗占屋面面积的 30%，由自动开窗机开启，四周门窗占周围面积的 60%；密闭性强，门窗全部用橡胶密封条。屋脊构件与天窗连接既能活动自如，又能保证密闭保温。

荷兰温室的平面占地大小为 63m×83.5m，柱网为 6.4m×3m，脊高 3.5m，天沟高 2.7m。温室骨架除立柱、桁架、拱梁是镀锌异型钢外，其他都采用高强铝合金，四周及屋面用小规格的 4mm 浮法玻璃。通风天窗开启面积占屋面的 17%，每窗口为 0.85m×2.25m，分设在屋面两侧斜坡上，交错排列，自动开启。屋面设有高效能的活动保温遮光幕布。荷兰温室密闭性好，宜用于寒冷地区，结构简洁轻巧，其效能世界著名。

5.3.4 工业建筑设计要点

5.3.4.1 工业建筑的特点

工业建筑是指用以从事工业生产的各类房屋（一般称厂房），它与民用建筑相比，在设计原则、建筑用料和建筑技术等方面有许多共同之处，但在设计配合、使用要求方面，工业建筑有以下特点：

（1）厂方建筑设计（包括平、立、剖面等）是在工艺设计人员提出的工艺设计的基础上进行的，建筑设计应适应生产工艺的要求。

（2）在厂房中由于生产设备多、体形大、各部门生产联系密切，并有多种起重和运输工具通行，因而厂房内部大都具有较大的畅通空间。例如，有桥式吊车的厂房，室内净高一般均在8m以上；有6000t以上水压机的锻压车间，室内净高可超过20m。厂房的长度一般也比较大，有些甚至达到数百米。

（3）当厂房宽度较大（特别是多跨）时，为解决室内采光、通风和屋面防水排水等问题，需要在屋顶上设置天窗及排水系统致使屋顶构造复杂。

（4）在单体厂房中，由于屋顶较重，且多有吊车荷载；在多层厂房中，由于楼板荷载较大（有时也有吊车荷载），故目前厂房广泛采用钢筋混凝土骨架承重，也有部分采用钢骨架承重。

5.3.4.2 工业建筑的分类

工业生产类型繁多，生产工艺不同，分类也随之而异。为掌握工业建筑的特征与建筑标准，工业建筑可归纳为以下几种类型。

（1）按厂房的用途分类

工厂规模较大而工艺又较完善的工业厂房可以分为主要生产车间、辅助生产车间、动力用房、仓储用房和运输用房以及水泵房、污水处理站等其他建筑。

（2）按建筑层数分类

按照生产建筑的层数可以分为单层厂房和多层厂房。单层厂房广泛应用于机械制造、冶金等许多工业部门，其优点在于方便水平向组织生产工艺流程，对于运输量大，设备、加工件及产品笨重的生产有较大的适应性，也便于工艺的革新。多层厂房占地面积小，柱网尺寸小，多用于食品、电子、精密仪器等荷载、振动要求不高、产品较轻并适合垂直方向布置工艺流程的工业部门选用。

5.3.4.3 生产厂房的建筑设计

（1）生产工艺流程对设计的影响

工业生产建筑与民用建筑在设计中的一个重要区别是，民用建筑是由建筑设计人员完成的，而工业建筑是由工艺设计人员按照工厂的生产工艺流程进行工艺设计，建筑设计人员在生产工艺图的基础上，与工艺设计人员配合协商进行厂房建筑设计。其中，工艺设计包括：生产工艺流程组织；生产起重运输设备的选择和布置；工段的划分；厂房面积、跨度、跨间数量及生产工艺流程对建筑设计的要求等。

例如较为普遍的金工装配车间的工艺流程为：由铸工与锻工车间运来的毛坯和金属材料，存放在厂房入口处的临时堆放仓库，这属于车间的辅助生产工部。机械加工是该厂房的主要生产工部，要求面积大、位置适中，要具有良好的采光通风条件。将材料加工成零部件后，送入中间仓库或堆场；然后在装配工部进行部件装配、检验、总装配和试验；最后，在油漆包装工部进行刷漆和包装。除上述生产工部外，为配合生产，还有工具室、检查量具和产品检查室等。在功能组织中，将主要生产工部间设在厂房主体内，具有方便的生产运输条件和充足的生产工作间。辅助面积较小，在不使用吊车的情况下，空间可以降低，一般做法是贴附在厂房外侧，或设在所服务的工段附近，为生产工部提供使用上的方便。

(2) 车间内生产特征对厂房设计的影响

厂房设计除了要考虑内部的设备布局外,还要考虑特殊的采光、通风要求,尤其是连续多跨的大型厂房。如果内部生产时有热量和烟尘散出,那么建筑设计中还要考虑特殊要求。

厂房平面一般采用矩形,当生产规模较大、要求厂房面积较多时,常采用由多跨组成的矩形平面。其主要特点是工段间联系紧密、运输路线短。从经济角度看,多跨的正方形或接近正方形平面,在室内面积相同的情况下,更节省外围护结构材料,对寒冷地区的冬季保温和炎热地区的夏季隔热十分有利。

生产过程中散发大量热量、烟尘或其他有害气体的厂房,散热排尘的要求对厂房设计有较大影响。为使室内热量、烟尘或有害气体能迅速排出,厂房最好采用长方形,进深不宜过大。当跨数在3跨以下,可以选用矩形平面,大于3跨时,则需设垂直跨,形成"凹"形或"山"形平面,如图5-26所示。

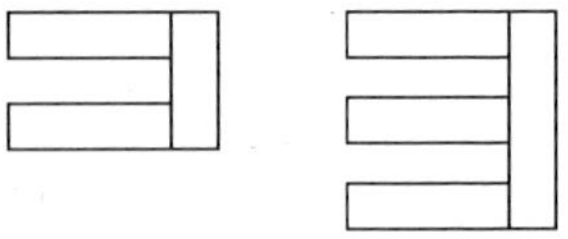

图5-26 "凹"形或"山"形的单层厂房平面形式

这些平面的特点是厂房跨度不大,有较长的外墙可以开设门窗以保证通风,改善生产条件。如将"凹"形或"山"形平面的开口方向朝夏季主导风向,通风散热效果会更佳。若总图设计有困难,也应使开口面有不少于 $15m^2$ 的自然通风口,两翼之间的距离应$\geqslant15m$(车间内不生产有害物质时可为12m)。图5-27是厂房平面方位与夏季主导风向的关系。但考虑到上述平面中垂直跨结构复杂,外墙面积大等经济原因,所以一般只用于生产中产生大量余热和烟尘的热加工车间。

随着工艺的发展,传统厂房设计也随之变化,例如:铸造方面出现了高压造型、流态砂精等新工艺,则要求车间洁净,生产线运行方向有时需要垂直与平行相结合,因而铸工车间有可能设计成密闭式厂房。又如,由于生产工艺的机械化和自动化水平的提高,计算机控制技术的应用,通风除尘技术的发展,使生产特点不同的厂房有可能合并成整片的联合厂房。

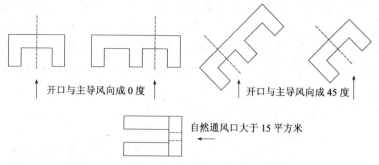

图 5-27　厂房平面方位与夏季主导风向的关系

现代工业生产对产品质量与生产环境的要求也越来越高，一些现代化的生产项目需要采用空气调节设备来达到恒温、恒湿的条件。这种厂房宜采用联跨整片式平面，将仓库、生活间等室内温、湿度要求不严格的房间设在主要生产工部的外围，以减少生产环境不受阳光直射和室外气温变化的影响，减少能耗。

5.3.4.4　生产厂房的结构

多层厂房一般采用框架承重或砌块承重，为适合大面积、大空间的生产需要，通常柱网跨度较大，具体视工艺而定。

单层厂房承重结构包括墙承重和骨架承重两大结构类型，但从对结构有利、施工方便和具有一定灵活性而论，以用骨架结构承重为宜。

骨架承重结构的单层厂房，用得较多的是横向排架结构，即为一般常用类型的装配式的钢筋混凝土横向排架结构。基础用钢筋混凝土墩式杯形基础，柱常用带牛腿的钢筋混凝土柱，由柱与钢筋混凝土屋面大梁或屋架形成横向排架，纵向有吊车梁、基础梁、连系梁或圈梁、支撑、装配式大型屋面板等，并利用这些构件联系横向排架，形成骨架结构体系。横向排架结构体系还可以有以下做法：中、小型可用砖木结构，即砖柱、木梁或木桁架形成骨架；或用砖柱、钢筋混凝土梁或桁架形成骨架；较大型的可利用钢筋混凝土柱与钢梁或钢桁架形成骨架；大型的可全部用钢骨架，即钢柱、钢梁或钢桁架形成骨架。有时利用柱、连系梁承受特大型板座屋顶承重结构，如预应力混凝土单T板、双T板、折板、圆形壳板、双曲波纹壳板、马鞍形壳板等。如果采用双向承重骨架结构，一般是在柱上支撑网架、双向空间桁架、双曲扁壳、穹窿等屋顶。

5.3.4.5 生产厂房的通风、采光

(1) 厂房通风

厂房通风方式有自然通风和机械通风两种。自然通风是利用空气的自然流动将室外的新鲜空气引入室内，将室内的混浊空气和热量排至室外。这种通风方式与厂房的结构形式、进出风口的位置等因素有关，它受到气候和建筑物周围环境的影响很大，通风效果不稳定。机械通风是以风机为动力，使厂房内部空气流动，达到通风降温的目的，它的通风效果比较稳定，并可根据需求进行调节，但设备费用较高，耗电量较大。在无特殊要求的厂房中，尽量以自然通风的方式解决厂房通风问题。

自然通风的基本原理是热压原理和风压原理，厂房的自然通风设计就是要考虑热压和风压原理对厂房的共同影响，恰当地设计进、排风口的位置，选择合理的通风天窗形式，组织好自然通风。

1) 热压原理

厂房内部由于生产过程中所产生的热量（如炉子和热部件所发出的热量等）和人体散发热量的影响，使室内空气膨胀，密度减小而上升。由于室外空气温度相对较低，密度较大，当厂房下部的门窗敞开时，室外空气进入室内，使室内外的空气压力趋于相等。如将天窗开启，由于热空气上升，天窗内侧的气压大于天窗外侧的气压，使室内热气不断排出，达到通风的目的，这种通风方式称为热压通风。开设天窗和降低进风口高度是加大热压式通风效果的有效手段。

2) 风压原理

当风吹向建筑物时，遇到建筑物而受阻，迎风面形成正压

区，房屋两侧、屋面和背风面形成负压区。根据这一现象，将厂房的进风口设在正压区，排风口设在负压区，这样能有效利用风的流动产生的空气压力差促进厂房室内通风。

(2) 厂房采光

厂房采光一般是天然采光和人工采光结合使用。但天然采光经济节能，厂房设计时应先考虑天然采光。由于厂房性质不同，影响天然采光的因素很多，如厂房形式、开窗大小、位置等，设计中应保证室内光线均匀，避免眩光。

我国根据工作精确度对视觉有不同的照度要求，对厂房采光也有不同的要求，具体规定详见《工业企业采光设计标准》。除了满足照度外，还应满足光线的均匀度和避免眩光，以防止工作人员视觉疲劳、影响视力和保证正常操作。具体的采光方式有侧面采光和顶部采光，天窗的形式又分为矩形天窗、锯齿天窗、横向下沉式天窗和平天窗。具体选择哪种形式应该综合考虑厂房形式、光照需求、通风需求等因素。

第6章 乡镇市政工程设施

6.1 乡镇道路交通设施

乡镇道路交通设施是乡镇发展的重要基础设施。由于历史的原因，许多乡镇沿着公路呈蔓延式发展，大部分的道路交通设施自然形成，功能和等级不分，建设标准不统一，道路线形和交叉口渠化缺乏设计，不利于提高道路交通设施的服务水平。要推动乡镇经济、社会的快速发展，引导城镇空间合理布局与拓展，改善投资环境和人居环境，必须高度重视道路交通设施建设，包括道路、广场和停车场的建设。

6.1.1 道路建设

6.1.1.1 概述

乡镇道路是指乡镇供车辆、行人通行的，具备一定技术条件的道路、桥梁及其附属设施。在乡镇建设中，必须重视乡镇道路功能的发挥。乡镇道路是组织生产、安排生活所必需的交通通道，乡镇的工作、学习、生活和游憩活动都离不开道路交通。乡镇道路是连接乡镇各个组成部分，即乡镇中心区、生活居住区、工业区以及文化教育的交通纽带，是乡镇的重要组成部分，是反映乡镇面貌和建筑风格的手段之一。乡镇道路还是各类工程管线、街道绿化、划分街坊和小区、通风采光、抢险救灾的基础，对乡镇布局、发展方向具有重要的作用。

6.1.1.2 道路分类和分级

根据《村镇规划标准》（GB 50188—93），村镇所辖地域范围内的道路，按主要功能和使用特点应划分为公路和村镇道路两大类，乡镇道路与公路以乡镇规划区的边线分界。目前，众多的乡镇都是依托现有的国道、省道建设，建设用地沿着道路无序蔓延，导致公路与村镇道路功能相互混杂，运行相互干扰，给未来乡镇建设带来隐患。因此，在乡镇建设中，必须根据公路和村镇道路的功能要求、交通特性，合理确定其等级和交通组织方案。

（1）公路

从道路功能来看，公路可分为干线公路和集散公路两类。干线公路一般为直达公路，应以保证较高的运行速度和安全为目标，为此需采取措施以减少纵、横向干扰，需要控制出入；集散公路主要承担连接作用，应发挥汇流车辆和疏散车辆的功能，可适当降低服务水平，采取相对较低的速度，允许存在一定的干扰。高速公路为干线公路，一、二级公路可分为干线公路和集散公路两类，三、四级公路均为集散公路。

根据《公路工程技术标准》（JTG B01—2003），目前，公路可分为五个等级，即高速公路、一级公路、二级公路、三级公路、四级公路。高速公路为供汽车分方向、分车道行驶并全部控制出入的多车道公路。一级公路为供汽车分方向、分车道行驶，并可根据需要控制出入的多车道公路。二级公路为供汽车行驶的双车道公路。三、四级公路为满足要求和接入服务的支线公路，主要供汽车行驶，三级公路为双车道公路，四级公路可为单车道公路。

（2）村镇道路

从道路功能来看，村镇道路可分为交通性道路、生活性道路两类。交通性为主的道路一般担负着乡镇各个功能区之间的人流、物流的交通，其交通量较大，通常路幅较宽。生活性为主的道路交通组成混杂，车行速度慢，人流较多，可分为以居住为主的街道、以商业为主的街道和以行政办公为主的街道。

根据《村镇规划标准》（GB 50188—93），村镇道路可分为一级道路、二级道路、三级道路、四级道路。考虑到村镇规模分级的变化，目前分为重点中心镇、一般建制镇和中心村。关于四级道路的分级体系可适用于一般建制镇和中心村。重点中心镇是县（市）域内的地方中心，有一定规模和职能特色，并具有较强的综合实力或相当的发展潜力，能带动周围乡镇共同发展。重点中心镇有可能发展成为小城市，应按小城市的标准进行高起点规划、高质量建设、高水平管理。因此，重点中心镇的道路等级可根据《城市道路交通规划设计规范》(GB 50220—95) 分为主干路、次干路和支路三个等级。主干路在城市交通中起"通"的作用，以交通功能为主、服务功能为辅，要求通过的车辆快而多。次干道以集散交通和服务功能为主，应有大量的公共交通线路行驶。支路主要起"达"的作用，直接连同小区和单位出入口。

6.1.1.3 道路建设标准

（1）公路

在公路建设时，设计速度是确定公路几何线形的基本要素，也是最关键的参数。它是在气象条件良好，车辆行驶只受公路本身条件影响时，具有中等驾驶技术的人员能够安全、顺适驾驶车辆的速度。各级公路的设计速度按地形条件、交通组成等差别，从 20km/h 到 120km/h 不等。设计速度一旦选定，公路的所有相关要素如视距、超高、纵坡、竖曲线半径等指标均与其配合以获得均衡设计。各级公路的设计速度如表 6-1 所示。由于设计对一定路段而言是一个固定值，但在实际驾驶行为中，速度是经常变化的，没有一个驾驶员自始至终去恪守这一固定车速，因此设计速度不能保证线形标准的一致性。实际行驶速度总是随公路线形、车辆动力性能、驾驶员特性等各种条件的改变和变化。从公路使用者的角度出发，不能简单地以设计速度来控制线形指标，需要以动态的观点来考虑车辆的运行速度，设计速度要与运行速度相适应，从而提高公路的安全性。

6.1 乡镇道路交通设施

各级公路设计速度　　　表 6-1

公路等级	高速公路			一级公路			二级公路		三级公路		四级公路
设计速度（km/h）	120	100	80	100	80	60	80	60	40	30	20

公路主要技术标准包括车道宽度、中央分隔带宽度、右侧硬路肩宽度、停车视距以及圆曲线最小半径、最大纵坡、最小纵坡、不同纵坡最大坡长、竖曲线最小半径和最小长度等。这些标准应按现行的交通部标准《公路工程技术标准》(JTG B01—2003) 的规定进行公路的建设，各级公路技术指标如表 6-2 所示。

各级公路技术指标　　　表 6-2

设计速度（km/h）		120	100	80	60	40	30	20
车道宽度（m）		3.75	3.75	3.75	3.5	3.5	3.25	3.0（单车道时为3.5）
中间带宽度（m）	一般值	4.5	3.5	3	3	—	—	—
	最小值	3.5	3	2	2	—	—	—
土路肩宽度（m）	一般值	0.75	0.75	0.75	0.5	0.75	0.5	0.25（双车道）0.5（单车道）
	最小值	0.75	0.75	0.5~0.75	0.5	0.75	0.5	0.25（双车道）0.5（单车道）
停车视距（m）		210	160	110	75	40	30	20
会车视距（m）		—	—	220	150	80	60	40
超车视距（m）		—	—	550	350	200	150	100
圆曲线最小半径（m）	一般值	1000	700	400	200	100	65	30
	极限值	650	400	250	125	60	30	15
最大纵坡（%）		3	4	5	6	7	8	9
最小纵坡长度（m）		300	250	200	150	120	100	60
不同纵坡最大坡长（m）	纵坡=3%	900	1000	1100	1200	—	—	—
	纵坡=4%	700	800	900	1000	1100	1100	1200
	纵坡=5%	—	600	700	800	900	900	1000
	纵坡=6%	—	—	500	600	700	700	800
	纵坡=7%	—	—	—	—	500	500	600
	纵坡=8%	—	—	—	—	300	300	400
	纵坡=9%	—	—	—	—	—	200	300

续表

凸形竖曲线最小半径（m）	一般值	17000	10000	4500	2000	700	400	200
	极限值	11000	6500	3000	1400	450	250	100
凹形竖曲线最小半径（m）	一般值	6000	4500	3000	1500	700	400	200
	极限值	4000	3000	2000	1000	450	250	100
竖曲线最小长度（m）		100	85	70	50	35	25	20

注：高速公路为八车道，当设置左侧硬路肩时，内侧车道宽度可采用3.50m。

（2）村镇道路

根据相关规范，目前乡镇道路依然依据计算行车速度作为确定乡镇道路几何线形的基本要素。当道路改建有特殊困难时，如商业街、文化街等，经技术经济比较认为合理后，可适当降低计算行车速度，但应考虑道路行车安全。各级村镇道路计算行车速度如表6-3所示。

各级村镇道路计算行车速度　　　表6-3

道路级别	重点中心镇			一般建制镇、中心村			
	主干路	次干路	支路	一级	二级	三级	四级
计算行车速度（km/h）	40,30	30,20	20	40	30	20	—

根据《城市道路交通规划设计规范》（GB 50220—95）和《村镇规划标准》（GB 50188—93），乡镇道路的技术指标应符合表6-4的规定。

各级村镇道路技术指标　　　表6-4

规划技术指标	重点中心镇			一般建制镇、中心村			
	主干路	次干路	支路	一级	二级	三级	四级
道路红线宽度（m）	25~35	15~25	12~15	24~32	16~24	10~14	—
车行道宽度（m）	14~20	10~14	7~8	14~20	10~14	6~7	3.5
每侧人行道宽度（m）	4~6	3~5	2~4	4~6	3~5	0~2	0
分车带的最小宽度（m）	2	—	—	2	—	—	—
硬路肩最小宽度（m）	0.5	—	—	0.5	—	—	—

续表

规划技术指标		重点中心镇			一般建制镇、中心村			
		主干路	次干路	支路	一级	二级	三级	四级
停车视距（m）		40,30	30,20	20	40	30	20	—
圆曲线最小半径（m）	不设超高	300,150	150,70	70	300	150	70	
	设超高	70,40	40,20	20	70	40	20	
圆曲线最小长度（m）		35,25	25,20	20	35	25	20	
最大纵坡度推荐值（%）		6,7	7,8	8	6	7	.8	
纵坡坡段最小长度（m）		110,85	85,60	60	110	85	60	
凸形竖曲线（m）	一般最小半径	600,400	400,150	150	600	400	150	
	极限最小半径	400,250	250,100	100	400	250	100	
凹形竖曲线（m）	一般最小半径	700,400	400,150	150	700	400	150	
	极限最小半径	450,250	250,100	100	450	250	100	
竖曲线最小长度（m）		35,25	25,20	20	35	25	20	

6.1.1.4 道路线形设计

道路线形设计是道路设计的关键环节，主要包括平面线形、纵断面线形、横断面、交叉口渠化设计，涉及道路网规划、交通组织、沿线地块出入口、地上地下管（杆）线、绿化、照明等方面的合理布置，其目的在于提供安全、经济、有效的道路系统，在乡镇建设中具有重要的地位。

乡镇道路的线形设计应根据道路等级及其功能，正确运用技术指标保持线形连续、均衡，确保行驶安全、舒适。目前，由于乡镇道路前期工作不完善，缺乏科学的勘测、设计，导致道路线形设计不当，严重制约了乡镇道路综合功能的发挥。平面线形与纵断面线形不协调，影响行车安全；纵断面缺乏科学设计，雨天道路积水现象严重；横断面划分不合理，导致道路资源浪费，不利于交通组织等。这些问题的出现表明乡镇道路在建设时，必须高度重视道路设计工作。因此，乡镇道路建设工程应当认真执行工程建设基本程序，严格依法、依程序来推进项目建设。乡镇道路的设计、施工,应当严格执行国家和地方规定的乡镇道路设计、施工的技术规范。乡镇道路工程竣工,经验收合格后,方可交付使用;未经验收或者验收不合格的,不得交付使用。

(1) 道路平面设计

乡镇道路平面设计应满足以下规定:1)平面线形设计应符合乡镇总体规划的要求,按总体规划道路网布设;2)道路平面线形应与地形、地质、水文等结合,并符合各级道路的技术指标;3)道路平面设计应处理好直线与平曲线的衔接,合理地设置缓和曲线、超高、加宽等;4)道路平面设计应根据道路等级合理地设置交叉口、沿线建筑物出入口、停车场出入口、分隔带断口、公共交通停靠站位置等;5)平面线形标准需分期实施时,应满足近期使用要求,兼顾远期发展,减少废弃工程。

乡镇道路平面设计一般包括以下几项工作。1)纸上定线,在1:1000或精度更高的地形图上,依据乡镇总体规划,结合现状自然地形、地物、地质水文条件以及临街建筑布局的要求,确定道路的起点、终点和中间控制点,将道路的平面位置确定下来。2)平面设计,在图纸与实地定线的基础上进行,结合沿线地形、地质条件,综合考虑平、纵、横三方面的合理安排,确定道路中心线的确切位置。在道路平面设计中,应合理选定合适的圆曲线半径,恰当地设置超高、加宽和超高缓和路段,标定桥涵、立交路口、平交路口等位置。

(2) 纵断面设计

乡镇道路纵断面设计应满足以下规定:1)纵断面设计应参照乡镇规划控制标高并适应临街建筑立面布置及沿路范围内地面水的排除;2)为保证行车安全、舒适,纵坡宜缓顺,起伏不宜频繁;3)山地乡镇道路涉及纵断面设计应综合考虑土石方平衡,汽车运营经济效益等因素,合理确定路面设计标高;4)机动车与非机动车混合行驶的车行道,宜按非机动车爬坡能力设计纵坡度;5)纵断面设计应对沿线地形、地下管线、地质、水文、气候和排水要求综合考虑;6)山地乡镇道路应控制平均纵坡度。越岭路段的相对高差为200～500m时，平均纵坡度宜采用4.5%；相对高差大于500m时，宜采用4%，任意连续3000m长度范围内的平均纵坡度不宜大于4.5%。

道路的纵断面是指沿车行道的中心线的竖向剖面。道路的中心线，在纵断面上是一条折线，一般在折线的折点处要设置竖曲线。在道路纵断面设计中，应根据道路的性质、功能、交通特性、规划要求、技术规范和地形、地质、气候、水文等自然条件以及地物、土石方平衡等，合理确定路线的设计标高、各路段的纵坡及其坡段长度、竖曲线的半径和长度。

（3）道路横断面设计

沿道路宽度方向，垂直于道路中心线所作的断面，称之为道路横断面。道路横断面设计应在道路规划的红线宽度范围内进行。按道路等级、计算行车速度、设计年限的机动车道与非机动车道交通量和人流量、交通特性、交通组织、交通设施、地上杆线、地下管线、绿化、地形等因素对道路横断面资源统一安排。横断面设计应近远期结合，并使近期工程成为远期工程的组成部分。地下管线埋设应处理好需求与建设的关系，避免造成"拉链马路"。路面宽度及标高等应留有发展余地。对现有道路改建应采取工程措施与交通管理相结合的办法，以提高道路通行能力和保障交通安全。

道路的横断面形式有单幅路、双幅路、三幅路及四幅路，单幅路和三幅路为常用路幅形式。单幅路适用于机动车交通量不大，非机动车较少的次干路、支路以及用地不足，拆迁困难的乡镇道路。三幅路适用于机动车交通量大，非机动车多，红线宽度大于或等于40m的道路。一条道路宜采用相同形式的横断面。当道路横断面形式或横断面各组成部分的宽度变化时，应设过渡段，宜以交叉口或结构物为起止点。

6.1.1.5　道路交叉口建设

乡镇道路与道路相交的部位称为道路交叉口。道路交叉口的类型主要有立体交叉口、信号交叉口、优先控制交叉口、环形交叉口、无控交叉口等，应根据相交道路的等级、分向流量、公共交通站点的设置、交叉口周围用地的性质，确定交叉口的形式及其用地范围。

乡镇道路交叉口多为平面交叉口。因为道路交叉口直接影响整个路网的通行能力，因此，应高度重视交叉口的渠化。在渠化范围内，现有道路可利用两侧分隔带进行展宽，当展宽后影响非机动车和行人车道宽度时，采取红线展宽。新建道路的交叉口应采取红线展宽。主干路进口车道展宽段长度为 70~120m，次干路长 50~70m，支路长 30~40m。主干路进口车道渐变段长度为 30~50m，次干路长 20~40m，支路长 15~30m。出口车道展宽段长度为 60~80m。条件受到限制时，不低于 30m。在渠化范围内，进口车道宽度合理范围为 2.8~3.0m，出口车道宽度合理范围为 3.0~3.2m，出口车道数量不低于路段车道数量。

6.1.2 广场建设

广场是根据乡镇的功能要求而设置的，是人们活动的空间，也是乡镇政治、经济和文化活动的场所。根据广场的主要功能、用途及在城市交通系统中所处的位置，确定广场的性质，可分为市政广场、纪念性广场、市民广场（包括文化广场、游憩广场等）、交通广场、商业广场等。

交通广场用地总面积可按规划城市人口每人 $0.07~0.10m^2$ 计算，单个交通广场的用地规模大小取决于交通量的大小、车流运行规律和交通组织方式等，可由聚集人流量决定，人流密度宜为 $1.0~1.4$ 人$/m^2$。影剧院、体育馆、展览馆前的集散广场，取决于在许可的集聚和疏散时间内能满足人流与车流的组织与通过。游憩集会广场用地的总面积，可按规划城市人口每人 $0.13~0.40m^2$ 计算。广场的用地规模还应满足相应的附属设施用地要求，如停车场、绿化种植、公用设施等。此外，从观赏角度考虑，应保证人们在广场上对周边主体建筑有良好的视线、视距。

广场地面是根据不同的要求而铺装的。交通广场要满足人流迅速集散以及与其他车辆衔接的要求，其铺装必须考虑满足消防以及重型车辆通行的要求。游憩集会广场需要容纳更多的人数。铺装要结合地形，采取适宜的坡度，有效地解决场地的排水问题。随着新技术、新材料的发展，要因地制宜，采取美观、经济、适用的铺装形式。要坚持"先地下，后地上"的原则，将地下管线埋设到位，其位置应便于检修和不影响场地的使用。

6.1.3 停车设施建设

目前，乡镇停车设施的规划和建设在乡镇并没有得到充分的重视。"停车难"问题已成为乡镇交通设施建设的一个突出的问题，随着机动车的迅速增加，更加剧了停车问题。由于停车设施总量严重不足，路内外停车设施的比例失衡，造成停车交通与动态交通的相互干扰，降低了道路通行能力，增加了运输成本。同时，过多的路内停车对道路交通安全造成很大威胁，并在不同程度上影响了乡镇景观环境。因此，要建设可持续的乡镇交通系统，必须高度重视停车设施的规划、建设和管理，根据实际需求和调控的要求设置相应的停车设施。

6.1.3.1 停车设施分类

按照服务对象可将停车设施分为专用停车场、建筑物配建停车设施和公共停车场三种。专用停车场是指专业运输部门或企业事业单位所建设的停车场地，仅供有关单位内部自有的车辆停泊，几乎不为社会上其他车辆提供停车位。建筑物配建停车设施是大型公共建筑或其他建筑物配套建设的停车场所，主要为与该建筑内相关活动提供停车服务。公共停车场是为从事各种活动的出行者提供公共停车服务的停车场所，服务范围最大，通常设置在商业活动中心、出入口以及公交换乘枢纽附近。公共停车场和建筑物配建停车设施的建设是乡镇停车设施建设的重点，公共停车场泊位的提供数量和建筑物停车设施的配建指标都应以停车的周转率和高服务水平为目标，切实改善停车交通供需失衡状况，以符合乡镇交通整体、协调和可持续发展的要求。

停车设施按其与道路系统所处的相对位置可分为路内停车泊位和路外停车场两大类。路内停车泊位是指在乡镇道路的两侧或一侧划出若干路面，供车辆停放的场所，是对配建停车和路外停车的补充，其设置应处理好停车与动态交通的关系，避免两者之间相互干扰。路外停车场是指位于乡镇道路系统以外，通常由专用的通道与乡镇道路系统相联系的停车设施，为从事各种活动的出行者提供公共停车服务。

整个乡镇停车设施建设应坚持"配建停车为主，路外公共停车为辅，路内停车为补充"的发展思想。配建停车场作为建筑物主体的附属设施，泊位建设的标准是依据主体建筑所产生的停车需求来确定，但其泊位同时也承担了一部分由于主体建筑的吸引而产生的公共停车需求；对于那些没有配建停车设施的建筑物，其产生的停车需求将只能由公共停车场来承担。因此从某种意义上说，必须高度重视配建停车设施的建设，通过严格执行建筑物配建停车泊位标准，合理增建路外公共停车设施，解决乡镇"停车难"问题。

6.1.3.2　建筑物配建停车指标

建筑物配建停车指标主要依据主体建筑的停车生成率计算。从国内外建筑物配建停车指标来看，由于乡镇经济发展水平、布局形态和汽车保有量情况的不同，因此各类建筑物规划标准也存在较大差异。我国乡镇应对居住区、商业区、公共场所及娱乐场所等配建停车设施提出明确要求，来指导以上各类建筑物的停车设施建设。

配建停车场作为建筑物主体的附属设施，其建设位置受到主体建筑的限制。在建设位置上，配建停车场与主体建筑的距离不宜过远，以方便停车后的出行，通常距离不超过100m；配建停车场应尽量与主体建筑布置在街道同一侧面，以避免泊车者步行穿越街道，造成对动态交通的干扰；对医院、疗养院等特殊用地，为减少噪声、废气等造成的影响，其配建停车场应布置在地下或离主体建筑较远的位置。

6.1.3.3 机动车公共停车设施建设

乡镇公共停车场分为外来机动车公共停车场、乡镇内机动车公共停车场和非机动车公共停车场三类，其用地总面积可按规划乡镇人口每人 $0.8 \sim 1.0 m^2$ 计算。其中：机动车停车场的用地宜为80%~90%，非机动车停车场的用地宜为10%~20%。

外来机动车公共停车场，在乡镇的外环路或建设用地边缘结合出入口道路设置，主要停放货运车辆。乡镇范围内公共停车场应靠近主要服务对象，主要结合乡镇中心区、专业市场、文化中心、宾馆、饭店等商业活动场所和大型服务性建筑布置，其场址选择应符合乡镇环境和车辆出入又不妨碍道路畅通的要求。在公共停车场建设位置上，不仅要考虑区域已有停车设施的分布及规模，还必须考虑停车设施布局的优化、供需的平衡以及社会经济效益等多方面的因素。

机动车公共停车场用地面积，宜按当量小汽车停车位数计算。地面停车场用地面积，每个停车位宜为 $25 \sim 30 m^2$；停车楼和地下停车库的建筑面积，每个停车位宜为 $30 \sim 35 m^2$；摩托车停车场用地面积，每个停车位宜为 $2.5 \sim 2.7 m^2$；非机动车公共停车场用地面积，每个停车位宜为 $1.5 \sim 1.8 m^2$。

机动车公共停车场出入口的设置应符合下列规定：（1）出入口应符合行车视距的要求，并应右转出入车道；（2）少于50个停车位的停车场，可设一个出入口，其宽度宜采用双车道；50~300个停车位的停车场，应设两个出入口；大于300个停车位的停车场，出口和入口应分开设置，两个出入口之间的距离应大于20m。

路内停车泊位设置数量应坚持"总量控制、从严设置"的原则，特别要限制车辆白天长时间的路内停放，以提高停放周转率。在泊位数量上，路内停车泊位占乡镇停车泊位总量的比例建议控制在15%以内。路内停车泊位在设置时应避开以下区域：①乡镇主干路沿线；②乡镇道路内人行道、人行横道；③大型公共建筑的疏散和防火通道；④纵向坡度大于6%或横向坡度大于

2%的路段;⑤漫水、积水及排水不畅路段;⑥交叉路口、铁路道口、急弯路、桥梁、隧道以及距离上述地点的上游30m、下游50m以内的路段;⑦公交车站、急救站、加油站、消防栓或者消防队(站)门前以及距离上述地点上游20m、下游30m以内的路段;⑧单位机动车出入口的停车安全视距范围内的路段;⑨布置消防井盖、燃气管道、电力电信人井、环卫设施的路段;⑩应交通管理的要求,而禁止设置的区域。同时,设置机动车停车泊位的道路宽度小于6m严禁停车,设置路内停车泊位后,用于通行的道路宽度必须满足消防通道的最小宽度要求。

6.1.3.4 非机动车停车场建设

非机动车停车场按其不同的服务对象,可以分为专用停车场和社会公共停车场两种。专用停车场是为各大型公共建筑、企事业单位内部人员进行车辆停放的场所,通常不对外开放,由于停车时间较长,车辆驶入、驶出的时间更加集中,因此对停车设施的要求也较高,通常安排在室内停放,并与公共停车场分开布设。公共停车场是为从事各种社会活动的出行者提供非机动车停车服务的场所,结合道路、广场及公共建筑布置。由于非机动车停车对步行至目的地的要求比机动车更严格,上限在50~100m左右,因此,非机动车停车场一般以中小型为主,分散就近布置。

非机动车公共停车场在建设时,宜分成15~20m的长条形停车场,其宽度不得小于3m。500个车位以上的非机动车停车场,其出入口数不得少于两个。1500个车位以上的停车场,应按500个停车位分组设置,并应各设有一对出入口。

对于产生大量非机动车停车需求的土地使用,如商业中心、超市、农贸市场等,其停车时间短,周转率较高,非机动车公共停车场集中建在接近该类土地使用的区域,并位于干道的一侧布设,以减少人流穿行干扰道路交通,便于车辆的集散。大型体育设施和文娱设施的非机动车停车场应与机动车停车场分组布置,出入口交通流线不应交叉,并应与乡镇道路顺向衔接。住宅区和学校等用地非机动车停车需求量大，车辆停放时间长，对停车设施的服务水平要求较高，在进行停车场规划时应结合用地的开发一起进行，停车规模以住宅区和学校的非机动车拥有量为依据，建造形式以室内（地下停车库、立体停车楼）停车场为主。

随着市域城乡公交一体化系统的建设，为提高公交服务水平应重视停车换乘设施的建设。停车换乘是将非机动车停放在换乘点，进行其他出行方式的换乘。特别要重视非机动车与城乡公交的换乘，在公交始发站布置停车换乘设施。由于车辆停放量很大，停车时间较长，因此对停车换乘点的服务要求也更高，不但要保证车辆存取的便利，还要保障停车的安全性。

6.2 乡镇给水排水设施

6.2.1 给水工程设施

目前，乡镇给水工程发展不平衡。以珠江三角洲地区为例，各个行政区域依据自身的需求建设了若干大小水厂，这些水厂规模小，缺乏整合，重复建设现象较为严重，且水源保护不理想，存在排污、纳污等现象，供水水质难以保证。在长江三角洲地区，通过近年来推进区域供水工作，基本实现由城市向乡镇供水或邻近乡镇联合供水，提高给水系统的服务水平，并以自来水替代地下水，有序和有力推进封井规划，至2005年底实现禁采目标，有效地促进了该地区地下水位的回升。而在经济不发达地区的乡镇，不少乡镇居民饮用水还不符合国家饮用水标准，其供水普及率仍处于一个较低的水平。因此，总结经济发达地区乡镇给水工程建设的成功经验，对指导全国乡镇给水工程的建设具有重要的意义。

乡镇给水工程建设是为了经济合理、安全可靠地供给乡镇居民生活用水、生产用水和市政用水，及用以保障人民生命财产的消防用水。乡镇给水应以区域供水规划为指导，建立集约化经营的供水体系，满足城市用水需求，兼顾乡镇和农村。乡镇给水工程的建设包括水厂建设、给水增压泵站建设和给水管网建设。

6.2.1.1 水厂建设

水源地是水厂建设应首先解决的问题。水源是否良好和充足，将直接影响乡镇的可持续发展。在总体思路上，合理利用水资源，开源、节流与保护并重。优先利用水量和水质可靠的地表水源，合理开采使用地下水，促进区域水源结构的调整。根据区域乡镇空间布局规划和经济发展水平，以水资源勘察或分析研究报告和区域、流域水资源规划及区域供水水源开发利用规划为依据，推进水资源的开发与利用的区域统筹规划，促进水资源合理配置。应将乡镇水厂纳入区域供水的统一管理系统，逐步淘汰规模小、设施落后、技术水平低、效益差的小水厂及企业自备水厂。对于水资源不足的乡镇，宜将乡镇污水再生处理后用作工业用水、生活杂用水及河湖环境用水、农业灌溉用水等，其水质应符合相应标准的规定，提高乡镇供水安全和保障水平。

水源地应设在水量、水质有保证和易于实施水源环境保护的地段。水源地的水量既要满足目前的需要，又要适应发展的要求。即使在枯水期也能满足上述要求。水源地水质良好，原水感官性状良好，不含有害化学成分，卫生、安全，生活用水的水源必须满足国家制定生活饮用水卫生标准的规定。饮用水水源地应位于乡镇和工业区的上游。协调饮用水水源与农田灌溉、工业、养殖业等关系，合理利用水资源。当乡镇水源地不符合上述各类标准，且限于条件必须加以利用时，应采取预处理或深度处理等有效措施。水源地的用地应根据给水规模和水源特性、取水方式、调节设施大小等因素确定。

根据乡镇所在区域的具体情况合理选择乡镇供水模式。应根据当地的村镇规划、地形、地质、水源、用水要求、经济条件、技术水平、电源条件综合考虑，进行方案比较后确定。对于乡镇较集中的区域，可实施区域统一供水，统筹规划建设区域性水厂，由区域水厂经管网延伸至乡镇。对于不独自设置水厂的乡镇可视具体要求设置配水厂。对于较为分散或受地形、工程建设投资制约和运行费用不合理的乡镇可实施独立统一供水。

区域水厂的水源地必须予以严格保护，一般可分三级保护区进行保护。一级保护区指取水口周围半径500m内的水域，禁止新建、扩建与供水设施和保护水源无关的建设项目；禁止向水域排放污水，已设置的排污口必须拆除；不得设置与供水需要无关的码头，禁止停靠船舶；禁止堆置和存放工业废渣、城市垃圾、粪便和其他废弃物；禁止设置油库；禁止从事种植、放养禽畜等活动；禁止可能污染水源的旅游活动和其他活动。二级保护区指取水口周围半径500m以外至下游1000m、上游500m的水域，不准新建、扩建向水体排放污染物的建设项目；原有排污口必须废除，保证保护区内水质满足规定的水质标准；禁止设立装卸垃圾、粪便、油类和有毒物品的码头。准保护区（三级保护区）指取水口上游1000m、下游1000~2000m的水域，禁止增加新的污染源，原有排污口必须削减污水排放量。

地表水厂的位置应根据给水系统的布局确定，地下水水厂的位置根据水源地的地点和不同的取水方式确定。一般而言，水厂的位置应接近用水区，特别是最大用水区。当取水地点与用水区距离较近时，可将水厂设在取水构筑物附近。当取水地点与用水区距离较远时，可将水厂设在取水构筑物附近，并在靠近用水区另设配水厂，进行消毒、加压。

地面水水厂的取水构筑物应位于水质较好的地方，且应靠近主流，有足够的水深，有稳定的河床岸边，有良好的工程地质条件，设在居住区和工业区排水口的上游，并应选择在不受洪水威胁的地方。地下水水厂取水构筑物的位置，应位于地质条件良好，不易受污染的富水地段；按照地下水流向，宜设在乡镇的上游地区。

水厂的面积可根据其规模、处理工艺、水厂中所需的构筑物、建筑物的面积确定。不同规模、不同工艺的水厂用地指标，可根据《室外给水排水工程技术经济指标》确定,也可根据《城市给水工程规划规范》(GB 50282—98)确定的指标进行控制,见表6-5。

水厂用地控制指标　　　　　　　表6-5

建设规模(万 m³/d)	地表水水厂($m^2 \cdot d/m^3$)	地下水水厂($m^2 \cdot d/m^3$)
5~10	0.7~0.50	0.40~0.30
10~30	0.50~0.30	0.30~0.20
30~50	0.30~0.10	0.20~0.08

注:① 建设规模大的取下限,建设规模小的取上限;
② 地表水水厂建设用地按常规处理工艺进行,厂内设置预处理或深度处理构筑物以及污泥处理设施时,可根据需要增加用地;
③ 地下水水厂建设用地按消毒工艺进行,厂内设置特殊水质处理工艺时,可根据需要增加用地;
④ 水厂厂区周围应设置宽度不小于10m的绿化地带。

6.2.1.2 给水泵站建设

给水泵站可分为一级泵站、二级泵站、加压泵站。一级泵站又称取水泵站,直接从水源取水,并将净水输送到净水构筑物,或直接输送到配水管网、水塔、水池等构筑物。二级泵站,又称送水泵站,通常设在净水厂内,将清水池中净化了的水,通过水泵站加压后通过管网向用户送水。加压泵站常用于提升输水管中或管网中的压力,多用于地形高差较大,或水平供水距离太远,而将供水管网划分为不同的供水区域而设置的分压或分区给水系统。

给水泵站的建设位置宜靠近用水集中地区,可以节省能源,保证供水水压。由于泵站的调节水池一般占地面积较大,且泵站在运行中可能对周围造成噪声干扰,因此,泵站宜和绿地结合进行建设。若无绿地可利用时,应在泵站周围设置宽度不小于10m的绿化带,既有利于泵站的卫生防护,又可降低泵站的噪声对周围环境的影响。泵站用地应按规划期给水规模确定,其用地控制指标应按表6-6采用。

泵站用地控制指标　　　　　　　　表 6-6

建设规模（万 m^3/d）	用地指标（$m^2 \cdot d/m^3$）
5～10	0.25～0.20
10～30	0.20～0.10
30～50	0.10～0.03

注：① 建设规模大的取下限，建设规模小的取上限；
　　② 加压泵站设有大容量的调节水池时，可根据需要增加用地；
　　③ 本指标未包括站区周围绿化带用地。

6.2.1.3　给水管网建设

给水管网在给水系统中承担输、配水的任务。它是给水系统的重要组成部分，并与其他构筑物（如泵站、水池、水塔）有着密切的联系。给水管网一般由输水管和配水管组成。

输水管线指由水源到水厂及由水厂到配水管的管道，一般不安装用户水管。乡镇输水管线应选择最短线路；应减少拆迁、少占农田；输水管渠的施工、运行、维修方便；应充分利用地形条件，优先考虑重力流输水；应尽量减少穿越铁路、公路、河流等障碍物；应与当地规划结合，考虑近远期结合和分步实施的可能。输水干管一般不宜少于两条，当有安全贮水池或其他安全供水措施时，也可修建一条输水干管。当采用明渠输送原水时，应有可靠的保护水质和防止水量流失的措施。

配水管网指将水送至分配管网以至用户的管系。乡镇配水管网应尽量缩短管线长度并遍布整个供水区，保证用户有足够的水量和水压。配水管网的布置形式，根据乡镇规划、用户分布及用水要求，可分为环状管网和枝状管网。应根据地形条件、水源位置、用户需求和分布状况采取合适的形式。环状管网是配水管网的一种布置形式，管道纵横相互接通，形成许多闭合的环。枝状管网也是配水管网的一种布置形式，干管和支管分明，形成树枝状。乡镇配水管网宜设计成环状。环状管网的每条管道可接受两个方向的水，因此较为安全可靠。环状管网还可降低管网的水头损失，节省动力，管径可稍减少。相比于枝状管网，虽然环状管网管线较长，投资较大，但供水安全可靠。枝状管网管材省、投资少、构造简单，但可靠性较差，各支管末端易造成"死水"，恶化水质。这种管网适用于地形狭长、用水量不大、用户分散的地区，如农村地区。当允许间断供水时，可设计为枝状管网，但应考虑将来有连成环状管网的可能。环状管网和枝状管网可根据情况混合使用。

根据规划期内用水规模，结合现有给水管网布置情况和市政工程建设情况，充分利用现有给水管道，本着远近结合、适度超前的原则，合理布置给水管网。给水管网的干管布置应尽可能地与供水的主要流向一致，使干管服务更多的用户。管线总长度应尽可能地短，以便于施工和维修，使管网造价和运营费用低。要充分利用地形，宜采用重力配水系统，减少经常动力的费用。乡镇生活饮用水的管网，严禁与非生活饮用水的管网、各单位自备的生活饮用水供水系统直接连接。工业企业配水管网的形状，应根据厂区总图布置和供水安全要求等因素确定。乡镇给水管道与建筑物、铁路和其他管道的水平净距，应根据建筑物基础的结构、路面种类、卫生安全、管道埋深、管径、管材、施工条件、管内工作压力、管道上附属构筑物的大小及有关规定等条件确定。

6.2.1.4 节水措施

大力开展节约用水活动，节约农业用水、工业用水和生活用水。积极推广节水新技术、新工艺、新设备，不断提高水资源利用效率，以有限的水资源保障乡镇的持续发展。乡镇非居民用水要实行计划用水和定额管理，居民用水逐步推行阶梯式水价制度，促进节约用水。加速乡镇供水管网的建设和技术改造，积极推广再生水利用技术和节水型用水器具。加速乡镇工业供水管网建设，加强检漏和管网巡检力度，降低供水损失。制定行业用水定额和节水标准，对企业用水实行目标管理和考核，促进企业技术升级和工艺、设备更新。结合农业结构调整和产业化建设，加强综合节水示范园区建设,将再生水作为重要水资源用于农业灌溉。大力推广节水灌溉制度,减少渠道输水损失和田间灌水损失。

6.2.2 污水工程设施

我国大部分乡镇缺乏污水设施,一般多采用雨污合流就近排入附近水体,导致乡镇周边水体受到不同程度的污染。污水工程就是把污水有组织地按一定系统收集起来,并处理到符合排放标准后才排入水体。乡镇污水工程设施的建设包括污水处理厂、污水提升泵站、污水管网的建设。

6.2.2.1 污水处理厂

根据污水的来源和性质,可分为生活污水和工业废水。生活污水指居民在日常生活中排出的废水。生活污水含有大量的有机物,如蛋白质、动植物脂肪、碳水化合物、尿素和氨氮等,因此,这类污水必须经过收集和处理后才可以排入水体、灌溉农田和再次利用。工业废水指生产过程中排出的水,它包括生产废水和生产污水。生产废水指未受污染或受轻微污染以及水温稍有升高的工业废水,通常经过简单处理可以排入水体;生产污水指被污染的工业废水,还包括水温过高,排放后造成热污染的工业废水,这类水体多具有危害性,必须经过适当处理后才能排放和在生产中重复利用。

在一个地区内收集和输送废水的方式称为排水制度。它有合流制和分流制两种基本方式。合流制指用同一种管渠收集和输送污水和雨水的排水方式;分流制指用不同管道分别收集和输送污水和雨水,各自成一个独立的系统。污水管道专门用来排除生活污水和工业废水,雨水管道专门用来排除不经处理的雨水。选择排水制度是乡镇排水工程设施建设首先要解决的问题。排水制度(分流制或合流制)的选择,应根据乡镇和工业企业规划、当地降雨情况和排放标准、原有排水设施、污水处理和利用情况、地形和水体等条件,综合考虑确定。乡镇排水管网一般宜优先选择分流制；对于经济力量较薄弱的乡镇，短期可采用不完全分流制，有条件时过渡到分流制；某些条件适宜或特殊地区的乡镇可采用截流式合流制，并在污水排入系统前采用适当方法进行处理。对于旧镇改造地段、新区建设及工业开发区建设应坚持高起点、高标准，实行雨污分流制。这些乡镇可用管道方式排除污水，可用明渠排除雨水，既能节省投资，施工方便，利于管理，又能满足环境保护的要求。

在确定排水体制的基础上，要合理建设污水处理厂，还要确定污水处理方式。污水处理主要有分散处理、集中处理两种方式。分散处理即分片区建设污水处理厂，独立运营。集中处理是按片把污水通过管道收集，输送到一座污水厂集中处理。相比而言，集中处理方案征用土地较少；规模适度，便于分期实施；可以采用技术先进、易于操作的工艺；吨水造价低，处理费用少；容易按市场机制运作；可以充分利用大水体的环境容量和自净能力，便于整体水环境质量的改善；虽然增加部分管道建设，但总体上经济效益、环境效益、社会效益均优于分散处理，是污水处理的发展趋势。乡镇污水处理应因地制宜地选择处理方法。处于乡镇较集中地区的乡镇宜在区域规划的基础上共建污水处理厂；经济欠发达、不具备建设污水处理厂条件的乡镇，可结合当地具体条件和要求采用简单、低耗、高效的多种污水处理方式，如氧化塘、自然处理系统、一级处理或强化一级处理，以及其他实用的污水处理技术。

污水处理厂的建设应符合乡镇总体规划和排水工程规划的要求。污水处理厂一般建设在乡镇水体的下游，在乡镇夏季最小频率风向的上风侧，与城镇居民点和工业区距离在300m以上，便于污水的自流，又不至于污染城市附近的水面；要有良好的工程地质条件，最好选择有坡度的地区，以满足建筑物和构筑物建设的要求，有效节约工程投资；尽可能地少拆迁，少占农田，有一定的卫生防护距离；保留扩建的余地，为城市发展和污水厂自身发展留有足够的备用地；便于污水、污泥的排放和利用；厂区地形不受水淹，不受洪水的影响，有良好的排水条件；有方便的交通、运输和水电条件。污水处理厂附属建筑物的组成及其面积根据远期的处理量、工艺流程和管理体制结合当地实际情况确定，并作出分期建设的安排。

6.2.2.2 污水提升泵站

污水在收集和排放过程中，由于地形等条件的限制，将低处的污水向高处提升时，应设置泵站。设在管道系统中间的泵站叫做中途泵站，设在系统终点的泵站叫作终点泵站。污水需要压力传输时，应设置压力管道。污水提升泵站应结合地理条件和污水厂选址布置。

6.2.2.3 污水管网

影响污水管网建设位置的因素主要有：地形和水文地质条件；乡镇总体规划和建设时序；排水体制和污水处理方式、污水厂位置、出水口的位置；污水排放量较大工业企业和公共建筑的分布情况；道路横断面；其他地下管线及地下建筑物、障碍物等。污水管网在建设时，要充分利用有利条件，综合考虑以上因素的影响进行确定。污水管网的建设，要尽量用较短的管线、较小的埋深，把最大排水面积上的污水送到污水处理厂和水体。污水管网按其功能与位置关系，分为主干管、干管和支管。主干管、干管是污水管网建设的主体，其布置的合理性直接影响整个系统的合理性。污水主干管、干管走向取决于污水厂和出水口的位置，一般分布在排水区域的地势较低地带，沿乡镇主要道路布置，通常设在地下管线较少的人行道、绿化带或慢车道下。污水支管主要取决于周边地形和建筑的分布情况，起到联系干管和用户管道的作用。按市政管道为小区服务、预留接口到小区的要求布置污水支管。管线布置应简洁，避免布置流向小、长度大的管道。

在污水管网建设时，管道基础应根据地质条件确定，对地基松软或不均匀沉降地段，管道基础或地基应采取加固措施，管道接口应采用柔性接口。管顶最小覆土厚度应根据外部荷载，管材强度和土的冰冻情况等条件,结合当地埋管经验确定。在车行道下,一般不宜小于0.7m。

按河道功能划定水环境质量标准,划定纳污河段,制定河道管理细则,从严处理造成河道污染的单位和个人。污水管道出水口的位置、形式和出口流速,应根据排水水质、下游用水、水体的流量和水位变化幅度、稀释和自净能力、水流方向、波浪状况、地形变迁和气象等因素确定。出水口应采取防冲、消能、加固等措施;当伸入河道时,应设置标志。有冻胀影响地区的出水口,应考虑用耐冻胀材料砌筑,出水口的基础必须设置在冰冻线以下。

污水管道与其他地下管道和建筑物、构筑物等相互间的位置,应保证在敷设和检修管道时,不互相影响;污水管道损坏时,不应影响附近建筑物、构筑物的基础或污染生活饮用水;污水管道宜与道路中心线平行敷设,并宜尽量设在快车道以外。污水管道、合流管道与生活给水管道相交时,应敷设在生活给水管道下面。污水管道与其他地下管线(或构筑物)的水平和垂直最小净距,应根据两者的类型、高程、施工先后和管线损坏的后果等因素,按当地城市或工业企业管道综合设计确定。

6.2.3 雨水工程设施

雨水工程设施主要服务于降水的排除。降水指雨水或雪、雹等融化水。雨水一般比较清洁,但径流量大,若不及时排除,则会影响居住区、工业区等遭受水淹,交通受阻。虽然初降雨水含有一定的污染物质,但一般不经处理,可直接排入水体。因此,雨水工程特别要重视暴雨的及时排除。

雨水与污水的排水体制有分流制、合流制两种形式。雨水如果与污水一起输送到污水处理厂处理后再排放,会增加污水处理厂的投资费用和运营费用,一般不予提倡。如采取截流式的合流制,在临河岸边建设一条截流干管,在截流干管的下游建设污水处理厂。晴天和初降雨水送至污水处理厂处理后排放,当混合水量超过截流干管的输水能力后,部分混合污水经溢流井溢出,直接进入水体。可见,截流式的合流制在暴雨时仍会对环境构成污染。因此,建议乡镇的排水体制采取分流制,建立独立的雨水系统。

雨水系统用来收集屋面和地面的雨水,并将其就近排入水体。雨水系统包括道路下管道系统、雨水泵站及压力管、出水口以及各地块的雨水系统。雨水管道系统应充分利用地形划分排水区域,再根据河道或水环境规划确定的排水河道,确定管道的排水方向、坡度,以达到就近排入水体的要求,减少大管径管道使用量和开挖深度;应充分利用地形,尽量避免设置雨水泵站,以减少运营成本,不得已的情况下要把雨水径流量降低到最小;简捷顺直,不绕弯道,节约干管长度;雨水工程设施要结合乡镇竖向规划布置,达到管线最短、管径最小、覆土厚度最小和就近排入水体的要求。雨水干管尽量布置在主、次干路下,防止因道路的调整而影响雨水干管的实施及雨水排河。在低山丘陵区,雨水管道依地形高差建设;在平原地区,雨水管道坡度一般在 0.5‰~5.0‰,管径大时坡度相对较小,管径小时坡度相对较大。一般情况下,根据城市地质及施工条件,干管起点覆土控制在 1.0m 左右,终端管顶控制在常水位左右,见表 6-7。

雨水管道长度、汇水面积和管径的控制参数值 表 6-7

排水管长 L (m)	200	400	650	900
汇水面积 F (hm^2)	2.5	5.0	7.5	10.0
管径 d (mm)	d600	d800	d1000	d1200

雨水口的形式、数量和布置,应按汇水面积所产生的流量、雨水口的泄水能力及道路形式确定。道路中雨水口间距宜为 25~50m,坡段较短时可在最低点处集中收水。对于低洼和易积水地段,应根据需要适当增加雨水口。雨水口深度不宜大于 1m,并根据需要设置沉泥槽。遇特殊情况需要浅埋时,应采取加固措施。有冻胀影响地区的雨水口深度,可根据当地经验确定。

6.3 乡镇电力通信设施

6.3.1 电力工程设施

能源是经济增长的动力,能源消耗的总量及其结构直接影响着环境质量。随着技术的进步和新型工业化战略的实施,我国的能源利用效率将进一步提高。因此,应以环境保护目标要求为中心,兼顾经济合理性,逐步采用优质能源替代燃煤,大力引进和发展清洁能源。电力是经济、方便、清洁的能源,在国民经济中,越来越多的能源需要以电力形式供应。我国已初步确立以大型高效机组为重点,优化发展煤电,在保护生态基础上有序开发水电,积极发展核电的思路,这将为城乡经济发展奠定良好的基础。要更好地服务乡镇工业用电、农业用电、市政用电和生活用电,必须高度重视电力工程设施的建设,主要包括电源、电力网的建设。

6.3.1.1 电源

乡镇电源一般分为发电厂和变电所两种基本类型。发电厂主要有火力发电、水力发电,另外还有风力发电、热核发电、太阳能发电和地下热能发电。变电所包括变压变电所和变流变电所。

发电厂的建设应以县(市)域供电规划为依据,符合发电厂建设条件和接近负荷中心等要求。发电厂离负荷太远,路线很长,会增加投资,而且输电线路中电压损耗也大。其建设位置的选择,必须满足地形、地质、水文、运输、供水、排灰、卫生等的一般要求。电源的建设方式一般采取集中和分散相结合的方式进行。乡镇的供电电源,在条件许可时应优先选择区域电力系统供电,对规划期内区域电力系统不能经济、合理供电的乡镇,应充分利用本地区的能源条件,因地制宜地采用水力、太阳能、风力、潮汐等发电方式,建设适宜规模的发电厂(站)作为供电电源。

有些乡镇靠近区域电力系统的大电网,不需要或者没有条件建设自己的发电厂,或者发电厂容量不足,必须由外地输入电力。这种形式输电距离远,电压等级比较高,到达本地区后要降压分配给用户使用,因此需要建设变电所。乡镇变电所的建设应以县(市)域供电规划为依据,符合变电所建设条件和接近负荷中心等要求。在位置的选择上,应便于进出线的布置,交通方便,并尽量靠近负荷中心或网络中心;应尽量节约用地,其占地面积应考虑最终规模要求;避开易燃易爆及严重污染地区;应满足防洪、抗震的要求;靠近乡镇和道路时,应留有一定的间隔。区域性的变电所不易设在乡镇的中心部位。变电所的建设要避免对周边环境、公用通信设施的干扰。变电所的建筑物设计应与环境协调,并适当提高建筑标准。

6.3.1.2 电力网

小城镇电力网结构主要包括发电厂、变电所、开关站、配电站和电力线路布置和接线方式。电力网是一个整体,为适应用电负荷增长、减少重复投资和节约能源的需要,电力网应分区分层布置,避免重叠、交错。乡镇电压分为4个层次:输电电压为500、220kV,高压配电电压为110kV,中压配电电压为10kV,低压配电电压为380V和220V。限制发展35kV电压等级公用变,可考虑35kV电压等级的用户变。选用电压等级时,应尽量避免重复降压。现有的非标准电压应限制发展,合理利用,并分期分批进行改造。各级电压电网的接线应标准化,高压配电网接线力求简化,下一级电网应能支持上一级电网。电力网供电安全方面,110kV及以上电网达到N-1要求,110kV以下电网对重要地区达到N-1要求,重要客户可达到N-2要求。

在区域电力系统的大电网建设方面,优先建设以500kV变电站和主力电厂为电源支撑的220kV主网架。新建220kV变电站一般采用3×18万kVA主变,主接线一般采用双母线,个别终端变电站采用线变组。110kV网架以220kV变电站为电源。新建110kV变电所一般采用3台4万kVA或5万kVA主变压器。10kV中压配电网络的电源主要来自110kV变电所和部分220kV

变电所直降。变电所一般应有不少于30%公共出线与其他变电站联络，且相联络的线路不少于2回。

乡镇电力线路分为架空线路和地下电缆两类。架空线路具有造价低、投资省、施工简单、建设周期短、维护方便等优点，但占地较多、易受破坏、对景观影响较大。地下电缆一般直接埋设在地下，或敷设在专门的电缆沟内，运行安全可靠，受外界破坏性较小，对景观影响小。220kV及以上的送电线路和变电所，是区域电力系统的组成部分，又是乡镇的电源，可靠性要求高，一般采取架空线路。35kV及以上高压架空电力线路应规划专用通道走廊，并加以保护。乡镇架空电力线路应根据乡镇地形、地貌特点和道路网规划，沿道路、河渠、绿化带架设。为美化市容、提高空间利用率，镇区内的电力架空线路提倡"一杆多用"，中、低压架空电力线路可同杆架设。为解决通道拥挤和树线矛盾，提高供电可靠性，上述地区10kV架空线路宜采用绝缘导线。乡镇10kV配网一般采用架空和电缆埋地相结合建设方式。中心繁华地段、主干路、景观要求较高的地段、重点风景旅游区宜以地下电缆为主。电缆线路应避开规划中建筑工程需要开挖的地方，尽量避开和减少地下穿越的管道公路、铁路和通信电缆。市区电缆线路路径应与城市其他地下管线统一安排。通道的宽度、深度应考虑远期发展的要求。路径选择应考虑安全、可行、维护便利及节省投资等条件。沿街道的电缆隧道人孔及通风口等的设置应与环境相协调，有条件时应与市政建设协调建设综合管道。

6.3.2 通信工程设施

通信工程是乡镇公用设施中不可缺少的组成部分，主要用来传送信息。它直接为乡镇工农业生产和人民生活服务。任何一个通信工程系统，不论是有线通信系统，还是无线通信系统，均包括发送设备、传输线路和接收设备。根据功能的不同，通信系统可分为电信、邮政、广播、电视等。电信工程设施的建设包括电信局所建设、电缆管道建设。

6.3.2.1 电信局所

电信局所是电信线路网络中重要组成部分之一。目前，随着电信市场的开放，乡镇电信市场也面临中国电信、中国移动、中国联通、中国网通、中国铁通、中国卫通等多个电信运营商提供服务。因此，电信局所的建设原则上应以国家政策为指导，创造公平、公正的竞争环境，引导电信行业中各运营商的有序合理竞争。

电信局所的建设位置选择必须符合服务方便、环境安全、技术合理、经济实用的原则。电信局所宜靠近上一级电信局所来线一侧布置；应设在电信用户密度中心，是线路建设费用和线路材料用量最少；应设在环境安全、交通方便，符合建设条件的地段。局所应避免附近有较大振动和噪声，周围空气中粉尘含量不易过高，离110kV或以上电压等级的变电所不宜太近。电信局所的建设应与乡镇总体规划相协调，避免在居民密集的地区和周边存在高层建筑的地区建设。

6.3.2.2 电缆管道

依据乡镇性质、规模、社会经济发展水平，结合乡镇用地布局和道路交通网络规划，以及相关景观规划，在用户线路网和中继线路网优化的基础上，选择电信线路路由，并因地制宜地提出经济、合理、安全的通信线路敷设方式。电信线路主要有架空线和地下管道两种类型。电信线路尽可能采用通信电缆穿排管沿道路埋地敷设。

电缆管道网络建设遵循"先进性、统一性、完整性"的原则，进行统一规划，分期分批敷设，为各通信运营公司形成竞争有序、资源配置有效合理、网络互联互通的通信运营环境。电缆管道在建设时，应符合下列规定：通信设施相对集中布局，管网共建共享，利于土地集约化和地下空间资源合理使用；应避开易受洪水淹没、河岸塌陷、土坡塌方以及有严重污染的地区；应便于架设、巡察和检修；宜设在电力线走向的道路另一侧。乡镇的广播、电视线路路由宜与电信线路路由统筹规划，并可同杆、同管道敷设。

电缆管道主要有混凝土管、钢管、铸铁管和塑料管（硬聚氯乙烯管）。塑料管具有重量轻、便于施工、防水性能好、内壁光滑、耐腐蚀以及较好的柔性和可塑性等特点，其价格也比钢管和铸铁管的价格便宜，在实际工程中应用较多。在地下障碍物复杂、埋深低于地下水位、施工期限要求急迫时比较适用。为了降低成本，减少占地面积和土石方开挖量以及便于运输，塑料管的孔径可适当缩小。管孔数应符合管道段落终期的发展需要，原则上按一条电缆一个管孔考虑。在通常情况下，管道网络所需要的全部管孔宜一次建成，如进局管道或施工困难的段落，可以按一步到位的要求进行建设。管道的埋深与荷载大小、地下水位的高低、冰冻层的厚度、管道坡度、其他地下管线有关，一般应予以综合考虑。管道荷载小，其埋深可以浅些；与周边建筑距离较近时，其埋深可以浅些；管道进入人孔的位置，应有利于施工和维护；管道的材料强度和建筑方式不同，其埋深也可不一样；道路改扩建时，应不影响管道的最小埋深；在处理与其他地下管线互相穿越时，可以变化管道的断面高度，以达到最小埋深和避免干扰其他地下管线的要求。

6.4 乡镇燃气供热设施

燃气是一种清洁、优质、使用方便的能源，符合国家关于构筑稳定、经济、清洁的能源供应体系的要求。乡镇燃气供应系统由气源、输配管网组成。乡镇燃气设施建设主要包括气源建设和输配管网建设。

6.4.1 乡镇燃气设施建设

6.4.1.1 气源

我国小城镇的燃气气源可分为三类，第一类为液化石油气，其供应方式灵活，可以以汽化管道供应，也可以瓶装供应。第二类为天然气，由靠近的周边城市延伸至乡镇，为乡镇居民服务。第三类为农村沼气，是一种比较适合农村特点的清洁能源。乡镇燃气建设要坚持"多种气源、多种途径、因地制宜、合理利用"的方针，根据本地区燃料资源条件，利用技术可靠、经济合理的气源，确定合理的燃气气源方向和气源结构，以获得较好的社会、经济与环境效益。对于有天然气来源的乡镇，宜优先采用管道天然气或压缩天然气（CNG）供气系统；对有液化天然气（LNG）来源的地区，宜采用分布式卫星厂供气系统；对有液化石油气（LPG）来源的地区，宜采用瓶装或管道液化石油气供气系统。暂时不具备条件的乡镇，应根据当地资源和经济状况优先选择技术可行、经济合理、符合安全要求的燃气气源种类和供应方式。

乡镇燃气的供气原则是：应优先发展居民用户，提高民用燃气普及率，适当发展公共事业用户，合理发展高、精、尖工业和生产工艺必须使用燃气且节能显著的工业企业，鼓励工业生产使用天然气作为原料，积极开发并充分利用天然气，增加燃气用量，扩大燃气使用领域。乡镇燃气应优质优用，原则上不供给采暖锅炉。

乡镇燃气建设要在乡镇总体规划的指导下，结合当地资源开发利用的可能性以及技术经济分析等调查研究工作，在定性、定量分析的基础上，确定气源建设方案，乡镇燃气气源由燃气厂（站）供应，乡镇燃气厂（站）的建设位置，必须符合乡镇总体规划、消防安全等要求。

乡镇燃气厂（站）应根据当地资源，财力和物力的可能性，贯彻多种气源、多种途径、因地制宜、合理利用能源的发展方针，合理利用各类燃气进行建设。燃气厂（站）应尽量少占或不占农田；在满足环境保护和防火安全的情况下，应尽量靠近负荷中心；应位于乡镇的下风向，避免对乡镇带来污染；工程地质条件良好；应避开油库、交通枢纽、机场等重要战略设施。

乡镇燃气设施的新建、改建、扩建工程和大型技术改造工程，都必须进行可行性研究，列入国家或地方的基本建设计划，严格执行基本建设程序。其"三废"的治理工程，必须落实同时设计、同时施工、同时投产的规定，严格执行国家制定的工业"三废"排放标准。

6.4.1.2 输配系统

输配系统由气源到用户之间的一系列燃气输送和分配设施组成，包括燃气管网、储配库（站）和调压室。乡镇燃气输配系统规划的供气规模，应以能源结构发展规划和气源规划确定的气源能力为依据。

燃气管网分为单级系统、两级系统、三级系统和多级系统。单级系统指只用一个压力等级来输送、分配和供应的管网系统，其运输能力有限，仅适用于规模较小的乡镇。两级系统指采用两个压力等级（中低压）来输送、分配和供应的管网系统，包括中压系统、低压系统。三级系统指采用高压、中压、低压三个等级来输送、分配和供应的管网系统，一般不适用于乡镇燃气输配。目前随着区域燃气供应网络的一体化建设，乡镇管网系统多采用两级系统。中压系统由周边的中心城市至乡镇采取中压环网，在乡镇内部多采用低压网络。

燃气管网的建设应满足使用上的要求，要保证安全、可靠地为各类用户供应具有正常压力、足够数量的燃气。管网建设按压力高低，先布置高、中压管线，后布置低压管线。高、中压管线应尽可能地接近大型用户，主干管应布置成环状，低压管线最好沿居住区内部道路敷设。燃气管网应避开乡镇繁华地段和交通性道路。燃气管网的走向应符合乡镇道路长远规划的要求，尽量避免在道路可用期限内开挖改建或重建。燃气管网应尽量不穿越公路、铁路、航道和其他大型构筑物，必须穿越时，应采取一定的防护措施。燃气管道不允许敷设在建筑物下面，不能与其他管道上下平行布置。任何单位和个人严禁在燃气管道及设施上修筑建筑物、构筑物和堆放物品。

调压室是起调节压力和稳定作用的设施。根据使用性质、调压作用和建筑形式的不同，调压室分为区域调压室、用户调压室和专用调压室，按压力分为高中压调压室、高低压调压室和中低压调压室，按建筑形式分为地上调压室、地下调压室和露天调压室。乡镇燃气调压室在建设时，应力求接近负荷中心，或靠近大型用户；应尽可能地避开繁华地段；要躲开明火；对于中低压调压室，其作用半径一般约为1~3km。调压室可设在广场、绿化带内。调压室为防火建筑，与周围建筑应有一定的安全距离。

6.4.2 乡镇集中供热设施

乡镇集中供热是指在镇区或镇域利用集中热源向工厂、民用建筑供应热能的一种供热方式。乡镇供热系统由热源、供热管网和热用户三部分组成。热源、供热管网和热用户要统一规划、统筹安排、同步建设，尽早发挥其经济效益和社会效益。由于集中供热符合节能、节地、节材的要求，提高了供热质量，并减少了大气污染，具有投资总量低等优点，能收到经济和社会等综合的最优效益，我国的乡镇应鼓励发展集中供热。乡镇集中供热设施建设包括热源建设、供热管网建设。城市供热的热源、热力网等工程，必须进行可行性研究，列入国家和地方的基本建设计划。

6.4.2.1 热源

热源包括热电厂、锅炉房、工业余热、地热等几种集中供热方式。乡镇应从实际出发，因地制宜地开发利用多种热源。对于位于经济发达地区城市周边的乡镇，可结合城市的热电厂（站）作为自己的主要供热热源，并辅以区域锅炉房集中供热。对于一般的经济欠发达地区、边远地区的乡镇，可根据乡镇的规模和特点，开发利用其他热源分散供热。鼓励开发利用太阳能、风能、生物质能、地热等新能源技术。

热电厂是热源建设的主要形式。热电厂的建设应根据乡镇临近的中心城市总体规划确定，应接近热负荷中心，提高供热的有效性；靠近交通条件便捷的地区，以保证燃料供应；要有良好的供水条件；要妥善解决排灰问题，将灰渣综合利用；应减少对乡镇的不利影响；应节约用地，尽可能少占或不占农田。

6.4.2.2 供热管网

热源至热用户的室外供热管道及其附件称为供热管网，也称之为热力网。供热管网的布置形式一般有3种形式。枝状或辐射状的管网比较简单，造价较低，运行方便，其管径可随着与热源的距离增加而逐步减少，缺点是可靠性差。环状和网状管网具备供热的可能性，但管径比枝状或辐射状的大，消耗钢材多，造价较高。由于枝状管网只要设计和安装合理，正确操作，一般都能无故障运行，因此，乡镇供热管网多采用枝状管网形式。虽然如此，由于管网布置形式不仅直接影响工程的投资，还影响管网系统运行水力情况的稳定性，因此应慎重抉择。

供热管网总体的建设原则是经济上合理，技术上可靠。主干管应力求短直，尽量靠近大型用户和热负荷较为集中的地区，避免长距离穿越无热负荷的地区。供热管道要避开主要道路和繁华街道，布置于道路车行道以外的地方，与铁路、公路保持适当的距离。穿越河流或大型河道时，可随桥梁架设或单独架设，也可采用倒虹吸由河床底部通过。供热管网与其他市政管网、构筑物等应协调布置，相互之间的距离应保证运行安全和施工、检修、维护的方便。

供热管网有架空敷设和地下敷设两种方式。架空敷设是将管道在地面上的独立支架或带纵梁的桁架上以及建筑物的墙壁上。架空敷设的供热管道安装高度，在人行地区，不应低于2.5m；通行车辆地区，不应低于4.5m；跨越铁路，距轨顶不应低于6m。当供热管网经过地形比较复杂或铁路线路密集的地区，地质条件不良，沉降量较大的地区，以及地下水位距地面小于1.5m的地区，建议首先考虑采用架空敷设形式。地下敷设分为无沟敷设和有沟敷设两类。无沟敷设直接将供热管道埋入地下，由于保温结构起到保温和承载两个作用，是最经济的一种敷设方式。无沟敷设适用于地下水位较低、土质沉降较小、土壤腐蚀性较小、渗透性较好的地区。

6.5 乡镇环卫设施

乡镇固体废物包括生活垃圾、建筑垃圾、工业固体废物、危险固体废物等。乡镇环卫设施的建设应根据乡镇的实际情况确定垃圾处理方式，以减量化优先、资源化为本、无害化处置、市场化运作，采用综合利用、焚烧、生化处理等形式，推动固体废弃物的"三化"（减量化、资源化、无害化）进程。乡镇环境卫生设施包括了公共厕所、化粪池、粪便蓄运站、废物箱、垃圾容器（垃圾压缩站）、垃圾转运站（垃圾码头）、卫生填埋场（堆肥厂）、环境卫生专用车辆配置及车辆通道和环境卫生基地建设等方面的建设要求。

一般来说，根据乡镇社会经济发展的特点，乡镇环卫设施建设的重点是乡镇垃圾的收集、清运、处理、处置和利用，同时也应对在乡镇中产生的工业固体废弃物进行收运和处理。在乡镇垃圾的收集、清运、处理、处置和利用过程中，涉及的环卫设施主要有：废物箱、垃圾箱、垃圾转运站、垃圾填埋场等。粪便也是乡镇主要的固体废弃物，由于其面广量大，对乡镇环境影响很大。粪便的收集、清运、处理和处置利用是乡镇环卫工程建设中的重要内容。

乡镇垃圾收集方式主要以定点收集方式为主，其他收集方式（如定时收集、特殊收集和分类收集）应根据乡镇具体情况确定。乡镇镇区中的广场、车站、码头、市场、主要干道等公共活动区域和住宅区应设置公共厕所和废物箱。公共厕所、废物箱等环卫设施的规划建设可参考《城市环境卫生设置标准》进行。

乡镇应高度重视防止和减少垃圾的产生。要限制过度包装，鼓励净菜上市，减少一次性消费品的使用，减少垃圾的产生。鼓励开展对废纸、废金属、废电池、废玻璃、废塑料等的回收利用，逐步建立和完善废弃物回收网络。

乡镇应逐步建立完善的垃圾收集、清运和处理体系，避免不同环节对环境造成二次污染。禁止生活垃圾随意倾倒和无控制堆放。严禁向江河湖海倾倒垃圾，防止水体污染。医疗垃圾和其他有毒、有害废弃物，应建立独立的收集、运输和处理系统或运至专门的处理中心，严禁其进入生活垃圾。工业垃圾的处理视乡镇企业的发展和工业垃圾的特点，优先选择资源化处理方式，也可采用无害化处理或其他处理方式。防止工业垃圾和建筑垃圾进入生活垃圾。

6.6　乡镇综合防灾设施

随着社会的快速发展，乡镇防灾减灾工作的重要性已提升到一个非常的高度。乡镇的防灾减灾应遵循"预防为主、防治结合"的方针，执行国家现行有关地震、火、风、洪水、地质灾害等不同灾种设防标准。乡镇的防灾减灾应与乡镇总体规划以及各专项规划相协调，以保障乡镇安全。乡镇的防灾减灾措施应因地制宜，根据当地的实际情况，综合分析地形地貌、水文与工程地质、气象等自然条件，合理确定设防标准和对策。大中城市规划区范围内郊区建制镇的防灾减灾应纳入城市防灾减灾同步建设。较集中分布或连绵分布的乡镇的防灾减灾规划可统筹考虑，资源共享。分散乡镇的防灾减灾措施可以结合乡镇及周围农村的实际情况共同考虑。乡镇防灾减灾措施包括防洪排涝、消防、人防和抗震防灾的建设。

6.6.1　防洪排涝

乡镇防洪排涝工程建设首先要解决的问题就是确定防洪标准。根据《防洪标准》(GB 50201—94)，各类防护对象的防洪标准，应根据防洪安全的要求，并考虑经济、政治、社会、环境等因素，综合论证确定。乡镇防洪标准应服从所在地区江河流域的总体要求，不应孤立地根据单个乡镇来确定。当防护区内有两种以上的防护对象，又不能分别进行防护时，该防护区的防洪标准，应按防护区和主要防护对象两者要求的防洪标准中较高者确定。

按照不同的防洪特点和防洪要求，因地制宜地制定乡镇的防洪工程规划和防洪措施。位于江河湖泊沿岸的乡镇防洪规划，上游应以蓄水分洪为主；中游应加固堤防，以防为主；下游应增强河道的排泄能力，以排为主。位于河网地区的乡镇防洪规划，根据镇区被河网分割的情况，防洪工程宜采取分片封闭形式，镇区与外部江河湖泊相通的主河道应设防洪闸控制水位。位于山洪区的乡镇防洪规划，宜按水流形态和沟槽发育规律对山洪沟进行分段治理，山洪沟上游的集水坡地治理应以水土保持措施为主，中游沟应以小型拦蓄工程为主。沿海乡镇防洪规划，以堤防防洪为主，同时应做出风暴潮、海啸及海浪的防治对策。位于河口的沿海乡镇要分析研究河洪水位、天文潮位及风暴潮增高水位的最不利组合。沿江、河、湖洪水重灾区乡镇应采取异地主动防洪，并应按照"平垸行洪、退田还湖、移民建镇"的防洪抗灾指导原则考虑。对地震区的乡镇，防洪规划要充分估计地震对防洪工程的影响。

防洪建筑物的最高级别为主要的永久性建筑物，指失事后使城镇遭受严重灾害并造成重大经济损失的建筑物，包括堤防和防洪闸。堤防包括防洪堤和防洪墙。防洪堤可采用土堤、土石混合堤或石堤。堤顶宽度应满足堤身稳定和防洪抢险的要求，但不宜小于4m。当堤身高度大于6m时，宜在背水坡设置戗道（马道），其宽度不小于2m。土堤迎水坡应采用护坡防护，护坡形式有干砌石、浆砌石、混凝土和钢筋混凝土板等。迎水面水流流速大、风浪冲击力强的堤段，宜采用石堤或土石堤。防洪墙应采用钢筋混凝土结构，高度不大时，可采用混凝土或浆砌石防洪墙。防洪闸指城市防洪工程中的挡洪闸、分洪闸、排洪闸和挡潮闸等。闸址应选择在天然地基地质情况良好，水流流态平顺，河床、岸坡稳定的河段。

6.6.2 消防

乡镇的消防设施与能力建设，应依据乡镇的规模、性质、类型、地理区域位置等因素，遵循"因地制宜、经济实用、不拘一格"的原则进行。乡镇消防安全布局和消防站、消防给水、消防车通道、消防通信等公共消防设施，应当纳入乡镇总体规划，与其他基础设施统一规划、统一设计、统一建设。消防站规划布局应以接警后消防车能在5分钟内到达责任区边缘最远点为原则。随着乡镇道路的完善，责任区面积可适当扩大，有的地区能达到9km^2。根据责任区内火灾危险性的大小分别布置特勤、标准、小型三级消防站。消防站应选择在责任区交通便利，消防车迅速出动的位置，应临近主、次干道两侧或靠近主次干道交叉口附近，尽量远离人员密集的公共建筑和场所，距公共建筑和场所不应小于50m，距生产、储存易燃易爆物品的单位不应小于200m，并设在其上风或侧风方向。

在乡镇总体规划中，必须将生产、储存易燃易爆化学物品的工厂、仓库布置在乡镇边缘的安全地区，并与人员密集的公共建筑保持规定的防火安全距离。应合理选择液化石油气供应站的瓶库、汽车及大型拖拉机库、汽车加油站和煤气（天然气）调压站的位置，并采取有效的消防措施，确保安全。乡镇各种建筑之间要有足够的防火间距，防止火灾蔓延。

乡镇应根据具体条件，建设消防、生产、生活合一的供水管网系统。消防给水管一般与市政给水管网共用，以环状为主，对于火灾危险性小，灭火用水量少的个别地段，可采用枝状管网。市政主、次干路消火栓间距不大于120m，道路超过60m宽时应在道路两侧每隔120m布置，每只消火栓的保护半径不大于150m。没有管网供水系统的乡镇，可以充分利用江河、湖泊、水塘等天然水源为消防供水，并修建通向天然水源的消防车通道和取水设施。

乡镇内应合理规划建设和改造消防车通道。各小区应有2~3个出入口与主、次干路相连，以防道路受阻而影响消防车通行。消防通道宽度单车道不小于3.5m，双车道不小于7m，转弯半径不小于9m。居住区尽端路长度不宜超过120m，应设12m×12m回转场地。道路上空管架等构筑物，净高不小于4.5m。消防道路下埋设管道和暗沟、桥梁等应满足大型消防车动、静荷载。工厂、仓储、大型建筑应设环形消防车道，居住小区道路设计必须满足各种消防车辆通行要求。有河流、铁路通过的乡镇，应当采取增设桥梁等措施，保证消防车道的畅通。

6.6.3 人防

贯彻"长期准备，平战结合，重点建设"的方针，充分考虑人防建设现状，根据城市发展的要求，将人防建设与城市建设同步进行。应贯彻"平战结合、统筹兼顾、因地制宜、注重实效"的原则。从整体上增强城市的战时防护能力，并使人防更好地为和平时期的城市建设和经济建设服务。

人防工程以防空片区为单元，结合建设时序，重点布局乡镇中心区、居住区，以人员掩蔽为主。建设指挥工程、医疗救护工程、防空专业队工程、人员掩蔽工程和配套工程，构成各防空空间既紧密联系，又相互独立的初步配套的人防工程体系。

重视乡镇的地下空间开发，并与人防工程建设相结合。地下空间具有较强的综合防护能力，只有合理利用业务空间、商业服务空间、文娱体育空间、交通空间、公共设施空间、工业空间、贮存空间、防灾防护空间，才能充分发挥城市平时防灾，战时防空的双重功能。

积极实施"平时谁投资，谁使用，谁受益"的政策，鼓励和支持以合资、独资、租赁、使用权有偿转让等多种形式进行人防工程建设，形成多层次、多渠道、多元化的建设格局。人防工程建设项目的设计、施工和监理及城市新建民用建筑修建防空地下室或缴纳易地建设员的标准等管理方法均遵照有关条例执行。

6.6.4 抗震防灾

乡镇新建、改建、扩建工程必须根据抗震设防标准进行抗震设防，不符合抗震设防标准的工程不得进行建设。建设工程必须按照抗震设防要求和抗震设计规范进行抗震设计，并按照抗震设计进行施工。乡镇建设中的公共建筑、统建的住宅及乡镇企业的生产、办公用房，必须进行抗震设防；其他建设工程应根据当地经济发展水平，按照因地制宜、就地取材的原则，采取抗震措施，提高房屋的抗震能力。

乡镇生命线工程及易发地质灾害的不稳定斜坡防护工程应按当地基本烈度提高一级设防，特别要确保交通、通信畅通。

新建工程（包括扩建、改建工程）必须按设防标准进行抗震设防，未设防的工程不得建造。乡镇未经抗震设防的房屋、工程设施和设备，应按现行的抗震鉴定标准和加固技术规程进行鉴定和加固，以达到应有的抗震能力。

对地震可能引起的火灾、水灾、山体滑坡、放射性污染、疫情等次生灾害源，应当采取相应的防范措施。

乡镇居民生活区规划布局应满足避震疏散要求，要本着就近、安全、方便和无次生灾害源威胁的原则划定避震场地。组织避震疏散时，要有临时疏散、紧急疏散和震时疏散三种疏散方式的场地、策略和方法。主要道路作为震时疏散通道，因此避震疏散道路两侧房屋，应特别对高度和道路中心线距离给以限制，以保证大震时主要道路有双车道，街坊道路有单车道的交通抢险道路。灾害地区的建筑物应在建筑体型、结构造型、建筑材料和构造节点等方面采取相应技术措施，尽量避免建筑物倒塌破坏。

第7章 乡镇景观与生态建设

7.1 乡镇景观与绿化建设

景观与绿化是乡镇建设的重要组成部分,它与人的生活密切相关,两者存在着相互影响的作用:人的主观意愿引导景观与绿化的建设和发展,并对已存在的环境施加影响力;景观和绿化又同时向人们传达着丰富的信息,支持人的活动,带给人们充满生机的生活环境。乡镇景观与绿化与当地的自然条件、区域环境、人口密度和经济发展状况等因素紧密关联。

乡镇景观绿化不同于城市,城市景观绿化是由密集的建筑物、构筑物、街道广场等元素构成的,以人工环境为主体,自然景观匮乏。而乡镇的景观绿化系统,由于其亲近自然的特点,具有丰富的自然资源,如山体、水系、森林、地方性植被等,更能表达生态的景观绿化概念。

7.1.1 乡镇景观与绿化的特征

景观绿化具有生态、休闲、防灾、美化、调整乡镇布局等方面的功能。人们通过在乡镇景观绿化的建设,以期达到改善乡镇生态环境、美化人居环境等目的。景观与绿化同居住、商业、交通等乡镇物质要素一样,其设计和建设不仅决定着乡镇人居环境的品质,而且切实关系到乡镇群众的身心健康。因此,重视乡镇景观和绿化建设对保持乡镇的和谐、健康、生态发展有不容忽视的意义。

乡镇景观与绿化在构成、作用、规划和建设方面都具有自身的特点。发挥其优势,弥补其不足,是乡镇景观绿化建设中应该把握的重点。我国乡镇景观与绿化的具体特征主要体现在以下几个方面:

1) 乡镇绿化与景观建设,总体上起步晚、水平低、质量差、管理落后,缺乏公共绿地,不适应经济的发展和小康生活的需求,亟待改善和提高。

2) 乡镇绿化与景观和广大乡村的大环境绿地联系较为密切,自然资源丰富,所以发展的潜力和余地较大。但由于缺乏合理设计和规划,往往呈现类型单一、缺乏联系、难成系统的局面。

3) 乡镇绿化与景观更加突出其农业化的生产生活方式,与浓郁的民俗风情、宗教信仰、亲密的邻里关系、较低的建筑密度和狭窄的街道空间等具体因素相关联。给乡镇景观绿化的建设带来限制,也为其特色的营造创造机会,浙江乌镇石拱桥如图7-1。

图7-1 浙江乌镇石拱桥

7.1.2 乡镇景观绿地的分类

乡镇景观绿地的分类,目前尚无统一标准,根据其使用性质、规模大小、所处位置以及参考乡镇绿地规划中的分类,大致将乡镇景观绿地分为公共景观绿地、附属景观绿地、防护景观绿地、生产景观绿地和绿色空间控制区,如表7-1所示。

乡镇景观绿地分类表　　　　表7-1

序号	类　型	内容和特征	备　注
1	公共景观绿地	乡镇中向公众开放的景观绿地,包括其范围内的水域等	列入乡镇公共绿地,参加乡镇总体规划用地平衡
1-1	公园景观绿地	向公众开放,有一定休憩设施,具有休闲、生态、美化、娱乐等综合功能的景观绿化用地	
1-1-1	公园	供公众游览、观赏、休憩,开展科普、文化及锻炼身体等活动,有较完善的设施及良好的生态环境	
1-1-2	历史名园	历史悠久、知名度高、体现传统造园艺术的园林,属于各级文物保护单位	
1-1-3	风景名胜公园	在乡镇建设用地范围内,以文物古迹、风景名胜点(区)为主,具有乡镇公园功能的绿地	
1-1-4	其他类型公园	具有特定内容或形式,有一定游憩设施的绿地,如盆景园、纪念性公园	
1-2	开敞性景观绿地	沿道路、水系、城墙等,有一定游憩设施,供公众休闲活动使用,具有较好景观效果的绿化带或小型景观绿地	
1-2-1	滨水景观绿地	沿河、湖、海岸,有一定宽度,在河、湖、海岸线以外的景观绿地	宽度应不小于5m
1-2-3	街道景观绿地	城市道路红线以外,有一定宽度和面积的景观绿地	沿街带状绿地宽度应不小于5m,沿街块状绿地面积应不小于500m²

续表

序号	类型	内容和特征	备注
1-2-4	广场、游园景观绿化	乡镇道路红线以外，绿地环境较好，可供公众休闲，有较高景观效果和文化作用的乡镇开敞空间	绿地率应不小于30%，同时绿化覆盖率应不小于70%。当绿化形式以大草坪、地被、灌木为主时，绿化率应不小于50%
2	附属景观绿地	居住建筑用地、公共建筑用地、生产建筑用地、仓储用地等各类乡镇建设用地内的景观绿化用地	不参与乡镇总体规划平衡，列入相应的用地性质内
2-1	居住景观绿地	居住建筑内的景观绿地，如组团绿地、宅旁绿地、配套公建绿地等	不含居住小区级公园
2-2	公共建筑景观绿地	行政管理、教育机构、商业金融、文体科技、医疗保健、集贸设施用地内的景观绿地	
2-3	生产建筑景观绿地	工业及农业生产设施内的景观绿地	
2-4	仓储景观绿地	各类仓储用地内的景观绿地	
2-5	对外交通景观绿地	对外交通用地内的景观绿地	
2-6	道路景观绿地	道路红线内的景观绿地。包括道路绿带（分车绿带、行道树绿带、路侧绿带）、交通岛绿地（中心岛绿地、导向岛绿地、立体交叉绿岛）、停车场绿地等	
2-7	公用工程设施景观绿地	各类公用工程和环卫设施用地内的景观绿地	
3	防护景观绿地	处于卫生、隔离、安全要求，针对自然灾害及乡镇公害设置的有一定防护功能景观绿地	列入生产防护绿地，参加乡镇总体规划用地平衡
3-1	灾害防护景观绿地	对自然灾害起到一定减弱作用的景观绿地，如防风林、防沙林、水土保持林等	

续表

序号	类型	内容和特征	备注
3-2	公害防护景观绿地	对废气、噪声等乡镇公害有一定减弱作用的景观绿地,如卫生隔离带、铁路防护绿地、公路防护绿地、道路防护绿地等	
3-3	其他防护景观绿地	除上述之外的防护绿地,如乡镇电力高压走廊绿化带、管线防护绿地、水源滋养林等	
4	生产景观绿地	为乡镇绿化提供苗木的苗圃、花圃、草圃等景观绿地	列入生产防护绿地,参加乡镇总体规划用地平衡
5	绿色空间控制区	位于乡镇规划区范围以内,乡镇建设用地以外,在较大范围内对居民的休闲生活和乡镇及区域景观、生态质量、产业发展有直接影响的区域	一般不参与乡镇总体用地平衡
5-1	景观休闲娱乐区	具有较好的景观和较完善的休息、娱乐等设施的大型自然风景区域,如风景名胜区、森林公园、自然与文化遗址保护区、观光农业区、度假疗养区等	管理和服务设施较为完善,向公众开放
5-2	风景林地	风景林、片林,其他独立成片林地	
5-3	生态景观绿地	以改善乡镇或区域的生态和景观质量为目的而加以控制的区域,如农田林网、水土保持林、防风固沙林、湿地、山体、果园林地、重要的农业生产基地等	

7.1.3 乡镇景观绿地系统设计原则

7.1.3.1 景观绿地系统设计原则

编制乡镇景观绿化系统规划一般应遵循以下基本原则:

(1) 整体部署,统一规划

乡镇景观绿化系统规划应依据有关法律、法规、技术标准规范、相关规划和当地的现状条件,配合城镇总体布局,实行同步进行、全面规划、综合设计的原则。

(2) 依山就水,因地制宜

乡镇景观绿化系统的设计,必须结合乡镇的自然环境特点和乡镇自身的特性,做到因地制宜,形成特色。

我国地域辽阔,乡镇的自然条件差异很大,各地区的风俗习惯、历史文化和经济与社会发展水平不同,乡镇自身的大小、布局、形式各有特点,绿化的标准选择也不一样。因此,景观绿化系统设计要从乡镇的实际情况出发,适合本地区的需要,切忌生搬硬套,江西婺源某村落见图7-2。

图7-2 江西婺源某村落

要重视乡镇自然山水的地貌特征,充分利用山体、水体进行绿化;根据乡镇的地形、地貌、水文等情况,充分利用现有的河流、湖泊、水库、海洋等水体,在滨水地带进行规模绿化,建设开敞式的滨水公共绿地,使景观绿化与水体紧密结合,创造大面积的绿色开敞地带,为居民提供理想的亲水、近绿空间。

要充分发挥乡镇的自然环境优势,根据地形,因地制宜进行绿化;在破碎地形和不宜建筑的地段布置绿地,既可充分利用自然，节约用地，又能达到良好的绿化美化效果，构成丰富多彩的绿地空间。

与此同时，要深入挖掘乡镇的历史文化内涵，结合总体用地状况，对各类景观绿化综合考虑，统筹安排，形成有特色的乡镇景观绿化系统。

(3) 强化功效，科学绿化

乡镇绿地建设，需根据乡镇的性质、规模、布局形式和当地的气候、地形、地貌、水文、土壤等自然条件科学绿化，如南方乡镇夏季湿热，绿地宜以遮阳、降温、改善小气候等功效为主；北方受风沙影响较大的乡镇及地区，绿地应着重以防风沙和水土保持等功效为主，强化生态环境的保护；旅游乡镇的绿地是乡镇赖以存在和发展的基础，宜加大投资，完善规划，明确方向，做足特色，打造旅游品牌，特别是要将名胜古迹等历史文化遗产和河湖山川等自然风光有机结合。工业乡镇，特别是有一定污染的乡镇，应重视卫生防护林地的建设，提高生产防护绿地的比重。

(4) 植物配置，因树制宜

绿化建设的主要材料是树木，而树木需要经过多年的培育生长，才能达到预期的效果。树种选择直接关系到绿化建设的成败、绿化成效的快慢、绿化质量的高低和绿化效应的发挥。我国土地辽阔，土壤、气候和环境条件等各不相同，而树木种类繁多，生态特性各异。因此，树种选择要从本地区的实际情况出发，根据树种特性和不同的生态环境，因地制宜地进行树种规划。坚持以适应本地生长的乡土树种为主，引进外来树种为辅的原则，制定合理的乔、灌、花、草比例，以乔木和灌木为主，同时要考虑植物的观赏、生态和经济价值。

(5) 类型合理，规模恰当

按照国家有关景观绿化指标规定，根据乡镇游憩要求、景观建设、生态环境、避灾防灾等需要，综合考虑乡镇现状条件和经济发展水平，合理确定景观绿化的类型与规模。

(6) 均衡布局，点线面相结合

乡镇中点状（指均匀分布的小块绿地）、线状（指道路绿地、江畔湖滨绿带、林荫道等）和面状（指公园绿地等）绿地因其各自的功能和特点，成为乡镇景观绿化系统中不可或缺的组成部分，规划布置时应将这些绿地均衡分布，使每个乡镇居民在日常生活中都能方便地观赏、享用到绿地。同时，这些绿地宜连成系统，做到点、线、面相结合，使各类绿地连接成为一个完整的体系，形成网络，以发挥景观绿化的最大效用。

(7) 统筹安排，近远期相结合

考虑乡镇建设和人口规模不断扩大的因素，需要合理制定分期建设规划，确保在乡镇发展过程中，能够保持一定水平的绿地规模，使各类绿地的增加速度不低于乡镇发展的速度。随着人们生活水平的逐步提高，对环境绿化的需要也逐渐加大，因此，在规划中不能只看眼前利益，应留出一定的空间，为今后的绿地建设提供条件。

(8) 强化市场属性，福利型与赢利型相结合

多年来，我国绿地的建设都是靠国家投资，绿地属社会福利设施。然而，市场经济为景观绿化建设提供了更多的投资渠道，关键要看是否有市场，开发建设中要合理利用资金，正确引导，不能以丧失绿化用地换取暂时的经济效益。在系统规划上要确定绿地性质，明确服务对象，充分考虑哪些是福利性的，哪些是经营性的，处理好服务与经营的关系。

7.1.3.2 景观绿化系统的布局

景观绿化系统结构布局是乡镇园林绿化的内在结构与外在表现的综合体现，其主要目的是使各类景观绿化合理分布，紧密联系，形成有机结合的景观绿化系统。

一般情况下，乡镇景观绿化系统的布局结构有星座状、网状、环形、楔形和混合式等基本布局形式。在设计中，绿地布局首先应从功能上考虑形成系统，而不是从形式上去考虑，江苏无锡某村景观改造设计见图7-3。

图7-3 江苏无锡某村景观改造设计

(1) 星座状绿地布局

这类情况多数出现在旧城改造中,目前我国多数乡镇的景观绿化系统属此类。星座状绿地的布局比较均匀,接近居民,但绿地之间没有很好的联系,对构成乡镇整体的艺术面貌作用不大,改善乡镇生态环境的效果不明显。

(2) 网状绿地布局

这种布局多数利用现有江河湖水系、乡镇道路等自然因素布置绿地,纵横绿带,放射绿化,环水绿地交织形成绿地体系。网状绿地对乡镇的景观形象和艺术面貌有较好的体现,有利于生态环境的保护。

(3) 楔形绿地布局

楔形绿地一般利用自然河流、放射干道、防护林等形成由农村向乡镇中心分布的景观绿化系统。这种布局形式对乡镇小气候改造有较好的作用,有利于乡镇景观面貌的表现。楔形绿地的布置应满足减少热岛效应、调节小气候等要求,重点是要利用夏季主导风向以及自然地形、水系等条件,搞好楔形绿地的建设。

景观绿化系统设计充分利用和发挥山地、河流的自然环境条件,构成楔形绿地格局,环境条件好,适于旅游,利于乡镇景观的表现。

(4) 环形绿地布局

利用自然地形、乡镇道路、用地布局,形成环状的景观绿化系统,对乡镇小气候改善有较好的效果,有利于乡镇的功能布局和人居环境质量的提高,能较好地提升乡镇的景观面貌。

(5) 混合式绿地布局

混合式绿地布局是前4种绿地形式的综合运用,体现了乡镇绿地点、线、面结合的较完整体系。各类景观绿化之间的联系密切,整体效果好,能方便居民游憩,利于小气候改善,有助于乡镇环境卫生条件的改善,丰富乡镇总体艺术面貌。

7.1.3.3 园林绿化的树种规划

乡镇的园林绿化主要是通过树木生长形成的,因此树种的规划是景观绿化规划的重要组成部分。

我国幅员辽阔,南方和北方、沿海和内陆、高山和平原气候条件各不相同,而各地区土壤情况较为复杂,同时树木种类繁多,生态特性各异,因此树种选择要从本地区实际情况出发,根据树种特性和不同的生态环境,因地制宜、因树制宜、因景制宜地进行树种配置。

(1) 符合本地区植被区域自然规律

根据乡镇所处的地理位置、自然气候带、森林植物的生长规律,考虑本地的树种选择。

(2) 选择观赏价值高的乡土树种

乡土树种对土壤、气候等自然条件适应性能好,具有抗性强、抗病虫害、苗源广、易成活等特点,能体现地方风格,宜作为乡镇绿地的骨干树种。对已有多年栽培历史,已适应当地土壤、气候条件的外来树种也可适当选用。为了避免单调,丰富植物种类及绿化景观,可以有计划地引进一些本地缺少而又能适应当地环境、经济价值高、观赏价值高的树种,但必须要经过引种驯化的试验,才能推广使用。

(3) 选择抗性强的树种

抗性强的树种是指对土壤、气候、病虫害以及烟尘、有毒气体等不利于植物生长的因素适应性强的树种。绿化建设时应尽可能选择对乡镇各种有害气候抗性强、易栽培、易管理的树种。

（4）速生树与慢长树相结合

速生树种早期绿化效果好，容易成荫，但寿命较短，如杨树、桦树等，往往在三十年后就开始衰老，需要及时更新和补充，否则将影响城镇绿化的效果。植物衰老的表现为枝叶不再茂密，易发生病虫害，出现干枝、死枝，树干开始空心，易发生危险。慢长树，如樟树、柏树、银杏等，早期生长较慢，三四十年后才见效，但寿命长。因此，在进行树种规划时必须注意速生树和慢生树种的合理搭配。乡镇新建地区的绿化为了见效快，速生树种比例可适当多一些，搭配一部分观赏价值高的慢长树，兼顾近期景观和远期景观需要，有计划地分期、分批逐步过渡。

7.1.4 几种常见的乡镇绿化设计

乡镇绿地种类很多，各种绿地由于功能不同，在规划时有不同的特点。常见的乡镇绿化有街道绿化、居住区绿化、公共建筑绿化、工厂绿化、饲养区绿化、防护林绿化等。

7.1.4.1 街道绿化

乡镇街道绿化包括街道、街头、广场等绿化。街道绿化是街景的重要组成部分，必须与街道建筑相协调。美丽的街道绿化不仅使乡镇面貌美观，为乡镇增加绿色，还能净化空气、减尘、减弱噪声、改善小气候、防风、防火、组织交通、保护路面，它连接乡镇的各个功能区，从而形成乡镇绿化的骨架。

由于行道树长期生长在路旁，下部根系受到路面和建筑物的限制，上部树冠又不断受到尘土和有害气体的危害，因此必须选择那些生长快、寿命长、耐瘠薄土壤并具有树干挺拔、枝叶茂密、抗灾性强、病虫害少等特性的树种。在宽阔的干道上可选用树干挺拔、冠大的树种；而在较窄的街道则可选用冠小的树种；在高压电线下应选用干矮、树枝开展的树种；南方可选用四季常青、花果兼美的树种。为了避免污染，最好不要选用那些有落花、落果、飞毛的树种。常用的街道绿化树种有华山松、油松、银杏、悬铃木、樟树、槐树、柳树等。

行道树的栽植方式应根据街道的不同宽度、方向、性质而定。在一定情况下可采取单行乔木或两行乔木等种植方式,如表7-2所示。

行道树的栽植方式　　　表7-2

栽植方式	栽植带宽度（m）	行距（m）	株距（m）	采用的场合
单行乔木	1.25~2		3~6	街道建筑物与车行道距离接近
两行乔木（品字形）	3.5~5	>2	4~6	街道旁建筑物与车行道间距不小于8m

同时,根据需要在局部路段可设置乔灌搭配的绿化带。通常的布置方式有一板三带、二板二带、三板四带等。行道树与街道各工程设施的最小距离必须满足一定要求,见表7-3。

种植树木与建筑物、构筑物、管道水平间距　　　表7-3

名　称	最小距离（m）	
	至乔木中心	至灌木中心
有窗建筑物外墙	3.0	1.5
无窗建筑物外墙	2.0	1.5
高2m以下的围墙	1.0	0.5
排水用明沟边缘	1.0	0.5
给水管	1.5	不限
污水管	1.0	不限
路灯电杆	2.0	1.0
铁路中心线	8.0	4.0

为了交通安全,在交叉口或道路转弯的内侧,一般要在10m以上的空隙不栽种乔木或高大灌木(如栽灌木,其高度不得超过0.7m),以保证行车与会车的视距,避免阻挡司机或行人的视线。

乡镇街道还可以因地制宜地布置街头绿化和街心花园。根据街道两旁面积的大小、周围建筑物情况、地形条件的不同进行灵活布置、设计。如交通量大且面积很小的空间,可以适当种植灌木、花卉,设立雕塑或广告栏等其他小品,形成封闭的装饰绿地;如空间较大,可以栽种乔木,配以灌木或草坪,形成林荫道或小花园,供游人休息散步。

对于有条件的乡镇,可以在乡镇中心地带设置绿化广场和乡镇的商业中心相配合,形成全乡镇的商业、休息、娱乐活动中心。在进行绿化设计时,广场一年四季都要有绿色,所以可选择一些常绿植物或绿色时间长的植物,同时,再选择一些具有季节性特色的植物,使广场一年四季——春、夏、秋、冬,各有特色,再配合一些喷泉、小品、小径等,形成全乡镇的休息活动中心。

7.1.4.2 居住区绿化

居住区绿地,包括公共绿地、宅旁绿地、配套公建所属绿地和道路绿地等。居住区绿化是乡镇绿地系统的一个主要组成部分,是衡量居住区环境是否舒适、美观的重要指标。其中最主要的是公共绿地、宅旁绿地。对于乡镇居住区公共绿地,根据居住区规划,因地制宜地设置中心公共绿地,面积稍大时,可再设置一些花坛、水面、雕塑等,给周围居民创造一个安静的休息环境,如图 7-4 所示。

图 7-4 某镇居住区绿化环境

宅旁绿地是利用两排住宅之间的空地进行绿化，它和居住日常生活直接相关，居民直接受益，所以绿化效果往往较好。

配置居住区绿化植物时，要注意住宅的通风、采光、防尘、隔声、遮阳等因素，一般要求朝南房间离落叶乔木有 5m 间距；朝北房屋部分选择抗风耐荫的如女贞、夹竹桃、柏等树种，距离外墙至少 3m；朝东西房屋部分，可考虑行植或散植乔木，也可以种植攀援植物如爬山虎等，以解决西晒问题。

植物配置要达到春色早到、夏可纳凉、秋能挡风、冬不萧条的目的，因此乔灌木的比例一般为 2∶1，常绿与绿叶比例一般为 3∶7。

7.1.4.3 公共建筑绿化

公共建筑的绿化，它是公共建筑的专用绿化，包括乡镇行政中心、商店、邮电、银行、医疗、学校等。这类绿地对建筑艺术和功能上的要求有极大的关系。其布置形式应结合总平面同时考虑。根据具体条件和功能要求采用集中或分散的布置方式，选择不同的植物种类。

如商店前的绿化布置，对建筑应少遮挡，同时应留出适当宽敞地坪解决人流集散，以衬托出商业气氛；剧院前的绿化，既要考虑遮阳，也要考虑建筑艺术效果，可以适当配植一些乔灌木，以便于观众逗留和休息；医院绿化可配植四季花木和发叶早、落叶迟的乔木，也可种植中草药和具有杀菌作用的植物。

7.1.4.4 工厂绿化

工厂绿化对生产和职工健康有着重要的影响，它可反映工厂的精神面貌。现阶段大部分工厂都重视厂区绿化，出现了大量的园林化工厂。

工厂绿化布置，在满足功能要求的前提下应注意美观，为工厂创造一个美丽的环境。工厂绿化根据车间的不同性质，对绿化有不同的要求。有害车间附近的树木种植不宜过于密集，切忌乔灌混交，不利于空气流通，使车间的有害物质不能迅速扩散和稀释，从而对工人身体健康产生危害。在噪声车间周围宜选用树冠矮、分枝低、树枝茂密的灌木和乔木，形成疏松的树群或数行狭窄的林带，以减少噪声的强度。在容易发生火灾的车间周围，为满足安全和消防要求，宜选择有防火作用的乔灌木，避免选用含油脂和易燃树木。对防尘要求比较高的车间，要发挥绿化减少灰尘、净化空气的优势，以保证产品质量，在主导风向上侧应设置防风林带，以阻挡风沙；车间附近种栽无散发花粉或有飞毛的树种，同时枝叶稠密、叶面粗糙、生长健壮的树种，以过滤吸附空气中的灰尘。

7.1.4.5 饲养区绿化

饲养区的禽、畜类会散发臭气，所以饲养区周围应设置绿化隔离带，特别在主风向上侧宜设置不透风的隔离林带1~3条。在树种选择上，常绿树占60%以上，适当搭配一部分香花树种，但要切忌种栽有毒、刺植物，避免牲畜、禽类食后中毒。

7.1.4.6 防护绿地

防护绿地具有多种功能，它包括：

1）卫生防护林。保护生活区免受生产区的有害气体、煤烟及灰尘的污染。一般布置在两区之间或某些有碍卫生的建筑地段之间。林带宽30m，在污染源或噪声大的一面，应布置半透风式林带，以利于有害物质缓慢地透过树林被过滤吸收，在另一面布置不透风式林带，以利于阻滞有害物质，使其不向外扩散。

2）护村、护镇林。主要作防风用，林带应与主风向垂直，或有30°的偏角，每条林带宽度不小于10m。

7.1.4.7 苗圃绿化

苗圃用地最好选择在背风向阳、地势平坦、土层厚度在50cm以上，排水良好的地方。在平地建设苗圃，坡度以1°~2°为宜，坡度过小对灌溉排水不利；在山坡上建设苗圃时，则要修成梯田，以免水土流失。育苗土壤要有一定的肥力，有机质含量不低于2.5%，氮、磷、钾的含量的比例应适当，以中性土或沙壤土为宜。苗圃用地要接近水质良好的水源，地下水位宜为2m左右。

根据经验测算，苗圃面积约为乡镇总用地面积的2%~3%时，基本上能满足园林绿化对苗木供应的要求。在乡镇规划时，各乡镇苗圃建设可根据实际情况，因地制宜地结合生产和绿化，集中或分散设置，或附近几个乡镇合设一个。

7.2 乡镇生态建设

在乡镇建设的过程中，人们在注重其外在的、直接的经济效益的同时，往往忽视其内在的、间接的社会效益和生态环境效益，致使乡镇在发展过程中出现一系列的生态环境问题，影响了乡镇的健康发展。主要问题存在以下几个方面：

1）环境污染严重。目前我国乡镇企业大多以原料开采、冶炼及简单的加工制造业为主，对环境的污染相当严重，成为我国环境的突出问题；部分乡镇企业甚至对环境造成了毁灭性破坏；一些城市继续将污染工业向乡镇和乡村转移。因此，城镇面临的环境问题仍然严峻。

2）基础设施建设滞后，城镇发展的精力和资金集中用于盖房、办厂和建市场，而对城镇的水、路、电、气等基础设施及文化、教育等社会公益设施则很少考虑，致使乡镇的功能不完善，特别是缺乏完备的城镇污水、垃圾处理和供热设施，使乡镇的环境质量大幅度下降。

3）生态建设的非自然化倾向十分突出，在十分薄弱的生态环境建设中普遍存在填垫水面、砍伐树木、破坏植被，追求大广场、大草坪、人工护砌河道的非自然化倾向，有些地方甚至造成对当地自然物种的破坏，加剧了生态恶化的进程。对自然文化遗产保护不力，随意拆改侵占历史建筑、风俗文化民居、破坏文化景观等问题十分普遍。

4）环境监管不力，重建设、轻管理，机构专业队伍、必备的设施以及相关的法律制度很不完善，致使乡镇的管理特别是环境卫生的管理比较薄弱，目前大多数乡镇的环境卫生脏、乱、差的现象比较普遍。

乡镇建设要坚持经济发展和生态环境建设同步规划、同步实施、同步发展的方针，实现环境效益、经济效益、社会效益的统一。乡镇生态环境保护应服从区域、流域的环境保护。注意环境保护规划与其他专业规划的相互衔接，充分发挥环境保护规划在环境管理方面的综合协调作用。

7.2.1 水环境

因地制宜地采取水源地的保护措施。对于以地面水为水源的乡镇，避免乡镇污水对水源的污染。在水源取水口附近划定一定的水域和陆域作为水源保护区，并严格执行《水污染防治法》中的有关卫生防护规定。水体的其他功能应服从饮用水水源的功能要求。在乡镇密集地区，水资源的保护应从大的区域、大的流域着手，对污染源进行综合治理，对水资源进行统一规划、统一管理、统一调配。以地下水作为供水水源的乡镇要确定地下水源的保护范围，对于饮用水源要明确划定水源保护区，防止病原菌和其他污染物对水源的污染，保证水源地的补给水量和水质。

调整乡镇产业结构和布局。乡镇应根据本地自然资源优势、技术、资金及环境容量，因地制宜地发展综合效益好、技术密集程度高、能耗低、用水少、无污染或低污染的工业产品和农副产品深加工工业。对污染严重、效益差的企业，采取强制整治和关停并转迁等限制性政策。改善工业布局，使污染源尽可能集中，以便集中处理和排放。

在农田和水体之间应尽量设立湿地、植物等生态防护隔离带；科学使用农药和化肥，大力发展绿色食品，减少农业面源污染。有条件的地区应建设污水收集和集中处理设施，提倡污水处理回用。地处沿海地区的乡镇，应同时制定保护海洋环境的规划和措施。

7.2.2 大气环境

乡镇各功能区应合理布局，主要废气污染源应布置在镇区主导风向的下风向。结合产业结构和工业布局调整，改善能源结构，减少燃煤比重。大力推广利用清洁能源，采用低硫煤，减少二氧化硫排放。

积极开发应用工业废气处理技术，切实提高工业废气处理率和烟尘排放合格率，严格实行废气达标排放。结合当地实际，采用经济适用的农作物秸秆综合利用措施，提高秸秆综合利用率，控制露天焚烧秸秆造成的空气污染。要重视控制建筑粉尘和交通废气污染。

因地制宜地划定乡镇绿化空间，建设公共绿地，形成点线面结合的绿地系统。在乡镇工业区和住宅区之间，应设绿化防护带。

7.2.3 声环境

合理规划安排乡镇的建设用地，避免工业用地与居住用地相互混杂。在非工业区内一般不得新建、扩建有噪声污染的工业企业。噪声污染严重的工厂应与住宅区、文教区隔离，可利用公共建筑或植被作为缓冲带，也可利用山岗、土坡等自然地形减弱噪声的影响。

噪声高、污染大的工厂、车间或作业场所应尽量建在乡镇边缘地区。对严重扰民的噪声源，可采用隔声、吸声、减振、消声等技术进行必要的治理，无法治理的要转产或搬迁。控制生产经营活动噪声和建筑施工噪声，减轻噪声扰民现象。

通过在乡镇内部形成相对独立的道路系统，减少过境道路对乡镇的干扰，将噪声影响控制在最低程度。交通噪声严重超标的乡镇，应视具体情况采取禁止机动车使用高音喇叭，加强公路两侧隔离绿化带的规划与建设等。

7.2.4 固体废弃物

应加大对环卫设施的投入,重视乡镇环境卫生公共设施和环卫工程设施的规划建设,对城镇产生的垃圾及时清运。根据乡镇的实际情况来确定垃圾处理方式,突出垃圾的最大资源化;在对垃圾进行处理时,应充分考虑垃圾处理设施的共享,避免重复建设。

乡镇生态建设过程中,应注意以下几个问题

1)将生态功能分区作为生态规划的基础。生态功能分区要有利于保持乡镇的生态平衡,促进生态良性循环,维护物种多样性,使区域的环境容量得以充分利用,又不超过环境的承载能力;乡镇及其周边农村地区应统筹考虑,促进城乡空间融合;将社会、经济、自然三个系统有机结合,实现三者的可持续发展。要根据生态功能区划要求,制定不同功能区的建设方案。

2)天然水体、森林、草地、湿地等应尽量保留,为乡镇进一步发展提供充足的环境容量;沿海和河网地区要加强对滩涂和湿地的保护,土地开发和围海造田要适度。

3)制定风景名胜区、公园、文物古迹等旅游资源的环境管理措施,对大、中城市郊区和风景名胜区、重点旅游区周边生态环境较差的乡镇要进行重点整治。

4)严格禁止在基本农田保护区、自然保护区、风景名胜区、水源保护区和滞洪区进行不符合保护目的的开发建设活动;中西部地区乡镇要做好周边水土保持,北方地区乡镇要加快建设绿色屏障,防止风沙危害。

5)加强乡镇园林绿地系统的规划和建设。要合理划定乡镇的绿化空间,建设公共绿地、生产绿地、庭院绿地,建设沿河、沿路绿色屏障,形成绿色防护体系,提高镇区绿化覆盖率,改善生态环境质量。

参考文献：

［1］ 鲍家声，杜顺宝编著．公共建筑设计原理．南京：南京工学院出版社，1986
［2］ 崔艳秋，姜丽荣，吕树俭等编著．建筑概论．北京：中国建筑工业出版社，2006
［3］ 耿善正编，工业建筑设计原理．哈尔滨：黑龙江科学技术出版社，1987
［4］ 黄金枝，陆耀祥编著．小城镇建筑设计与施工图集．上海：上海交通大学出版社，1998
［5］ 荆其敏编著、刘壮翀英译．中国传统民居．天津：天津大学出版社，1999
［6］ 金兆森，张晖．村镇规划．南京：东南大学出版社，2000
［7］ 刘殿华等编著．村镇建筑设计．南京：东南大学出版社，2001
［8］ 李国庆，纪江海，王广和编．建筑设计与构造．北京：科学出版社，2001
［9］ 刘鸿滨编．工业建筑设计原理．北京：清华大学出版社，1987
［10］ 骆中钊．现代村镇住宅图集．北京：中国电力出版社，2001
［11］ 骆中钊，纪江海，王广和．小城镇建筑设计．北京：化学工业出版社，2005
［12］ 骆中钊．小城镇现代住宅设计．北京：中国电力出版社，2006
［13］ 单德启．小城镇公共建筑与住宅设计．北京：中国建筑工业出版社，2004
［14］ 天津大学编．公共建筑设计原理．北京：中国建筑工业出版社，1981
［15］ 吴德让主编．农业建筑学．北京：农业出版社．1994
［16］ 王其钧编著．中国民居三十讲．北京：中国建筑工业出版社，2005
［17］ 肖盾余，胡德瑞编．小城镇规划与景观构成．天津：天津科学技术出版社，1989
［18］ 袁中金，钱新强，李广斌等编著．小城镇生态规划．南京：东南大学出版社，2003

第8章　城乡统筹发展中的村庄建设

8.1　我国村庄建设概况

8.1.1　我国农村建设历程

8.1.1.1　旧中国农村建设概况

农村,是在社会生产力发展到一定阶段的条件下产生的。从原始社会开始,随着生产力的发展以及农业和畜牧业的劳动分工,人们开始定居,并且出现了房屋建筑和一定规模的人群部落。村庄的建设随着历史的前进、社会的进步而逐渐完善和发展起来。在长达数千年的封建社会里,尤其是汉、唐时期,农村有了新的发展。但是,到了封建社会末期,由于封建势力的长期统治,帝国主义的入侵,农村遭到了多重的破坏。一直到新中国成立后,旧中国的大部分农村,大批农民背井离乡,田园荒废,茫茫千里,鸡犬不闻。

面对农村濒临破产的边缘,20世纪二三十年代,一批文人、学士发起了振兴农村的运动,并各有独立的宗旨,主要分三派:以教育家陶行知为代表的乡村生活改造派,他提出"以大众的工作,养活大众的生命,以大众的团结力量,保护大众的性命",试图通过组织训练民众,改造乡村;以平民教育家晏阳初为代表的平民教育派,他针对中国农村存在"贫、愚、弱、私"的四大毛病,试行文艺、生计、生产和卫生四大教育,以增进农民的"知识力、生产力、健康力和团结力",晏氏的主张,是一些好的愿望,但解决不了当时农民饥寒交迫这一社会经济问题;

以梁漱溟为代表的乡村建设派，他提出"中国为乡村国家，应以乡村为根基，以乡村为主体，以乡村为本，以农业引发工业，而繁荣都市"，并提出"作农人是我们的口号，下农村是我们的呐喊"。除了以上三派以外，乡村社会学也活跃起来，许多社会学家发表了调查文章。费孝通教授写了《江村经济》、《乡土重建》、《乡土中国》等著名论著，他以乡村社区为对象，从社会学的角度，对中国社会结构进行了宏观的研究。

围绕乡村建设运动的兴起，各种出版物也汗牛充栋、大量涌现。例如北京有《乡土杂志》、《乡村问题周刊》，山东有《乡村建设》，湖北有《乡村建设月刊》，四川有《乡村建设季刊》，浙江有《乡村建设通讯》等等。许多文章认为过去中国的农村，并不注重建设，或委以自然，或循于旧制，因而长期没落，无昭苏之象，因此，振兴农村，要有建设的纲要。这些文章提出了种种主张，这些主张和议论，虽有一定的道理和进步意义，但在当时农村处于严重破产的情况下，都是无法实现的。

我国历史上喧闹一时的乡村建设运动，到了1937年也就无声无息了。当时的报刊、杂志对这一段乡村建设运动，有所评述，指出了乡村建设运动失败的原因：首先，他们脱离社会实际。当时反剥削、反压迫、反侵略，争民主、争自由、争解放，是历史的主流，而乡村建设的倡导者，却回避现实的社会矛盾，故归于失败。其次，参与和发起乡村建设运动的人员，主张不一，各有所求。有的人抱着一种美好的愿望，想振兴农村，为农民办一些好事；但也有的是投机分子，聚沙而下，赶时髦，喊口号，想乘机混个"乡官"，以鱼肉人民；还有的人，自恃过高，甚至把自己看成是农民的"救世主"，目空一切，傲气十足，但到乡下转了一转，才知乡下人对自己毫无感激的表示，也就灰心了。再者，盲目抄袭外国。在他们看来，照搬外国的"方剂"，就可以医治中国农村的"疾病"，殊不知，乡村是一个复杂的、活的、有机的社会实体，它和机械并不一样。各国国情不同，生搬硬套外国的经验是行不通的，因而在事实面前碰了壁。

8.1.1.2 新中国农村建设过程

（1）新中国前八年的乡村建设

1949年到1957年这八年间，我国迅速恢复了被多年战争破坏了的国民经济，大力开展并基本完成了社会主义改造，全国各条战线欣欣向荣，乡村建设也得到稳步发展。

恢复生产，重建家园。新中国建立到1952年，是我国农民由经济凋敝、农民饥饿破产，转入全国恢复和发展的时期。这期间，全国农村开展了轰轰烈烈的土地改革运动，全国约有7亿亩土地分给了农民。农民的生产积极性空前高涨，农业生产和农村经济有了很大的发展，广大农民的生活也得到了显著的改善。

结合兴修水利和救灾活动建设新村。新中国成立以后，政府为根治水患，大力兴修水利。除大型水利工程外，到1952年全国共整修渠道、涵闸、塘坝1663处，打井45.5万口，扩大农田灌溉面积2290亩。为了帮助农民战胜灾害，中央于1952年8月14日公布了《关于受灾农户农业税减免办法》，这个办法中规定：凡农作物因水、风、雹、病、虫及其他灾害而致欠收的受灾农户，依其受灾轻重，分为五等减免农业税。对于特大灾情，政府还要予以救济，并帮助农民重建自己的家园。这样，一批受灾严重的村庄也在异地建起了新房。

结合爱国卫生运动，改善农村环境。新中国成立以后，在爱国卫生运动的推动下，全国农村掀起了"除四害、讲卫生"的移风易俗高潮。农村的环境有了改观，农民的健康状况也有了显著的改善，到处出现了"人增寿、田增产"的繁荣康乐景象。有些群众歌颂说"千村万户大变样，卫生大路通全庄，沟沟相通无积水，村旁路边树成行，水井有栏又有盖，公共厕所在村旁，猪羊牛马有圈厩，鸡鸭有笼不散放，走到哪里都干净，人人欢乐心情畅"。

农业合作化运动促进了乡村建设的发展。经过三年经济恢复，从1953年2月公布了《关于农业生产互助合作的决议》，同年12月又公布了《关于发展农业生产合作社的决议》。特别是 1955 年 7 月 31 日，毛泽东同志作了《关于农业合作化问题》的报告后，农业合作化运动有了迅速的发展，农业生产发展较快。同时，农村中出现了大批专业的和兼营的手工业者，办起了一些作坊和加工厂。随着农村经济的活跃，农村的各项事业开始进入了有组织、有规划发展的阶段。农村居民点的建设有了新的发展，农村环境卫生得到了新的改善。许多的农村，在发展生产的同时，规划了村庄的建设，建了一批新房，大幅度地改善了农民的居住条件。

在农业合作化运动的推动下，农村的文化事业也蓬蓬勃勃地开展起来。据 1957 年统计，全国乡镇文化站发展到 2417 个，电影队发展到 6692 个，许多地方办起了业余剧团、俱乐部。农村文化生活的活跃，反映了新中国成立后农民新的精神面貌。

1956 年上半年，我国农业、手工业和资本主义工商业在生产资料所有制方面的社会主义改造基本完成。这个时期，农民的经济状况有了很大的改善，生活水平和收入水平赶上和超过合作化以前富裕中农的水平，大约占当时农业总数的 20%～30%。但是，由于对小手工业和小商业过多的合并和过早地向全民所有制过渡，导致了后来一些集镇的萎缩。

1957 年，中共中央公布了《1956 年到 1967 年全国农业发展纲要（修正草案）》，提出"随着合作社生产的发展和社员的收入的增加，农业合作社应当根据需要和可能，鼓励和协助社员在自愿、互助、节约开支和节省用地的原则下，有准备地、有计划地、分期分批地修缮和新建家庭住宅，改善社员的居住条件"，"按照各地情况，分别在 7 年或者 12 年内普及小学义务教育"，"在 7 年或者 12 年内基本上普及农村文化网，建立电影放映队、俱乐部、文化站、图书室和业余剧团等文化组织"，"在 7 年或者 12 年内基本上做到乡乡有体育场，普及农村的体育活动"。根据这些要求，一些地方开始进行农村居民点建设的示范工作。

（2）人民公社化运动中的乡村建设

在大好形势面前，中央和地方滋长了骄傲自满情绪，急于求成,夸大了主观意志和主观努力的作用。在过分强调"大跃进"的同时,又轻率地发动了农村"人民公社化"运动。1958年8月,中国共产党中央政治局通过的《中共中央关于在农村建立人民公社问题的决议》中提出,把农业生产合作社"合并和改变成为规模较大的、工农商学兵合一的、乡社合一的、集体化程度更高的人民公社",要求公社社员都要做到"组织军事化,行动战斗化,生活集体化"。关于公社和规模,虽然也说"一般以一乡一社较为合适",但又说"也可以由数乡并为一社","达到万户或两万户以上的,也不要反对"。这种严重的"左"倾思想,使高指标、瞎指挥、浮夸风和"一平二调"的"共产风"在全国泛滥起来,把乡村建设引向了错误的方向。在农村人民公社居民点的规划、住宅和公共福利设施和设计、建造以及公社工业企业的建设中,都造成了巨大的浪费和损失,极大地挫伤了广大农民群众建设社会主义新农村的积极性。

(3)农业学大寨运动中的乡村建设

大寨,是山西省昔阳县大寨人民公社的一个生产大队,有83户人家。1953年,实行农业集体化的第一年,他们就制订了改造自然的规划,决心把全村7条大沟、几十条小沟都闸坝垒堰,做成良田,使穷山沟变成米粮川。从1953年到1963年的10年间,大寨的全体村民艰苦奋斗,修了不少大坝、堰,尽管这些坝、堰多次被洪水冲垮,但是,大寨的人民没有气馁,他们依靠自己的辛勤劳动,医治了天灾造成的创伤,修好了层层叠叠的梯田,新建了一排排青砖瓦房、一孔孔青石窑洞,然后,又用了3年时间,依山就势,结合地形,陆续修建了220孔青石窑洞,530间砖瓦房,铺设了水管,装上了电灯,全大队83户都住上了新窑新房,建成了崭新的大寨新村。

1964年,毛泽东同志向全国发出了"农业学大寨"的号召,随之全国各地掀起了"农业学大寨"的高潮。从1964年到1977年的13年中,在全国农村广泛推广大寨大队各方面的经验,包括新村建设的经验。因此,有不少地方按照大寨的做法建起了一批新村。

学习大寨人民的自力更生、艰苦奋斗的革命精神，在发展生产的基础上建设新农村，本来是件好事，也取得了一定的成绩。但是，在"左"倾错误思想的影响下，特别在十年动乱期间，强行推广大寨大队的经验，造成了一些不良的后果：

第一，片面推行大寨"先治坡、后治窝"的经验，使一些生产有了发展、经济条件有一定基础的地方，也不敢让社员建新房。很多地区农村的居住紧张状况长期得不到解决，在住房建设上"欠了账"。

第二，片面强调集体建房，住宅产权归集体所有，限制和挫伤了广大农民群众自力更生改善居住条件的积极性，使得除了一小部分经济实力雄厚、公共积累较多的大队（或生产队），或者被省、市、自治区选作"试点"及上级部门有各种不同形式资助的大队（或生产队），能为社员建造新住宅外，全国大多数农民群众的居住条件，在这十多年间没有多少改善。

第三，片面强调集体建房，助长了农民群众等待集体为自己建造新住宅的依赖思想。

第四，机械地推行大寨新村的规划格局，全国农村到处出现了兵营式的"排排房"。

8.1.1.3 改革开放以来的农村建设

（1）改革开放以来农村建设的主要发展阶段

1978年至2005年，根据工作内容与重点的不同，我国农村建设大体可以划分为三个发展阶段：第一个阶段是1979~1986年，主要特点是引导逐步富裕起来的农民有序建房，遏制农民建房乱占耕地的问题，可以简称为农民建设阶段；第二阶段是1987~1993年，主要特点是因应乡镇企业异军突起，农村建设的范围扩大，管理逐步规范化，可以简称为村镇建设阶段；第三阶段是1994~2005年，主要特点是农村建设管理走向制度化，应城镇化发展要求，小城镇建设成为重点，可以简称为小城镇建设阶段。改革开放以来，我国农村建设的三个主要发展阶段的简要情况如下：

（2）农村建设的内涵

1）改革开放初期，农村建设的内容比较单纯，以农村房屋建设为主。从政府的角度看，主要是解决农村建房乱占耕地的问题；从农民的角度看，主要是解决和改善居住条件问题。只要农民按规划，按宅基地指标建房，以满足农民居住需要为主的农村建设就基本达到了有序发展的要求。

2）20世纪80年代中后期，农业生产效率的提高和乡镇企业异军突起，对农村建设提出了新的需求，农村非农产业发展为农村建设赋予了新内容，需要建设大量厂房和相应的配套设施。农村建设扩大到了居住和生产两个领域，政策与管理目标扩展到了节约用地、发展生产和环境保护等多个方面。

3）20世纪90年代中期，特别是十五届三中全会提出"小城镇、大战略"以来，农村建设逐步被赋予了为工业化、城镇化发展服务、为解决"三农"问题服务的重要任务。党的十六大明确提出"全面繁荣农村经济，加快城镇化进程"，"坚持大中小城市和小城镇协调发展，走中国特色的城镇化道路"。中央反复强调，实现党的十六大提出的全面建设小康社会战略目标，重点和难点都在农村。农村建设不仅在内容上进一步拓展到了整个农村的人居环境领域，而且在国家政策和战略定位上得到不断提升，成为全面建设小康社会、落实科学发展观、解决"三农"问题、构建和谐社会和建设社会主义新农村等重大战略部署的重要切入点。

（3）农村建设政策展望

随着我国经济社会的迅速发展，农业、农村、农民问题逐渐成为政府和全社会共同关注的难题。解决好"三农"问题不仅关系到全面建设小康社会战略目标的实现，也关系到我国的整个现代化进程，中央提出建设社会主义新农村的重大历史任务，必将进一步提升"三农"工作在经济社会发展中的地位，加大各级政府和全社会解决"三农"问题的力度。农村建设作为"三农"工作的重要组成部分，也将迎来一个新的发展阶段。

首先是当前农村建设的主要政策目标。近年来,中央就我国经济社会发展提出了一系列目标与要求,特别是全面建设小康社会、科学发展观、解决"三农"问题、城乡统筹与区域协调、构建和谐社会、建设资源节约型和环境友好型社会、城镇化健康发展、建设社会主义新农村等,都与农村建设有着直接关系。这些目标、任务与要求,都是当前农村建设的战略目标。当然,这些目标之间也是互相关联、相辅相成的,构成了一个有机整体。从当前农村的实际出发,为实现中央确定的上述目标,农村建设必须改革创新,要在政府帮扶与农民自主参与相结合,以低成本、低资源消耗、不加重农民负担的方式,逐步改善农村人居环境、改变农村落后面貌的基础上,建立和完善发展机制与体制,从制度上保证农村人居环境能够随着生产发展和社会进步得到持续改善。这是当前和今后一个时期农村建设的主要政策目标。

其次是农村建设政策的发展趋势。农村建设包括了建制镇、集镇和村庄等不同类型的居民点,具体而言,有近 2 万个建制镇、2.2 万个集镇、65 万个行政村和 257 万个自然村,共居住生活着近 10 亿人,其中约 8 亿农民。从居民点数量上看,近年来随着城镇化发展都呈现出了稳步下降的趋势。直观上看,这意味着相当数量的农村居民点正在逐渐消亡。政策上看,政府不需要对每一个农村居民点都加大投入、加快建设。从功能上看,不同类型的农村居民点有不同的职能定位。因此,分类指导、突出重点,有选择地支持一部分农村居民点建设与发展,既符合我国现阶段的财政支持能力,又是避免投资浪费的必然要求。

8.1.2 我国村庄建设现状

8.1.2.1 村庄分布状况

截至 2005 年底,我国共有村庄 3137146 个,其地区分布如表 8-1 所示。总体看来,村庄分布与现阶段经济发展水平和人口分布状况是大致相适应的。

2005年全国村庄分布状况　　　　　　　表8-1

	全国	按六大区分						按三个地带分		
		华北	东北	华东	中南	西南	西北	东部	中部	西部
村庄(个)	3137146	168689	127007	859324	1018848	730331	232947	920582	1253286	963278

8.1.2.2 村庄规模状况

2005年，全国村庄总人口78661.3万人，其中非农业人口3114.3万人，占总人口的3.96%，平均每个村庄总人口251人，非农业人口10人，相关数据如表8-2所示。全国3137146个村庄现状用地面积140420km^2。

2005年全国村庄人口规模状况　　　　　　　表8-2

	个数（个）	总人口（万人）	其中：非农人口（万人）	非农人口占总人口比重（%）	总人口平均规模（人/村）	非农人口平均规模（人/村）
村庄	3137146	78661.3	3114.3	3.96	251	10

8.1.2.3 村庄住宅状况

2005年全国村庄住宅竣工面积44237万m^2，累计住宅建筑面积达2080107万m^2，其中楼房面积占34.0%，人均使用面积21.0m^2，人均居住面积16.5m^2。

8.1.2.4 村庄公共设施状况

2005年，全国村庄实有道路总长度达304万km，桥梁580031座，防洪堤233872km，89.7%的村庄通电，共有路灯239.5万盏。

8.1.2.5 村庄建设投资状况

2005年，全国村庄建设投资达2304.5亿元，相关数据如表8-3所示。

2005年全国乡镇建设投资状况　　　　　　　表8-3

	建设投资（亿元）	按六大区分						按用途分		
		华北	东北	华东	中南	西南	西北	公共建筑	生产性建筑	公用设施
村庄	2304.5	259.4	136.7	995.3	501.4	279.8	131.9	146.2	404.5	379.5

8.1.3 当今的村庄风貌

村庄风貌受到诸多因素的影响。不同的地形、地貌，就有截然不同的村落自然环境；不同的地理纬度、气候差异就有不同的村落空间布局；不同的风俗习惯、生活差异就有不同的村落空间形态。

8.1.3.1 不同地形地貌的村庄风貌

（1）山区的村庄

位于多山地区的村落，其布局为了适应山势的变化，通常采用两种建造方式：一是平行于等高线方向布置；另一是垂直等高线方向布置。

平行于等高线的村庄，主要街道同等高线弯曲形势一致，巷空间垂直于等高线；建筑走向沿等高线横向展开，同山势紧密呼应。位于山坳的村落呈内弯曲的形式，如同有向心和内聚感，以山为屏障，给人更多的安全感。位于山脊呈外凸形式布局的村庄，似有离心和扩散感，视野开阔并有利于通风。

垂直于等高线的村庄，主要街道垂直等高线，有明显的高程变化，建筑与地面起伏相应，呈跌落形式，村庄整体沿山势纵向展开，展现出重重叠叠的空间形态。

有山势造成的高差，使得村庄建筑的采光问题比较容易解决，因此以山而建的村庄呈现布局紧凑、鳞次栉比的空间形态。

（2）平原地区的村庄

如图8-1，由于平原地区对村庄建设无过多的地形限制，所以自然形成的平原村庄形态具有极大的自发性。村庄形态由一条街和沿街毗邻排列的农宅构成。随着农村规模的扩大，为了不使街道延伸过长，出现了巷空间，并且建筑沿巷道纵深发展。村庄在平原地带形成由街巷构成的网络式布局。但是，在目前较多的新村建设过程中，由于忽略了农村居住空间形态的创意的多样性，一次性建成的棋盘式布局、军营式的"排排房"解决了交通的便利和管理的方便，却抹煞了农村空间形态的灵活性。

图 8-1 平原地区的村庄

(3) 水网地区的村庄

在江苏、浙江、华中等地的水网密集区，水系既是农民对外交通的主要航线，也是生活的必需品。变化的水网决定着整个村庄的形态，池塘、湖泊支撑着村庄的公共交通中心。利用水系，使得农村的空间环境更加富有情趣。首先，河道的走向、形状和宽窄的不同使得建筑与河道之间形成了多种多样的形式，自由多变的河道成就了多变、丰富的空间形态。其次，水的软性不但自身具有亲人的魅力，同时由于水的存在而引入了码头、小桥、河埠等多种丰富空间的要素，村庄由此形成开合有致的空间形态，如图 8-2。

(a)   (b)

图 8-2 水网地区的村庄

8.1.3.2 不同经济结构的村庄风貌

（1）农业型村庄

在农业生产方式的要求下，以农业为主的农村仍然较多地保留与农业生产相关的场院等设施。这类村庄依旧受农业耕作方式的影响，空间结构和建筑形态与经济发展的速度呈反比，经济发展速度越快，村庄环境的均质程度越差。一方面村民之间存在着盲目攀比的观念，住宅建筑追求高、大、华丽，追求时髦，村庄各种材质的住宅兼而有之；另一方面，生产方式、生活方式的转变直接使得原有的一些具有农村特色的住宅因失掉功能而逐渐消失。

（2）工业型村庄

以工业为支撑的村庄，由于其发展多依赖于工业的生产，大部分有劳动能力的村民进入工厂工作，放弃了传统的农耕劳作，仅保留少许的用地作为口粮田和种菜之用。农民的生活方式几乎转变成按时上下班，因此，这类村庄的整体空间形态与城镇的居住区环境颇为相似，有便利的服务场所、完善的基础设施，部分地区建起了公寓楼。

（3）文化旅游型村庄

地处旅游区的村庄，或利用优美的生态资源（如水、山体等）和丰富的人文资源（如古村等），发展村庄旅游和农家乐。村庄在提供便利的交通设施的同时，尽量保持原有的农村特色，户外环境提供多项休闲的功能。在院落的布局考虑到农家乐的可能性，院内设卫生条件比较好的农家乐旅馆，并将杂物院建成种植绿色蔬菜的菜园、设置提供纳凉的室外场所。

8.1.3.3 不同的民俗和气候的村庄风貌

（1）不同的民俗

在欧洲，几乎所有的村镇都设有广场，通过与街道、教堂以及其他公共建筑的巧妙结合，形成村镇的"户外客厅"。在我国南方村庄中常见到的宗祠文化，讲究村庄中的血缘关系形成的宗祠类建筑就成为村庄生活的中心。在此的祭祀扫祖和节庆活动中,村民找到归属感。

（2）不同的气候

我国地域辽阔,从酷热的华南到严寒的东北、西北,从东南沿海到青藏高原,其气候条件变化悬殊。图8-3为沿海地区的村庄建房。各个不同气候区内都有典型的村庄形态和民居形式。纬度较高的地区,由于冬季气温低,御寒和防风是主要要求,因而人们对日照要求十分强烈,为争取更长的日照时间,就尽量避免建筑间的相互遮挡,所以建筑间保持较大的间距,村庄总体布局上密度较低。为了防止冷风侵袭,建筑物多对向阳或内院开窗,其余三面则以封闭式处理,整体风格呈现出厚重、封闭的特征。纬度低的地区主要对遮阳、避雨、散热、通风和防潮有要求。为了遮阳,建筑物力求靠拢来获得尽可能的阴影区；为了避雨,建筑物屋顶坡度大,出檐深,并在想到的空间内尽可能采取"骑楼"等空间形式；为了通风来散热、防潮,设置挑廊、披檐、平台、敞间等有顶无墙的开敞空间形式,见表8-4。

图8-3 沿海地区的村庄建房

南方和北方农村居住空间形态对比　　　表 8-4

	南方农村	北方农村
气候特点	纬度低、气温高、雨水多、湿度大，日温差与四季间温差变化均不显著，常处于静风状态	纬度高，冬季寒冷，夏季炎热，风沙较大
对气候条件要求	遮阳、避雨、散热、通风和防潮	御寒，争取日照、防冷风和夏季防热
居住空间的构成网络	江浙一带的多水农村，因水成街，以河道构成整个水乡的主要骨架，因水道的曲折灵活使得相应而生的逐级构成的街巷空间自然而充满生机	① 交通网络主要由街巷构成，水只是充当景观要素 ② 合院构成街坊构成中的最小单元，其南北朝向，为争取充足的日照，院落多南向且开阔
居住空间的构成密度	① 房屋之间密度较大。特别是广东一带因对遮阳有较高要求，通过缩小街巷尺度，密集排列住房，加大挑檐，形成较多阴凉空间 ② 院落在空间尺度上收缩至天井	① 位于平原地带的村落，受自然因素限制比较小，因此住房排列规则且密度相对较小，街道较南方宽 ② 位于山地农村，因坡地可以减少日照遮挡，使得住房排列紧凑
居住空间的构成元素	① 连接空间有了小桥、水埠头等与水相关因素的空间加入 ② 宗教、礼仪观念比较深入人心，有祖庙、宗祠类建筑 ③ 骑楼、平台、敞间、挑檐等通风、避雨类空间因素被广泛应用	① 生产性的场院和政治性的村委会广场是主要的开敞空间 ② 通过取水点、磨坊和大树等功能或景观要素来连接村内的各空间
建筑特征	轻巧、开敞	厚重、封闭

8.1.3.4　不同建设年代的村庄风貌

（1）传统的村庄

历史保留下来的传统村庄，经过时间的沉积，形成了特有的风貌特征，主要表现在以下几个方面：①尊重自然的景观环境；②具有人性的空间尺度；③功能复合的空间利用；④具有归属感的居住空间；⑤质朴的建筑。

（2）新建的村庄

只见新房，不见新村。随着农民的不断富裕，农民建房热持续不衰。村落的城市化倾向，导致城市型聚落结构及住屋形式不断"侵蚀"着村庄，村庄已经不再是人们心目中的清溪绿岗和花木阳关。村庄中，不同年代、不同结构的住宅相互交叉、高低不一，互为镶嵌，建筑外观凌乱，各家各户独自发展，见缝插针，主要表现在：从草房、砖木式平房、二层外廊式住宅到欧陆式风格的别墅式小洋楼；新建住宅立面既无时代新意，又无地方特色；房子越建越大，越建越高，甚至盲目追求奢华。

村村像城镇，镇镇像农村。由于"村村点火、户户冒烟"式发展的乡镇工业，村庄功能日趋复杂，用地分散，住宅用地不断扩张。同时，农村产业结构的变化带来劳动力的解放，大量农业人口奔向城市，却由于城乡壁垒森严的户籍制度成为既非农业人口，又非城市人口的两栖人口，使村落中许多房屋闲置无用，任其败落。另外，农民为了解决居住拥挤问题，围绕老村址的外围就近找地建新宅，村中的旧房留给老人或就此荒废掉；同时，由于靠近公路，为了争店面、抢客户，纷纷把房屋往交通便捷的村口、路边建，造成村庄逐渐失去边界。

室内现代化，室外脏乱差。农村工业化在20年的发展中曾给农民带来了大量的财富，虽然农民都纷纷盖了新房，但村庄内的环境却不容乐观。在许许多多的小康村中，豪华的住宅背后是肮脏的环境，衣着光鲜的行人脚下是污浊的马路，"进门绣花鞋、出门穿雨鞋"。村内街巷窄小，七拐八弯，毫无组织，且多为自然形成的土路，崎岖不平。排污设施几乎没有，露天的臭水沟房前房后通过，旱厕及猪牛圈就近分布，环境卫生恶劣，而乡镇工业的分散又使得环境污染日益严重。即使是在新建的农村住宅区，附近也缺乏必需的购物和公共活动场所，市政设施不全，更无公共绿地可供居民户外休息。设备良好的卫生间，由于户外没有排污系统，使浴缸、抽水马桶都不能使用。杂草丛生，垃圾乱堆的状况随处可见，和新建的住宅形成鲜明对照。在这里人们可以看到：奔驰车与小板车并驾齐驱，现代化的商业楼与寺庙比肩而立。在这些村庄，没有三产服务，没有基础设施共享，除了那些豪宅，村庄还是那个村庄。

8.1.4 村庄建设的现状特征

8.1.4.1 农村居住环境质量差

总体来看，主要表现在三个方面。一是建设乱。全国仅少量村庄有建设规划，且简单套用城市规划方法。一些农民随意沿公路建房。不少地方农村居民点数量多、规模小、分布散，建新房不拆旧宅，有新房无新村，有的形成"空心村"，造成用地浪费。有的地方盲目模仿城市建小区，农房建设缺乏地方特色和文化传统。东部地区发展较快，农民建了三、四轮房，住房条件有了较大改观，但部分村庄环境污染加重，生态恶化。中西部地区农民改建住房逐渐增多，却在重复东部地区的老路。二是饮水难。北方地区不少村庄水源性缺水严重，东部地区部分农村水质性缺水。仅有14%的村庄有自来水厂或者供水设施，有3.6亿农村人口喝不上符合标准的饮用水。三是环境差。村庄内部基本是土路，"晴天一身土，雨天一身泥"。乡镇企业的生产污水和农民的生活污水随意排放，进入河流、水塘，影响了水源安全，严重威胁农民的身体健康。随着垃圾自然循环的功能逐渐衰退，每年约1.2亿吨的生活垃圾露天乱堆乱放。

8.1.4.2 农村基础设施、公共服务设施建设水平低

一些地区的村庄建设处于放任自流的无序状态、建设管理严重错位，基础设施严重匮乏，公共服务设施严重短缺。城市像欧洲，农村像非洲，城乡发展差距逐年增大。

乡村整体的基础设施配置水平低，乡村之间联系弱，主要存在缺乏供水设施管网，农村居民饮水安全问题突出；缺乏排水（下水道）和污水处理系统，没有下水道和村级生活污水处理系统；道路交通设施建设和管理不符合相关规范、标准；环卫设施

缺乏，公厕、垃圾收集点均缺乏。根据住房和城乡建设部对9省43个县74个村的典型调查，96%的村庄没有排水设施，72%的村庄农民住房与畜禽圈舍混杂，几乎所有村庄使用传统旱厕。

8.1.4.3 农村土地等紧缺资源大量消耗

近年来，我国农村地区的村庄社会组织结构和空间分布出现了"三减一增"变化，即村庄人口总数、行政村个数和自然村数量逐步减少，2004年比2000年分别减少了1700万人、5.6万个行政村和27.4万个自然村（年均减少6.8万多个），而村庄平均人口规模不断增加。今后十五到二十年将会继续沿着"三减一增"的趋势演化。2002年全国城乡建设用地总量为20.34万km^2，其中，城市建设用地3.63万km^2，村镇建设用地16.71万km^2。村镇建设用地总量是城市建设用地总量的4.6倍。人均村镇建设用地从1993年的147.8m^2，增加到2002年的167.7m^2，增幅达13.5%，村镇平均每人增加了19.9m^2的建设用地。村镇建设用地总量和人均用地水平没有随着城镇化发展而降低。

目前农村的布局特征是"小、散、乱"，工业布局是"村村点火、户户冒烟"的格局。以江苏省为例，2004年现状农村人口4088.289万人，自然村248890个，农村建设用地781172.27hm^2，人均191.08m^2，村庄规模约176人/个。从江苏省三大地区比较来看，苏南地区村庄人均建设用地达到173m^2/人，村庄规模很小，自然村落大多在100人以下（根据常熟市调查，全市农村居民点10588处，其中10户以下的占18.7%，11~20户的占18.6%，21~50户的41.6%，户均占地约1亩）；苏中地区村庄人均建设用地为183m^2/人；苏北地区村庄集约程度相对较高，村庄人均建设用地在204m^2/人。其次，从空间布局上来看村庄布局"一字形"、"十字式"、"满天星"现象严重，呈现出"小、散、乱"的特点，导致基础设施配套困难，即使投入增加，农村生活质量也难以得到提高，并造成土地资源浪费。

8.1.4.4 农村建设管理混乱

以农房建设为例，2004年农村住宅投资2334亿元，村镇住宅建设量近十年来一直保持在 6 亿 m^2 以上，1984~2004 年，我国农村住宅建设总量超过 108 亿 m^2，不少地区农民住宅建了三到四茬，只见新房不见新村，造成农民和社会财富的巨大浪费。

农村长期形成的粗放生产方式及落后生活方式，极大地制约了农村社会的协调发展，也制约了我国经济的全面协调发展、农民迫切要求改变农村落后的现状。村庄建设整治工作已迫在眉睫。

8.1.4.5 传统特色受到挑战

在城市化进程中，很多农村地区在村落改造的进程中，瞬间就失去了千百年来关于生态环境与人文历史的积淀成果。乡村空间中水体、植被、山体等自然景观、建筑物、地域产业以及居民生活中各种有形、无形的地域资源正在转变，村镇面貌趋向雷同，自然和文化特征逐渐湮没。道路修到哪里，村镇就建到哪里，农民因为素质和追求经济利益，将住宅和厂房沿马路建设，有的甚至放弃了原有的村落，整个村搬迁至公路沿线，形成了以马路为轴心的带状发展区。另一方面私人住宅的建设，建筑布局基本上没有规划，主要依照房主的嗜好而建，建筑见缝插针，东一栋，西一栋，日照间距和消防间距不符合规范。很多村镇内道路曲折狭窄、路网不成系统，缺少停车场地，缺少公共绿地，缺少公共配套设施，就连生活垃圾站都难以找出空地安置，污水排放只能进行简单处理，环境相当恶劣。"屋内现代化，屋外脏乱差"是农村现状的形象描述。

8.2 当代村庄建设的机遇和挑战

8.2.1 宏观政策的指引

党的十六届五中全会提出了建设社会主义新农村的重大历史任务，并把建设新农村作为"十一五"经济社会发展的一个主要目标。十六届五中全会审议通过的《中共中央关于制定国民经济和社会发展第十一个五年规划的建议》(以下简称《建议》),不仅在第二部分"全面贯彻落实科学发展观"中强调"坚持把解决好'三农'问题作为全党工作的重中之重,实行工业反哺农业、城市支持农村,推进社会主义新农村建设,促进城镇化健康发展",而且第三部分的五条,又分别从积极推进城乡统筹发展、推进现代农业建设、全面深化农村改革、大力发展农村公共事业、千方百计增加农民收入五个方面,专门讲如何建设社会主义新农村。具体包括以下几个方面。

首先,从 2003 年初党中央明确把"三农"问题强调为全党工作的重中之重以来,已经出台了一系列的惠民政策,其中最主要的一条就是中央近几年不断地增加对农村的公共品投入,不仅加强对农村管理的投入,解决乡村基层的管理开支,而且开始增加对农村医疗和教育的投入,温家宝总理已经在 2005 年的两会上庄严地承诺,到 2007 年所有农村贫困家庭的子女入学问题都要解决,不能再让贫困家庭掏钱。今年教育部出台的文件是贫困家庭子女交不起学费的,先入学后解决。我们已经在政策上极大地朝向了贫困人群,朝向了农村的开支。

其次,在财政开支的过程中,中央特别强调要把增加的财政开支用于农村公共投入,主要放到县以下基层,特别是教育、医疗、卫生、科技、文化事业。以往我们尽管说增加农村的财政开支,但往往是各个部门把财政盘子分了,真正县以下农村基层得到的很少,而现在中央的指导思想是明确的,要投到县以下基层,这是一个非常重要的措施。另外,和这个相配套的措施,就是加大了国家资金对于农村基础设施的投入。从 2003 年开始,中央就明确指出,要把国家资金用到村以下与农民的生产生活息息相关的小项目上,如农村的小型道路、小型电力、小型通信、小型水(包括自来水和水利工程)、小型沼气等等,要让农民直接获利。另一方面,这几年中央也进一步提出加强农村的专业合作组织建设,进一步提出加强农村基层党组织建设,所有这些提议都针对的是面广、量大、高度分散、兼业化的、小规模的,甚至是原子型的小农。只有不断地提高农民组织化程度，加强农民的合作能力，加强基层的组织建设，我们农村有了组织载体，才能对接上国家的资金投入，对接上国家的政策投入，基础设施才能到位农村才能够好起来。

第三，在500多个国家级的贫困县，明确把整村推进作为一个扶贫战略，而在省定的700多个贫困县也已经开始这样做，那就是说至少在1000多个县，已经非常强调综合性的农村发展，而不再是单一的项目。中央提出新农村建设以后，各地会发挥自己的主观能动性，结合自己本地的实际情况，实事求是、因地制宜地总结出各地的地方经验，而这些经验将会成为我们推进社会主义新农村的一个重要的工作方法，通过典型，通过试验，逐渐以点带面去推广。

8.2.2 国民经济快速增长

目前，我国已经初步具备了工业反哺农业、城市支持农村的条件。从2003年开始，我国人均GDP已经稳定超过1000美元；2004年全国财政收入突破2.6万亿元，第二、三产业的比重达到了86%，城镇化率达到41.8%，农业就业率降低到了50%以下，城镇居民的恩格尔系数降低到了37%，工业制成品出口的比重达到了90%。随着我国综合国力的快速增长，我国贯彻"反哺"方针的能力将会越来越强大。

8.2.3 农业产业化发展需求

从世界农业发展的趋势，农业产业化是一条重要的道路。改革开放后，尤其是加入WTO后，随着生产力的提高，农产品价格的激烈竞争就显示出了农业产业化的重要性。

以我国农业产业化水平最高的山东省为例。山东省的各类农业产业合作企业在全国种类最多、企业规模最大。全省农业合作企业达10000多家，有的县90%以上的农民进入了各种农业合作组织之中，我们看到的景象是农业产业化蓬勃的发展。以花生产业化为例，山东的模式是"公司＋基地＋农户"，或者是"公司＋农户、基地＋农户"，这一点与在美国、欧洲看到的许多农业产业化模式很接近，符合农业发展要求。如果一家两亩地，有的种萝卜，有的种白菜，就无法将这些农产品出口，也形不成农业产业化。比如，外国订单要求订购500吨蔬菜，要求蔬菜的品种、颜色、大小都一样，没有规模经营，没有农业的产业化，就无法实现。

当然，农业合作组织也存在很多困难：第一，农业合作组织没有合法的地位。这些组织没有注册，一旦注册成公司就要交税。很多农业合作组织就是农民一商议就行动了。但是，没有"番号名分"的农民合作组织就不能贷款。第二，农业合作组织的风险很大。假如1万家农民合起来种白菜，就等于将1万家农民绑在了一根绳上，万一市场不好，万一天灾人祸，遭受损失就会是1万家农民。这就涉及到农业保险问题。但由于农业组织无名无分，造成了保险公司不做农业保险的局面。可以说，农业合作组织的优点是规模化的经营，能够解决很多问题，但是风险很大；第三，深层次的问题是剩余的劳动力如何解决。由于规模化经营，就会大规模机械化生产，形成集优化农业，就会剩余大量的劳动力。庞大的剩余劳动力是北京、上海等城市所不能承受的，这是很严重的问题。农民收入低有活干可以过，但是长期无工作就会产生社会问题。因此，规模化经营，集约化经营，产业化经营是农业发展的一个重要方向，应当鼓励。但是，在鼓励农业产业化的同时，应当有配套的政策。

8.2.4 相关制度仍需完善

党的十六届五中全会提出了建设社会主义新农村的重大历史任务，按照"生产发展、生活宽裕、乡风文明、村容整治、管理民主"的要求，积极稳妥地推进社会主义新农村建设，农村基层和群众热情高涨，因此在政策方面突破有关障碍显得更加迫切。按照统筹城乡发展的思路，社会主义新农村建设需要在农村土地、基础设施投资、社会保障、社区建设、农村文化等各个方面进行政策配套和完善。

在村庄建设过程中，涉及到的土地政策错综复杂，与宅基地有关的土地政策尤为重要。按照中央要求，既要实行最严格的耕地保护制度，确保基本农田数量不减少、质量不下降，以保证国家粮食安全，又要落实科学发展观的要求，保持适当的城镇发展空间，促进二、三产业又快又好地发展，以促进经济持续健康发展。实现这一目标，研究城市化进程中，千方百计减少农村建设用地尤其是村庄建设用地是重要的途径。对农村建设用地政策进行研究，开展农村建设用地整理，逐步建立完善的农村建设用地的减少与城镇建设用地增加相挂钩的制度，尤其是对农民建房宅基地进行整理，是今后的发展方向。

农村基础设施的社会性、公益性、共享性显示其具有明显的公共物品的特征，应该主要由政府提供。从政策趋向看，今后中央和各级政府均将按照"工业支持农业，城市反哺农村"的方针，加大对农村基础设施的公共财政投入力度，但仅依靠公共财政投入难以完全解决农村基础设施建设投入问题，需要开辟新的政策途径。

在统筹城乡发展的过程中，不但需要搞好村庄建设的物质形态，还需要在非物质层面上的农民就业、社会保障、社区建设、农村文化建设，使广大农村在享受现代物质文明的同时，文明素养、社会保障水平、就业覆盖普遍提高，精神生活得到不断丰富，真正构建农村居民人居环境优美、生活安康幸福的和谐社会，但从现有政策层面上还不能完全覆盖到农村。

8.3　城乡统筹发展中的社会主义新农村建设

8.3.1　社会主义新农村建设的内涵

"社会主义新农村"是指在社会主义条件下或社会主义制度

下，反映一定时期农村社会以经济发展为基础，以社会全面进步为标志的社会状态。主要包括以下几个方面。一是发展经济、增加收入。这是建设社会主义新农村的首要前提。要通过高产高效、优质特色、规模经营等产业化手段，提高农业生产效益。二是建设村镇、改善环境。包括住房改造、垃圾处理、安全用水、道路整治、村屯绿化等内容。三是扩大公益、促进和谐。要办好义务教育，使适龄儿童都能入学并受到基本教育；要扩大新型农村合作医疗试点，使农民享受基本的公共卫生服务；要加强农村养老和贫困户的社会保障；要统筹城乡就业，为农民进城提供方便。四是提高农民素质。要加强精神文明建设，倡导健康文明的社会风尚；要发展农村文化设施，丰富农民精神文化生活；要加强村级自治组织建设，引导农民主动有序地参与乡村建设事业。

具体而言，所谓"新农村"应该包括五个方面的范畴：要因地制宜地建设各具民族和地域风情的居住房，而且房屋建设要符合"节约型社会"的要求；要完善基础设施，道路、水电、广播、通信等配套设施要俱全，让现代农村共享信息文明；生态环境良好、生活环境优美，尤其是在环境卫生的处理能力上要体现出新的时代特征；使农民具备现代化素质，成为有理想、有文化、有道德、有纪律的"四有农民"；要移风易俗，提倡科学、文明、法治的生活观，加强农村的社会主义精神文明建设。

8.3.2 为什么要建设社会主义新农村

和不少别的国家一样，在工业化、城镇化的初期，中国也需要从农业、农村中积累发展资金，因此城乡发展的差距在逐步扩大。当工业化、城镇化发展到一定阶段，如果不及时调整发展战略，促进农业农村更快发展、农民收入更多增长，就必然会影响经济社会发展的全局，影响我国全面建设小康社会和现代化目标的实现。因此，现在提出"建设社会主义新农村"，至少有这样五方面的原因：

(1) 我国农业的基础还不稳固,不能适应经济社会发展和人民生活水平提高的需要。

2005年我国粮食产量虽然恢复到了4.84亿t,但还不能满足需求,比历史最高水平还低近3000万吨。而耕地和水资源不足的矛盾对农业发展的制约越来越明显。因此,必须增加对农业的投资,以改善生产条件,提高科技水平,提高土地的产出率。

(2) 必须认真对待还在继续扩大的城乡差距

中国是个人口大国,且农村人口占大多数。这样的国情决定了要真正消除城乡差距将是一个漫长的历史过程。但是,在当前工业化、城镇化加速的背景下,城乡差距呈扩大之势,这就需要引起高度重视。2005年,农民的人均纯收入是3255元,城镇居民的可支配收入为10493元,两者的收入比为3.22∶1。同时,农村基础设施建设和教育、卫生、文化等社会事业,与城市的差距更大,这是影响农民素质提高的重大制约因素。

(3) 已经初步具备了"以工促农,以城带乡"的条件

2000年,我国GDP为8.95万亿元,财政收入为1.34万亿元,全社会固定资产投资为3.3万亿元;而2005年,GDP已增加到18.2万亿元,财政收入达到3.16万亿元,全社会固定资产投资8.86万亿元。"十五"期间,这几项指标都增长1倍以上。

(4) 扩大内需的必然要求

由于占人口大多数的农民收入水平低,购买力不足,因此客观上影响了扩大内需方针的落实。2005年,我国社会消费品零售额,在县和县以下实现的部分只占总额的32.9%。

(5) 构建社会主义和谐社会的必然要求

农业是国民经济的基础。没有农村的稳定和全面进步,就不可能有整个社会的稳定和全面进步;没有农村的小康,就没有全面的小康;没有农民的小康,就不可能有全国人民的小康。社会主义新农村建设,与解决"三农"问题是相互统一的。在构建和谐社会的进程中,解决"三农"问题始终是全局性、根本性的问题。构建和谐的农村社会与城市不同,应与农村建设的实际

紧密结合起来,把农村建设成为经济繁荣、设施配套、功能齐全、环境优美、生态良好、文明进步的社会主义新农村。

8.3.3 城乡统筹发展是建设社会主义新农村的一个基本方略

"社会主义新农村"这一概念,早在20世纪50年代就提出过,此后多次出现在党的有关文件中,但在过去很长一个历史时期里,由于我国经济落后、基础薄弱,只能把主要精力集中在发展城市工业方面。虽然倡导城市带动农村,但在实践中更多是依靠农村自身的力量发展农村,就农村发展农村,各项政策措施特别是公共财政投入没有向农村倾斜,城乡发展不平衡的状况比较严重,农村经济社会发展明显滞后的局面并没有得到根本改观。

纵观一些工业化国家发展的历程,在工业化初始阶段,农业支持工业、农业为工业提供积累,带有普遍性。但在工业化达到相当程度以后,工业要反哺农业、城市要支持农村,实现工业与农业、城市与农村协调发展。2004年我国国内生产总值达136876亿元,二、三产业占国内生产总值的比重达到85%以上,财政收入2.6万亿元,人均国内生产总值达到了1276美元,已经初步具备了工业反哺农业、城市支持农村的经济实力。

在此背景下,党的十六届五中全会从社会主义现代化建设的全局出发,强调要继续把解决"三农"问题作为全党工作的重中之重,实行工业反哺农业、城市支持农村,大力推进社会主义新农村建设。这一战略目标的提出,无疑有着重要的现实意义和深远的历史意义。新农村建设也被赋予了新的时代特征,即"生产发展、生活宽裕、乡风文明、村容整洁、管理民主"。而强调城乡统筹发展,注重城市对农村的支持、工业对农业的反哺,就是为了使农业得到可持续发展的基础,使农村社会能够实现和谐,进而为实现整个社会的和谐创造良好的条件。

8.3.4 如何建设社会主义新农村

一是统筹城乡发展机制。改变过去的财政收支格局,让资源向农村流动。二是推进农业现代化。如果农业仍然停留在原始的耕作方式,那么"城市像欧洲、农村像非洲"的局面就不会根本改变。三是深化农村改革,实行承包责任制,尤其是基本取消农业税后,农村社会各方面发生了本质变化,新产生或者原来遗留的问题只有通过进一步改革才能解决。四是加强农村社会事业、基础设施建设。现在城乡差距大,其中医疗卫生、文教等社会方面的差距比经济方面更大。五是千方百计提高农民收入。农村人口占总人口的比例为60%,2004年农村商品零售额却只占34%。如何在确保我国粮食安全的同时提高农民收入,这是我国农业现代化、全面建设小康社会的长期任务。

8.4 社会主义新农村建设中的村庄建设

8.4.1 社会主义新农村建设与村庄建设的关系

8.4.1.1 社会主义新农村建设是一个系统工程

社会主义新农村建设是经济建设、政治建设、文化建设、社会建设四位一体的综合概念,不但涵盖了以往国家在处理城乡关系、解决"三农"问题方面的政策内容,而且赋予其新时期新的内涵。它既包括了路、电、水、气等生活设施和教育、卫生、文化等社会事业建设,也包括了以农田、水利、科技等以农业基础设施为主的产业能力建设;既包括了村容、村貌、环境整治,也包括了以村民自治为主要内容的制度创新,还包括以弘扬中华传统美德,构建与时代相适应的和谐农村为中心的精神文明建设。因此,建设社会主义新农村是一场长期的、全面的革命,是一个宏大的系统工程。

改善农村基础条件,让农民们都能有更好的居住条件,确实是新农村建设的一个目标,但我们绝对不能把建设社会主义新农村仅仅理解为新村庄的建设。党的十六届五中全会提出的"生产发展、生活宽裕、乡风文明、村容整洁、管理民主"这五句话20个字涵盖生产、生活、乡风、村容、管理等方面,必须要全面、完整地理解,要防止把新农村建设等同于新村庄建设,单一搞工程,搞基建。

8.4.1.2 村庄建设是新农村建设内容的重要部分

村庄建设是新农村建设内容的重要部分,是惠及农村千家万户的德政工程,是立足于现实条件,缩小城乡差距、促进农村全面发展的必由之路。加强村庄建设工作,有利于提升农村人居环境和农村社会文明;有利于改善农村生活条件,提高广大农民生活质量,焕发农村社会活力;有利于改变传统的农业生产生活方式。通过村庄建设可以做到村容整洁,一定程度上可以带动农村生产发展和提升农村的乡风文明建设。

8.4.2 村庄建设的内容

8.4.2.1 旧村整治

(1) 整治的原则

1) 资源整合、节约建设。贯彻资源优化配置与调剂利用的方针,提倡自力更生、就地取材、厉行节约、多办实事。

2) 因地制宜、分类指导。根据经济发展水平、自然条件(山区、丘陵、平原以及寒冷、冬冷夏热、冬暖夏热等)、区位条件(城郊、城内、远离城镇)等状况,结合村庄特点采取不同的整治措施。

3) 区别对待、多模式整治。散户、散村及地质灾害常发地区和易受自然灾害的村庄可迁建;对具有一定规模且已有部分公共设施的村庄,应充分利用原有的设施和条件,实施整村整治,根据需要进行少量拆建和改建;对城镇规划建设范围内(城中村)基础设施薄弱、建设无序、人居环境较差的自然村落,应按规划要求实施控制、整治改造和重建;对一户多宅,控制原住宅造成的空心村,坚持一户一宅的基本政策,合理规划,民主决策,拆除旧宅,按新村建设要求进行整治建设。

4) 以人为本、尊重民意。广泛听取基层和农民的意见和建议，以农民满意不满意、需要不需要为基本出发点，尊重农民意愿，维护农民利益，加快农民增收致富，要民主商议，不强迫命令。

（2）整治的范畴

村庄整治项目涵盖三个层面：一是由中央财政和各级政府直接投资建设的农村地区的基础设施和公共服务设施，它是改善农村人居环境的重要保障，也是实施村庄整治的依托；二是由政府资助，农民自主选择采取整治的方式实施，是直接改善村庄面貌和整体提升人居环境的公益类建设项目；三是通过政府资金引导、科技项目示范、市场化运作、农户自主参与、利益到户的有关项目。

（3）整治的内容

整治内容中首先明确了村庄整治主要面向人们日常生活所必需的公用设施、环境质量保障和安全保障设施，以及村庄风貌的维护等。主要包括：①公益性基础设施：如道路桥梁建设、供水设施建设、电力供应设施建设等。②公益性公共服务设施：如村委会、村民休闲社交活动用房及设施、医疗卫生室等。③环卫设施：如生活垃圾处理设施、公共厕所、禽畜饲养场的环境卫生与粪便无害化处理等内容。④防灾减灾设施：如防洪堤、截洪沟、泄洪沟等防洪设施；防火墙及房屋间的防火间距等防火措施等。⑤环境面貌的治理与改善的内容：如人畜分离；清除乱搭乱建的违规建筑物、构筑物；历史文化建筑的保护与修缮等内容。

8.4.2.2　新村建设

（1）建设思路

1）城乡统筹的思路。村庄建设与城镇发展相协调，优先促进长期稳定从事二、三产业的农村人口向城镇转移，合理促进城市文明向农村延伸，形成特色分明的城镇与乡村的空间格局，促进城乡和谐发展。

2）集约化建设思路。应逐步缩减、迁并零乱分散的村庄居民点，引导农村居民向小城镇、大规模村庄聚集；应充分考虑城镇化的进程和发展格局，实施各项基础设施的配套共建共享；村庄应充分利用丘陵、缓坡和其他非耕地进行建设；应紧凑布局村庄各项建设用地，节约用地；村庄建设应简朴、经济，并以本地、乡土材料为主，与乡村环境氛围相协调，节约建设资金。

3）村庄田园化的建设思路。保护村庄自然肌理，发掘地方优秀的传统文化、民俗风情和居民建筑文化，突出地方特色和民族风格，防止村庄建设城市小区化；保护和改善农村生态环境，美化村容村貌，提高村民生活质量，防止千村一面。

（2）建设要点

1）住宅建设

住宅建设应遵循节能、节地、节水、节材的原则，建设节能省地型住宅。遵循适用、经济、安全、美观的原则建设安全住宅。住宅建设应根据主导产业方式的不同选择相应的建筑类型。以第一产业为主的村庄以低层独院式联排住宅为主；以第二、三产业为主的村庄积极引导建设多层公寓式住宅；限制建设独立式住宅。住宅平面设计应尊重村民的生产方式和生活习惯，满足村民的生产生活需要，同时注重加强引导卫生、科学、舒适的生活方式。住宅建筑风格应适合农村特点，体现地方特色，并与周边环境相协调。保护具有历史文化价值和传统风貌的建筑。

农村村民一户只能拥有一处宅基地，其宅基地的面积不得超过省、自治区、直辖市规定的标准。单户住宅建筑面积提倡节约建设，具体建设标准按省、自治区、直辖市规定的标准执行，原则上不应超过300m^2。住宅建筑基底面积不能超过宅基地面积的70%。新建住宅应满足本地区日照间距标准。

住宅户型应由当地建设行政主管部门根据本地区实际情况，按照高、中、低等级分档制定出数套标准通用图纸，农民可根据自己的具体情况选择适合自己的标准和样式。如需对图纸作适当调整修改时，可向图纸审查部门提出申请，由相关部门作出调整。图纸一旦确定，建造时就必须依照选定的图纸执行。在建筑材料和施工方面，对农村住宅建筑中使用的砖、钢材、水泥等主要材料及空心板等应加大监督力度，防止劣质建材及构件流入农村市场。对农村施工人员应进行统一培训，提高其技术水平，培训合格人员颁发上岗证，形成稳定的施工队伍。

2) 公共服务设施建设

村庄公共服务设施分为公益性和经营性两类。公益性公共服务设施是指文化、教育、行政管理、医疗卫生、体育健身等公共设施；经营性公共服务设施是指日用百货、集市贸易、食品店、粮店、综合修理店、小吃店、便利店、理发店、娱乐场所、物业管理服务公司、农副产品加工点等公共设施。其中公益性公共服务设施由集体投资建设，经营性公共服务设施由市场投资建设。

公共服务设施的建设规模应根据村庄人口规模和产业特点确定，与经济社会发展水平相适应。公共服务设施配套指标按 $1000 \sim 2000 m^2 /$ 千人建筑面积计算。其建设内容见表 8-5。

公益性公共建筑项目配置表　　　表 8-5

内　容	设　置　条　件	建　设　规　模
1. 村（居）委会	村委会所在地设置，可附设于其他建筑	$100 \sim 300 m^2$
2. 幼儿园、托儿所	可单独设置，也可附设于其他建筑	——
3. 文化活动室（图书室）	可结合公共服务中心设置	不少于 $50 m^2$
4. 老年活动室	可结合公共服务中心设置	——
5. 卫生所、计生站	可结合公共服务中心设置	不少于 $50 m^2$
6. 健身场地	可与绿地广场结合设置	不少于 $150 m^2$ 用地
7. 文化宣传栏	可与村委会、文化站、村口结合设置	长度不少于 3m
8. 公厕	与公共建筑、活动场地结合	每座不少于 $30 m^2$

公共服务设施宜相对集中布置在村民方便使用的地方（如村口或村庄主要道路旁）。根据公共设施的配置规模，其布局可以分为点状和带状两种主要形式。点状布局应结合公共活动场地，形成村庄公共活动中心；带状布局应结合村庄主要道路形成街市，如图 8-4、图 8-5 所示。

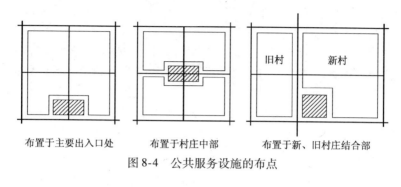

图 8-4 公共服务设施的布点

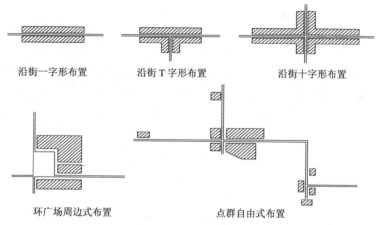

图 8-5 公共建筑排列方式

3）道路建设

根据村庄的不同规模，选择相应的道路等级与宽度。规模较大（1500人以上）的村庄可按照主要、次要、宅间道路进行布置，其中主要道路路面宽度为 6~9m，次要道路路面宽度为 3~5m，宅间道路路面宽度为 2.5~3m。中小规模村庄可酌情选择道路等级与宽度。道路的组织形式与断面宽度要结合机动车的不同停车方式（集中布置、分散布置）合理确定。位于城镇规划建设用地范围内的村庄道路应与城镇道路网衔接。承担联系周边村庄的部分公路功能的村庄主要道路宽度可适当加宽。道路路面以乡土化、生态型的铺装材料为主,保留和修复现状中富有特色的石板路和青砖路等传统街巷道。

村庄停车场地建设主要考虑停车的安全和经济、方便。私家农用车停车场地、多层公寓住宅停车场地宜集中布置,低层住宅停车可结合宅、院分散布置,可适当考虑部分村内道路占道停车,公共建筑停车场地应结合车流集中的场所统一安排。有特殊功能的村庄(如旅游)的停车场地布置主要考虑停车安全和减少对村民的干扰,宜在村庄周边集中布置。

4)绿化建设

村庄绿化建设应遵循乡土化的原则。尊重地方文脉,结合民风民俗,展示地方文化,体现乡土气息,营造有利于形成村庄特色的景观环境。绿化景观材料应简朴、经济,并以本地、乡土材料为主,与乡村环境氛围相协调。应遵循整体性原则,注重村庄风格的协调统一,呈现自然、简洁的村庄整体风貌,形成四季有绿、季相分明的村庄绿化景观效果。

村庄适宜将村口、道路两侧、不布置建筑物的滨水地区以及不宜建设地段作为绿化布置的重点。绿化建设过程中应保护和利用村庄现有的良好自然环境,特别要注意利用村庄的河道和山坡植被,提高村庄生态环境质量。保护村中的河、溪、塘等水面,发挥其防洪、排涝、生态景观等多种功能作用。村庄绿化应以乔木为主,灌木为辅,必要时以草点缀,植物品种宜选用具有地方特色、多样性、经济性、易生长、抗病害、生态效应好的品种,如图8-6。

图8-6 休息的村庄

5）基础设施建设

① 给水工程。根据村庄的分布特点、生活水平和区域水资源条件，合理确定用水量指标、供水水源和水压要求，生活饮用水水质应符合现行国家标准的规定。供水水源应与区域供水、农村改水相衔接，用自备水源的村庄应配套建设净化、消毒设施；给水管网的供水压力，宜满足建筑室内末端供水龙头不低于1.5m的水压。结合道路规划，合理布置输配水管网，有条件的地区可布置成环状网。

② 排水工程。新村综合污水量宜根据其综合生活用水量乘以其排放系数（0.75~0.80）确定，工业废水量宜根据工业用水量乘以其排放系数（0.70~0.90）确定。雨水量按新村所处地区的暴雨强度公式计算。近期建设污水处理厂的村庄，可以采用分流制，远期建设污水处理厂的村庄，近期采用合流制，远期采用分流制；近远期不建设污水处理厂的村庄，应采用化粪池、沼气池等方法预处理，这些处理设施可以分户建设或合建。污水处理厂排放标准应符合现行国家标准《污水综合排放标准》（GB 8978）的有关规定；处理后的水用于农田灌溉，其水质应符合现行国家标准《农田灌溉水质标准》（GB 5084）的有关规定。村庄工业企业或养殖业等废水除国家规定要求外，预处理率要达到100%。

③ 供电工程。用电负荷采用单位建筑面积负荷指标预测，以现状用电水平为基础，对照表8-6指标幅值范围选定。

新村单位建筑面积负荷指标 表8-6

建 筑 分 类	居 住 建 筑	公共建筑
单位建筑面积符合指标（W/m²）	15~40（1~4kW/户）	30~80

新村电压等级宜为国家标准电压，即110kV，35kV，10kV和380/220V中的2~3级两个电压层次，并结合所在地区规定的电压标准选定。农村架空电力线路应根据农村地形、地貌特点和电网规划沿道路、河渠、绿化带建设。当设置35kV及以上高压

架空电力线路时,应规划专用线路走廊,并不得穿越村庄中心。中低压架空线路应同杆架设,电力线路之间应减少交叉、跨越,并不得对弱电产生干扰。

新村35kV、10kV、0.4kV变电所一般宜采用布置紧凑、占地较少的全户外或半户外式结构,数量及分布宜按经济供电半径进行。变电所的选址应做到线路进出方便和接近负荷中心。工业线路和农业线路宜分开设置。

④ 通信工程。较大型新村应设邮政代办点,并应设信箱或信筒,按1个/300户设置,代办工作可由村民兼职。新村有线电话线路网可采用线形和树形结构,应顺街道走向,主干电缆应沿村庄干道布设,宜设在电力线道路走向的另一侧。同时应考虑新技术、新业务的发展,电信网应考虑向综合业务数字网ISDN、ADSL的逐步过渡和信息网的统筹规划。新村的广播、有线电视线路宜与电信线路同杆、同管道敷设,但电视电缆、广播电缆不宜与通信电缆共管孔敷设。新村应适当发展有线电视,线路应短且平直,避开易使线路损伤的场区,减少与其他管线与障碍物的交叉跨越。

⑤ 供热工程。应根据采暖地区的经济和能源状况,充分考虑热能的综合利用,确定供热方式。充分利用太阳能,也可以利用电能。采暖热负荷应按照面积热指标法确定,建筑物采暖面积热指标见表8-7。

采暖面积热指标表　　　　　　表8-7

建筑类型	住宅	学校	商店	饭店	卫生所
Q_f（W/m²）	58~64	60~80	65~80	115~140	65~80

新村应采用枝状供热管网。供热管线应沿街道一侧铺设,应少穿越主要交通线。供热管线与其他市政管线、构筑物应协调安排。供热管网应考虑当地的气象、水文地质、地形地貌、交通线等因素,选择架空或地下敷设。

6）燃气工程

液化石油气供应基地的规模应根据供应用户类型、户数等用气量指标确定。每个瓶装供应站一般供应 2000~5500 户。供应站应选择在区域中心，供应半径不宜超过 0.5~1.0km。液化石油气储配站主要技术经济指标见表 8-8。

储配站主要技术经济指标　　　　表 8-8

项　　目	供应规模（t/年）	
	400	1000
供应户数	2000~2500	5000~5500
占地（m^2）	8000	10000
储罐形式	卧式	卧式
日供应量	1	3

靠近城镇新村应利用城镇条件或邻近燃气管网系统使用燃气，燃气干线应尽量靠近大型用户。输气管网要尽量避开交通干线和繁华的街道，新村燃气管道一般沿路单侧敷设。

新村应根据不同地区的燃料资源和能源结构情况确定燃气种类。有条件的新村宜选用沼气和液化石油气、人工煤气等矿物质气。如果选用沼气或农作物秸秆制气应根据原料品种与产气量确定供应范围，并应做好沼水、沼渣的综合利用。

① 环境卫生工程。新村应逐步实现生活垃圾清运容器化、密闭化和处理无害化的环境卫生目标。农村应设置垃圾收集箱，农村生活垃圾收集后送往镇上的转运站，统一送垃圾处理场处理。有条件的农村可因地制宜采用堆肥方法处理。

② 防灾工程。

防洪：村庄防洪标准，应根据《防洪标准》(GB 50201) 等的相关规定确定。新村修建围垸、安全台、避水台等就地避洪安全设施时，其位置应避开分洪口、主流顶冲和深水区。易受内涝灾的村庄，其排涝工程应与排水工程统一规划。易发生山体滑坡及泥石流的地区，应对山体进行加固处理。

消防：燃油、燃气供应站等与居住、医疗、教育、市场等之间的防火间距不得小于50m。打谷场的布置，林区的建筑与成片林的消防安全距离，各类用地中建筑的防火分区、防火间距的设置，均应符合现行国家标准。具备给水管网条件时，供水管网及消火栓的布置、水量、水压符合现行国家标准《村镇建筑设计防火规范》（GBJ 39）有关规定。不具备给水管网条件时，应利用河湖、池塘、水渠等水源规划建设消防设施。

抗震防灾：严禁在危险地段建设居民建筑和基础设施，对不安全的农房应及时进行加固。道路、供水等工程应采取环状布置方式。能产生火灾、爆炸、溢出剧毒、细菌、放射物质的单位或设施，应迁出村庄，或距村庄有一定安全的距离，并具有明显的标志和良好的交通条件，有防止其灾害蔓延的措施。

防风减灾：新村选址应避开与风向一致的谷口、山口等易形成风灾的地段。村庄建筑物宜成组成片布置，迎风地段不宜建刚度小的建筑物，村庄迎风方向一侧应选种密集型的防护林带。

其他：新村中应设有高程较高的应对突发洪水、泥石流、地震的空旷场地，面积要大于$1000m^2$，以安置受灾村民。公共建筑不得建在有危险隐患的地段。新村应设突发急性传染病的隔离室。应设有应对突发性动物瘟病的动物尸体填埋沟、填埋坑，距村庄有一定的距离，并设置标志。新村应设有应对突发性人类传染病的隔离场所，临时可借用离村较远的学校、民房等，并设置标志。

8.4.3 古村保护

8.4.3.1 保护内容

1）具有特色的整体空间环境和风貌；
2）传统的街巷格局和形态；
3）具有文物价值的古文化遗址、古建筑（构筑）物、石刻、近现代优秀建筑等；
4）地下文物埋藏区；

5）河道水系、地貌遗迹、古树名木等；

6）具有地方特色的方言、传统戏曲、传统工艺、传统产业、民风民俗等文化遗产。

8.4.3.2 保护要求

1）古村落的传统街巷风貌整治和立面改造方案，应当符合古村落保护规划，并征求当地文物行政主管部门意见。古村落内村民新建、改建、扩建房屋，应当符合古村落保护规划，其方案由村民委员会组织公示。古村落重点保护区内与风貌不协调的原有建筑应当逐步整治或者拆除。

2）古村落内的古建筑和石道板、井圈、古牌坊、古桥梁、古砖刻门楼等古构筑物、古建筑构件不得擅自拆除或者迁移。确需迁移或拆除的，必须征得当地文物行政主管部门同意后，报规划行政主管部门批准，拆除的古建筑构件不得出售，应当报请当地文物行政主管部门处理。

3）古村落应当保持自然生态环境和原有的生活状态，周围山体应当绿化，河道应当定期清淤整治，适度发展旅游和文化产业，防止无序和过度开发。

8.5 社会主义新农村建设的若干典型案例

8.5.1 浙江省"新乡村建设运动"："万村整治、千村示范"工程

为加快全面建设小康社会，统筹城乡经济社会发展，提高广大农民群众的生活质量、健康水平和文明素质，针对农村中存在的一系列问题，浙江省委、省政府于2003年7月作出了实施"千村示范、万村整治"工程（以下简称"千万工程"）的重大决策。

8.5.1.1 总体目标

"千村示范、万村整治"工作的总体目标是：以村庄整治和建设为突破口，逐步打破城乡分割的传统体制，使城市基础设

施、社会服务事业逐步向农村延伸辐射,让农村居民也能享受到城市文明,争取用5年时间,对1万个左右的行政村进行全面整治,并把其中1000个中心村建设成"村美、户富、班子强"的全面小康示范村。

列入第一批基本实现农业和农村现代化的县(市、区),每年要对10%左右的行政村进行整治,同时建设3~5个示范村;列入第二、第三批基本实现农业和农村现代化的县(市、区),每年要对2%~5%的行政村进行整治,同时建设1~2个示范村。

8.5.1.2 具体内容和成效

(1) 组织有力

各市成立了以领导挂帅的"千万工程"协调小组,切实加强对实施的领导,广泛深入地做好宣传发动工作,研究贯彻落实意见,进行全面部署,统一思想,形成"齐抓共管、合力推进"的氛围。各级各部门树立典型示范,坚持示范带动,选择了一批班子强、村级经济比较富裕的作为示范村,率先启动,以点带面,梯度推进。各级政府还积极组织和引导社会各界和农村先富起来的群体,支持、参与村庄整治。建立以集体和农民自筹为主、政府补助为辅、社会各方力量支持的多渠道筹集建设资金的有效机制。有条件的地方,运用市场机制吸引外来投资参与建设。

(2) 部门合作

在统一规划的基础上,把各项任务分解落实到相关职能部门,要求各部门各司其职,按照"示范整治的点定到哪里,相关部门的服务和配套资金就跟到哪里"的要求,整合各方力量,全力以赴支持旧村改造、新村建设。把以往分散的专项建设资金及其他资源集中使用,整体推进农业和农村基础设施建设。各有关部门牵头组织实施的先锋工程、文明村、生态村、园林绿化村、乡村通达工程、河道整治、改水改厕、危房改造等,都与"千万工程"相衔接。浙江省政府每年还安排4000万元以上的财政专项资金，主要用于示范村规划编制补助和村庄整治以奖代补。

(3) 规划先导

浙江省在"千村示范、万村整治"工程中，出台了《浙江省农业和农村现代化建设纲要》，指导各地认真编制县域村庄布局规划、村庄总体规划和村庄建设规划。省建设厅研究制定了《浙江省村庄规划编制导则》，开展了"全省农房设计竞赛"，针对山区、丘陵地带、平原水乡、海岛等不同的地形特点，提供了优秀的农房建筑方案，供广大农民选择。

全省60个县（市、区）展开村庄布局规划编制工作。其中34个县（市、区）实现了从县、乡镇到村庄的规划层层配套，一批具有鲜明的江南水乡、海岛渔村、山乡村寨特色和浓郁乡土文化气息的新农村规划脱颖而出。

在住宅设计上，注意保留有特色的传统民居，以体现村庄的历史文化底蕴。按照城市化要求和农村实际，注重营造不同的建筑风格。建筑以联排式为主，兼顾跃层、多层、别墅，对重要地段的建筑立面、外观、色彩进行推敲。

(4) 措施到位

各级政府紧紧抓住资金投入这一关键环点进行重点突破。建设资金实行统一管理制度，明确补助范围和标准，规范审批程序和支付方式。从财政或土地出让金中划出专项资金用于规划和村庄整治。对于城市示范村的建设资金，土地出让金全额返回，同时市财政每年安排配套资金。对于农村示范村，财政每年安排资金扶持村庄建设。乡镇按照"先易后难、逐个突破"的原则，也加大了扶持和工作力度。在保障政府投入的同时，积极引入市场机制，多渠道筹集建设资金。按照"能免则免、能减则减"的要求，对涉及旧村改造和村庄整理的12项收费作最大限度的减免，降低农村的建设成本。

工程建设实行公开招投标制度。用地指标实行核拨使用制度，按实核拨，严格审批，集约利用土地资源。旧村改造实行一户一宅的办法，并对实施细则、享受对象、区块安排、资金使用等实行公示制度，坚持统一规划、统一安置、统一设计、统一建造的原则，确保公开、公正、公平。

严格规范拆迁建设行为，对旧村的拆迁、新村的规划建设、验收等制定科学合理的操作规程，建立项目申报制、方案评审制、房产评估制、财务审计制、土地工程招标制、质量监理制、群众监督制等七项工作制度，加强管理，杜绝一切违法违规行为。做好思想政治工作，及时化解拆迁纠纷和矛盾。

（5）因地制宜

从地域分布上看，城市示范村的重点是撤村建居，按城市社区标准建设，方式是建多高层公寓，建设一批都市型小区。农村示范村按照"村美、户富"的标准，实现三大文明协调发展，建成农村新社区。对城郊结合部、乡镇所在地和公路沿线等地的重点整治村，以"脏、乱、差、散"为整治重点。

从经济条件看，经济发达的村，实施旧村改造，拆旧房、建新房；经济条件一般的村，实施村庄整治，拆危房、整旧房、建新房；经济欠发达的村，以环境整治为主，以道路硬化为突破口，以卫生美化为重点，整治村容村貌；少数贫困村，鼓励农户到脱贫安居小区建房安居。

在村庄整治的具体操作中，浙江省特别注重发挥先进村的示范引导作用，重视生态环境建设和保护，实行田、林、路、河、住房、供水、排污等综合治理。注重保持农村的特色和风貌，注意保护古树名木和名人故居、古建筑、古村落等历史文化遗迹。如杭州市临安市突出明确了生态村、旅游村、文化村等3个类型的特色村建设；桐庐县确定了整体迁建型、保护复建型、环境整治型3种类型，按照不同的标准，区别对待，分类施策，从而保证了"千万工程"更加符合实际、更有指导性和针对性。

浙江还按照群众自愿、政府引导、市场运作的原则，启动"异地奔小康"工程，每年安排财政资金，在新村规划建设上，打破行政区划，允许异地迁建，加快在城区和城郊规划开发农民安居小区，引导农民向城镇集聚，从事二、三产业，逐步转化为市民。

（6）以民为本

"千村示范、万村整治"把改善人居环境，提高农民生活质量作为工作的基本出发点，以"改水、改路、改厕、改线、改房和环境美化"为主要内容，具体包括：改造农村危房，建设小康型住宅；实施房屋美化、道路硬化、路灯亮化、村庄绿化、环境净化工程；新建村级公路，实现村村通公路；基本完成农村改水工作；新建和改建水冲式公厕、垃圾箱；疏浚、清理河道，提高河水的清洁程度；实施科教文化、卫生保健、商业网点、农村养老进农村工作；保证每村有办公场所、文化活动中心、老年乐园、宣传长廊、图书室、阅报栏；新建完全小学、社区卫生服务中心、小超市、老年公寓等，提高农村社区服务水平；建立卫生长效保洁制度，实施垃圾袋装化和村主次干道保洁。以上这些活动有效地提高了农民的生活质量。

8.5.2 江苏苏南地区"农村居住社区"建设

早在1990年代，无锡的江阴、苏州的昆山等地就开始在集约利用土地资源上下了功夫，尝试工业用地的集约化。近年来，苏南地区一些农村又在进行一场"三集中"的实践，为实现"居住向社区集中"，无锡、苏州等地将分布零散的自然村逐步缩并，统一规划农民公寓。农民集中居住不仅集约利用了土地，降低了发展成本，而且提高了农民的生活质量，推动了城乡的繁荣和文明。

8.5.2.1 规划领先，高点定位

无锡早在1990年就开始编制村庄居民点规划，发展到今天，无锡站在更高的起点上对农民集中居住区的规划进行探索，按照市场经济规律，用创新的观念、思路和措施去推进。一律停止审批农民宅基地，结合市政道路和工业园区建设，有步骤地拆除民房，集中建设农民安置房。对所建的农民集中居住区住宅楼向

着多层、适量高层、立面造型多样化的方向发展。隐秀园是无锡滨湖区高品位规划设计的农民集中居住点,共建设安置用房30万平方米,其中多层50幢,小高层17幢。在风景秀丽的五里湖畔,一幢名为"蠡湖人家"的32层高的农民公寓正在兴建,这项安居工程是目前国内楼层最高的农民公寓。

张家港坚持"不搞强迫命令、不搞刮风运动、不损害农民利益",通过以强带弱,减少乡、村,整合空间资源,逐步撤并规划保留以外的自然零散村落,根据整体规划起点高、住宅款式设计新、设施功能配套全、住宅小区环境美的总体要求,按照人性化、个性化和集约化的原则,基本建成交通便捷、环境优美、居住舒适、功能齐全,既富现代气息,又具有江南水乡特色的现代化农村居住区。元丰小区是张家港的农民拆迁安置集中居住点,房屋造型别致,小区规模大、配套到位,小区的主人正在经历着由农民向市民的转变。

常熟力争把全市农村建设成为住房实用美观、设施配套完备、环境整洁优美的农村新社区。康博园是常熟古里镇东部的江苏省文明住宅小区示范点,占地$23hm^2$,共建成326幢高品位的农民住宅,家家户户住上了漂亮、宽敞的现代化住房。

8.5.2.2 政策引路,行政推动

苏南农民集中居住区的规划建设,以及投资、管理等都由政府组织实施,政府在制定出台相关政策措施的同时,成立由规划、建设、国土、房管等多个部门参与的农民集中居住建设领导小组,实行分类指导、分步实施。

在政策上,让农民集中居住区建设所需的政策逐步完善到位。首先,在拆迁安置上,实行产权置换和货币安置两种形式,统一规划定点、统一建设标准、统一集中建设。其次,在土地政策上实现重大突破。无锡市出台了集体土地房屋拆迁管理办法;江阴市于1997年出台了《关于加快市区农村居民公寓房建设若干补充意见》,明确规定了各镇在安排农村居民公寓房建设用地时,打破村、组界限,实行村、组土地置换、流转,做到相对集

中、成幢、连片建设。三是在收取政府有关规费上，除人防工程未建项目按规定收取和服务性收费减半外，其他行政费用都免征。第四，在对农民社会保障政策上，以江阴为例，从2003年开始，政府从财政收入中拿出80亿元，用于失地农民的社会保障。失地农民享受最低生活补贴，最多的1000多元，最少的也有200多元，使农民无后顾之忧。

8.5.2.3 市场运作，企业拉动

苏南由于乡镇企业产权制度的改革，大部分企业转为个体、民营企业，乡镇集体积累相对减少，政府从原来的投资主体改为决策主体、规划主体，因而农民集中居住区的建设主要靠企业拉动，实行市场化运作。江阴市沿江开发区和乡镇工业集中区的迅猛发展推进了农村拆迁，农民安置房积极向集镇集聚。已建成的江阴新桥镇的新桥花园、雷下花园两个农民集中居住区，正是依托了企业的产业支撑。新桥镇拥有国内著名的服装、毛纺产业，是国内最大的职业服装基地。阳光集团、海澜集团等4家AAAA级上市企业直接给农民公寓房建设提供了经济支撑，农民公寓房全部实行成本价销售。常熟古里镇的康博园是靠康博村的波司登羽绒服的企业产业带动而建起来的一个高品位农民集中居住区，波司登羽绒服企业2003年工业销售收入超过22亿元，已为康博园投入7000多万元。

8.5.2.4 坚持标准，设施配套

苏南农民集中居住区在规划建设中，都注重配套设施的完善，想农民所想，急农民所急，除内部应有的配套设施全部到位外，还配套规划建设了幼儿园、敬老院、商店、公园等现代化小区应有的建筑。常熟波司登公司所在村的农民集中居住区道路系统高标准硬化，全部工程管线采用地下铺设，绿化覆盖率达40%以上，水电、液化气、有线电视、通信等配套设施一应俱全，还建有污水处理厂1座，大型休闲广场1个。小区物业管理规范，制定了严格的绿化管理、垃圾管理、消防安全管理、交通管理等一系列制度和管理规定。张家港元丰社区有阅览室、棋牌

室、乒乓室、篮球场及其他相关的健身配套设施。江阴新桥花园、雷下花园把小区开发和配套紧密结合起来，建起了幼儿园、敬老院、水泥道路、垃圾中转站，以及日处理能力为2万吨的污水处理厂和配套管网，安装了高规格的路灯，小区绿化率达到45%。

8.5.2.5 生态优先，环境当头

张家港首先从调整城镇结构入手，把全市的建制镇从原来的26个调减到现在的8个，并配套建成了3个省级工业开发区和8个镇级工业集中区，使零星分散的企业逐步向开发区和工业集中区内聚集。通过产业结构的大力调整，已形成特色鲜明的冶金、精纺、精细化工、汽配、机械等工业集中区。这不仅从根本上改变了"村村冒烟、组组排污"的状况，而且通过推行集中供热、污水集中处理、固废集中处置，有效控制了工业企业的排污总量。

通过"农业向规模经营和农业园区集中"，常熟支塘镇蒋巷村已建立起1000亩的成片生态化优质粮食基地，通过分配给种粮大户机械化承包经营，进一步落实了生态种植操作规范。这样，昔日的滥施化肥、农药转变为大量施用有机肥和生物综合防治，有效地控制了农业面源污染。通过引入循环经济理念，在养殖、饲养与种植业上构织了一个个"物尽其用"的循环链，基本消除了农业产生的污染。

江阴新桥镇从2001年以来，通过"农民居住区向城镇和农村新型社区集中"，使昔日包产到户的1.3万亩农田很快集中到了一起，构成了一个万亩生态林，分别种植了各种名贵的花卉树木。通过专业公司规模化、专业化经营，不仅从根本上消除了农业污染，而且使农村变成了一片生机盎然的绿洲。

8.5.3 江西省赣州地区新农村建设

赣州市位于江西省南部，是革命老区，也是欠发达地区。全市845万人口中，农村人口占80%以上。2004年农民人均纯收

入2553元，低于全国和江西全省平均水平。

2004年9月，赣州审时度势地作出了《关于开展社会主义新农村建设的决定》，制定了《赣州市社会主义新农村建设发展纲要》，对系统解决新时期的"三农"问题进行了大胆探索和实践。

8.5.3.1 指导思想与任务

赣州的新农村建设以落实科学发展观、统筹城乡发展、建设农村和谐社会、实现全面小康社会为目标，以村镇规划为龙头，以"三清三改"（清垃圾、清污泥、清路障，改水、改厕、改路）和文明村镇创建为重点，以增加农民收入、提高农民素质和生活质量为根本的"五新一好"（建设新村镇、发展新产业、培育新农民、组建新经济组织、塑造新风貌、创建好班子）为主要内容的新农村建设活动，逐步把全市农村建设成为经济繁荣、设施配套、功能齐全、环境优美、生态协调、文明进步的现代化新农村，如图8-7所示。

图8-7　新农村风貌一

8.5.3.2 主要做法

一是全面开展清垃圾、清淤泥、清路障的"三清"工作，美化净化村容村貌，改善农村人居环境。

二是分期分批推进改路、改水、改厕的"三改"工作。"改水"主要是通过多种方式普及自来水，解决安全用水和方便用水问题；"改厕"重点是推广"三格式"水冲式无害化厕所，鼓励有条件的农户建立沼气式厕所；"改路"主要是硬化村庄内外道路，便利农民出行。

三是有重点地推进村庄整治和改造。在"三清"、"三改"的基础上,清理"空心房"(一户多宅的闲置房)、废弃旧房、猪牛栏和厕所,推进人畜分居,搞好房屋整修,整治改造村庄环境。在少数具备条件的村庄,实行整体拆旧建新,或者高标准规划、高起点建设社区型农民新村,如图8-8所示。

(a)

(b)

图 8-8 新农村的风貌二

四是突出规划的龙头地位,重点抓好村镇规划,邀请专业技术人员指导和帮助规划编制工作。全市各乡镇都成立了新农村建设规划所,确定用3年时间全面完成所有村镇的规划,截止到2005年7月,赣州全市有95%的乡镇编制了总体规划,56%的乡镇编制了详细规划,25%的行政村和13%的自然村庄编制了村庄规划。严格执行先规划后建房、未规划不批建。设计编印了

130套农民新型住宅推介图,免费供农民建房时选用。同时,赣州注意培植具有指导作用和启发效果的示范点,先在铁路、公路沿线建立了新农村建设重点镇109个、重点村323个,以典型引路带动面上工作。

更为重要的是,赣州理顺了新产业的发展思路,力争在新产业发展、新经济组织培育等方面有一个实质性的突破。大力加强农业综合生产能力建设,抓紧建立健全农业支持保护体系,成立了一批示范性合作经济组织,从体制机制上为农业主导产业和优势产业的健康发展创造良好的制度环境。

8.5.3.3 取得的成效

用一年多的时间,赣州全市村庄整治取得了阶段性成效,启动了社会主义新农村建设示范点和整治改造村庄4025个;累计完成264个乡镇总体规划的编制及1046个行政村、16794个自然村的规划编制;拆除废弃牛栏、猪圈、茅厕7.9万处;完成村庄改水6718个,改厕10.3万座,受益人口达74万;完成通村公路3580km。

8.5.4 成都市锦江区的"五朵金花"模式

8.5.4.1 "五朵金花"的打造方式

成都市锦江区农村地处城市通风口绿地,按规划不能作为建设用地,土质系龙泉山脉酸性膨胀土,农民形容为"天晴一把刀,下雨一包糟",农村处于"土地不多人人种,丰产不丰收"的境况。锦江区在深入调研的情况下,创新思维,充分利用城市通风口背靠大城市的地缘优势,因地制宜,创造性地打造了花乡农居、幸福梅林、江家菜地、东篱菊园、荷塘月色"五朵金花",开辟了一条解决农民终结问题的新路子。如今,"五朵金花"错位发展,竞相开放:"花乡农居"变成了以发展小盆花、鲜切花和旅游产业为主导的国家AAAA级风景区;"幸福梅林"围绕梅花文化和梅花产业链,发展旅游观光产业;"江家菜地"以认种的方式,把传统种植业变为体验式休闲产业，实现城乡互动；"东篱菊园"突出菊花的多种类和菊园的大规模，形成了"环境、人文、菊韵、花海"的交融；"荷塘月色"优美的田园风光，变成了艺术创作、音乐开发的艺术村，如图8-9。总体而言，"五朵金花"的打造方式具有如下三个突出特点：

荷塘月色

花香农居

东蓠菊园

幸福梅林

图8-9　新农村的风貌三

1）建设方式突出景观化打造、城市化建设。锦江区按照城市建设标准加快完善农村基础设施，要求因地制宜，错位发展，适度进行景观打造，保持良好生态环境。

2）发展方式强调休闲经济、产业支撑。锦江区把文化因子和产业因素注入"五朵金花"，促进传统农业向休闲经济发展，培植生态产业，实现可持续发展。

3）生活方式要求离土不离乡，就地市民化。"五朵金花"不征地、不拆迁，实现了农民进厂不进城，就地市民化，保证了农民失地不失利、不失业、不失权。

8.5.4.2 "五朵金花"模式的有益启示

"五朵金花"模式,适应了"生产发展、生活宽裕、乡风文明、村容整洁、管理民主"的建设社会主义新农村目标。其兴起和发展,不仅改善了农村的人居环境,改变了农民的生活习惯,也改变了传统的单家独户、粗放经营的农业生产方式,特别是将文化产业巧妙地与农业生产嫁接,引导农业生产经营规模化、产业化、工业化,大力发展都市休闲经济,土地产出效益大幅增长。农民依托"五朵金花"构建的经营、就业、保障平台,变单一的种植农作物收入为多渠道增收,保证了增收的稳定性和持续性。"五朵金花"模式打破了城乡二元结构,较好地解决了农民终结问题,是建设社会主义新农村的有效途径。

"五朵金花"模式打破了城乡二元结构。一方面,城市的就业、培训、保障、救助、教育等政策和制度延伸到了农村,失地农民拥有集体资产的处置权,准失地农民保持土地承包的经营权,农民受到良好的教育和培训,得到社会保障,实现就业,从政策、制度层面上保证了农民享受到与城市居民同等的社保待遇、就业援助和教育权利,实现农民失地不失利、不失业、不失权。另一方面,"五朵金花"模式不是简单地把农民从农村户口改变为城市户口,把城乡一体化仅仅停留于农民身份的转变上,而是促进城乡人口的相互渗透,城市居民纷纷到"五朵金花"区域从事经营、认种活动,将城市理念、城市文明、城市新风带到了农村。农民出租房屋后,到城市居住,亲身体验城市生活规则,通过双向互动,更直观、生动地促进农民融入城市,加快向市民化转变。

"五朵金花"模式是近郊农村解决农民终结问题、推进城乡一体化发展的有效途径。"五朵金花"模式是因地制宜推进城乡一体化的生动实践。打造"五朵金花"模式,以市场化配置资源的方式,找到了推进城乡一体化的切入口和承载平台。在"五朵金花"涉及的 $12 km^2$ 的土地上,以城乡一体化方式进行打造,每平方千米只花了 1500 万元,不征地、不拆迁,就实现了农村就地变城市,农民就地变市民,不仅解决了农民离乡进城后,带来城市日益膨胀、城市设施不堪重负的问题,也加快了农村基础设施的建设,改善了农村人居环境,保持了良好的生态植被,建成了城市绿地,为农民搭建了致富增收的平台,为市民打造了开放式休闲公园,而且没有后续的管理成本,实现了多赢和良性互动。"五朵金花"模式,因地制宜地让农民就地享受城市化的文明成果,成为令人羡慕的"新市民",探索出了一条农民不再把离乡进城作为进入现代化唯一途径的城乡一体化新路子,为解决好农民终结问题提供了新模式。

参考文献:

[1] 汤铭潭,宋劲松,刘仁根,李永洁主编. 小城镇发展与规划概论. 北京:中国建筑工业出版社,2004
[2] 王士兰,游宏滔编著. 小城镇城市设计. 北京:中国建筑工业出版社,2004
[3] 刘亚臣,汤铭潭主编. 小城镇规划管理与政策法规. 北京:中国建筑工业出版社,2004
[4] 高文杰,邢天河,王海乾著. 新世纪小城镇发展与规划. 北京:中国建筑工业出版社
[5] 方明,董艳芳编著. 新农村社区规划设计研究. 北京:中国建筑工业出版社
[6] 方明,刘军主编. 新农村建设政策理论文集. 北京:中国建筑工业出版社
[7] 中国建筑设计研究院,小城镇发展研究中心. 村镇建设研究
[8] 金兆森,张晖等编著. 村镇规划. 南京:东南大学出版社
[9] 江苏省建设厅. 江苏省村庄建设规划导则(2006年试用版)
[10] 张泉,王晖,陈浩东,陈小卉,陈闽齐著. 城乡统筹下的乡村重构. 北京:中国建筑工业出版社,2006

第9章　乡镇建设的资金来源和管理

对于乡镇建设，资金是重要保证。目前，乡镇建设（尤其是各项设施建设）还是以依靠各地财政投入为主。由于大多数乡镇财政不是一级完全财政，财政功能不全，实行的是收支"两条线"：预算内收入都要上缴县（市）财政，支出靠县（市）财政下拨，加上普遍受经济发展水平的制约，乡镇政府对乡镇建设资金的投入仍十分有限。因此，拓宽乡镇建设资金的来源、加强其管理显得十分重要。

9.1　乡镇建设资金的费用构成

乡镇建设资金的费用主要涉及乡镇规划、住宅建设、设施建设、生产性建筑建设等方面。

9.1.1　乡镇规划

乡镇规划是指导乡镇建设的法律性文件，各地应高度重视，充分认识到编制乡镇规划是"花小钱办大事"的重要基础性工作。

省、市级财政在每年安排乡镇规划事业费的基础上，应视财力状况逐年增加，加强对乡镇规划的扶持力度。县、镇（乡）级财政要把乡镇规划费用纳入财政的公共预算，与上级财政安排的资金配套，在资金上重点保证规划的编制和调整、完善，并不断加大投入，以切实提高规划质量，确保编制完成的乡镇规划符合规定标准和技术要求。

9.1.2 住宅建设

改革开放以来，中国多数乡镇的经济取得了长足的发展，住宅建设作为乡镇建设的重头戏，得到了快速发展，所投入的资金相当可观。就全国的情况看，2005年，建制镇用于住宅建设的资金近1000亿元，占全国建制镇建设资金投入的37.83%；乡镇住宅建设的资金为186.34亿元，占全国乡镇建设资金投入的49.47%，农民的居住条件得到了显著的改善。

但同时我们必须看到，由于对乡镇人居环境的建设重视不够、措施不力，缺乏有效的政策、规划指导，虽然农民收入在增长，物质消费水平在提高，农村长期以来形成的生活环境仍在延续，缺乏现代文明的熏陶，相当多的农民仍保持着传统的生活方式、贫乏落后的文化生活和根深蒂固的传统习俗，不少农民的环境意识、卫生意识、文明意识淡薄，加上盲目仿效与攀比心理，使得乡镇建设规模小、布局散、建设乱的问题比较突出，许多乡镇存在路面不硬、四旁不绿、路灯不亮、河水不清的现象，随处可见"五乱"：垃圾乱倒、污水乱排、杂物乱堆、电线乱拉、管道乱铺，居住环境差的问题没有得到根本解决，导致许多乡镇缺乏文化内涵，水平不高，时代特征、地域特色和乡村特点都没有很好地体现出来，特别是建筑的式样单一，美观性、科学性、功能性都比较差。这方方面面的落后现象不仅影响了乡镇土地的集约利用和农民的生活质量，也影响到乡镇的景观、风貌，造成了"室内现代化、室外脏乱差"的现象随处可见，"只见新房、不见新村"，"只见新村、不见新貌"，与整个社会不断进步、文明程度不断提高的发展趋势形成了鲜明的反差，成为制约乡镇文明进步的突出矛盾。

针对以上一系列问题，乡镇居住环境的建设现在已越来越引起各级政府的重视。政府投入适量的资金，做一些农民独门独户住宅建设无力做到、又必须完成的工作，是加快建设全面小康社会，提高广大农民群众生活质量、健康水平和文明素质所必不可少的。

9.1.3 设施建设

各项设施的建设是乡镇建设的重点，各地乡镇应按照"统一规划、合理布局、政府引导、市场运作"的原则，严格执行建设标准，分清轻重缓急，统筹安排建设资金，进一步加大对乡镇市政基础设施和公共服务设施的投资力度，逐步完善道路、能源、给排水、垃圾处理、电信等设施，提高公共服务水平，切实改善乡镇的生产、生活条件。

9.1.3.1 市政工程设施

目前，市政工程设施严重不足与重复建设、资源浪费并存的现象在我国的乡镇普遍存在。一方面，由于建设资金不足，导致乡镇市政工程设施建设欠账太多，严重影响了乡镇的投资环境，制约了乡镇的经济发展，甚至影响到中心城镇对区域经济发展的辐射和带动作用。另一方面，市政工程设施的布局是一项区域性系统工程，应在较大范围的规划中统一配置，现在往往由于行政区划、体制、机制的束缚，乡镇的市政工程设施规划、建设很难与其周边的城市、乡镇协调起来统筹考虑，资源不能得到合理配置，市政工程设施无法共建、共享，由此造成重复投资、重复建设严重。虽然我国不少地区的乡镇比较密集，有些呈带状发展，乡镇之间相距仅有几公里，有的甚至已连成一片，但乡镇规划、建设仍各自为政，基础设施不能形成规模效应，不能做到有效利用，而是在低水平上重复建设，这种情况还是比较常见的。乡镇市政工程设施配置的这种"小而全"，不但增加了建设难度，而且使设施的运行效益不佳，资源和资金使用效率低，造成了巨大浪费。

而当前新的形势对乡镇市政工程设施建设提出了新的要求，市政工程设施作为乡镇经济发展的硬件支撑系统，在很大程度上决定了乡镇发展的容量与空间，完善的市政工程设施是乡镇持续健康发展的重要保障，直接关系到乡镇的经济、社会发展及人民生活水平的提高，其完善程度是衡量乡镇投资环境和生活环境的重要标准。

市政工程设施的建设资金,应实行按照项目类别采用不同方式分类筹集的原则。公共属性明显的市政工程设施项目应主要从稳定、规范的中央和地方政府财政性资金中安排;具有自然垄断特点的市政工程设施项目宜采用政府投资和市场融资相结合的方式筹集资金,通过国有资本调动社会资本,积极吸收非财政性资金的投入;对于所提供的产品和服务具有较大可选择性或可替代性的市政工程设施建设项目,要以市场竞争为主进行经营和融资,建设资金则主要通过非财政性资金渠道筹集。

9.1.3.2 公共服务设施

现在,乡镇公共设施建设(特别是公益性公共设施)的资金来源主要是靠政府的财政拨款,公共服务设施建设对当地经济发展、富裕水平的依赖度较高。而不少乡镇由于自身财力有限,就简单地将许多公共服务设施的建设、经营走市场化的道路,实际效果并不都十分理想。

要坚持公共服务设施的公共属性,地方政府在资金投入中的主导地位尤为重要,应保证政府财政对其建设的基本投入,杜绝或尽可能减少因经费问题而公共服务出租设施的现象。同时,应积极引导、鼓励民间资金投资教育、文化、卫生等事业。

9.1.3.3 乡镇安全设施建设

我国幅员辽阔,地理、气候条件复杂,是世界上受灾影响最为严重的国家之一,灾害种类多、发生频率高、损失严重。1949年以来,我国平均每年因自然灾害造成的直接经济损失在1000亿元人民币以上,受灾人口年均超过2亿人。针对洪涝、干旱、地震、台风、龙卷风、冰雹等自然灾害,火害,以及滑坡泥石流、地裂缝、地面沉降、土地沙漠化、沙尘暴等地质灾害频发的情况,近年来党中央、国务院高度重视突发公共安全事件应对工作,乡镇建设的安全问题也越来越引起人们的关注。

结合乡镇的基础设施、公共设施和人居环境建设,安排一定的资金用于乡镇建设安全设施方面,以设施的工程建设为切入点，加强工程招投标、工程监理、工程监督程序等制度建设和管理，使建设质量和安全处于受控状态，以切实保证乡镇在各种危急情况下的安全，是各地乡镇政府责无旁贷的职责。

9.1.4 生产性建筑建设

伴随我国许多乡镇的工业化、城镇化进程，为改善投资环境，解决进镇农民的就业问题，加快第二、三产业的发展，形成"千军万马办企业、千家万户搞生产"的局面，乡镇建设资金中用于生产性建筑的投入应逐年有所增加，这也是当前推进新农村建设的一条重要途径。

9.2 乡镇建设的资金筹集渠道

当前，资金不足是困扰乡镇建设的一大难题。虽然从全国看，乡镇建设投融资呈现出多样化的趋势，但总体上政府部门的投入仍然是最重要的，在很多地方（特别是经济落后的地区）甚至仍然是唯一的投资渠道。乡镇在吸引社会资本上还缺乏有效的措施和手段，难以调动社会资金投入到乡镇建设中来，各类企业参与投资的很少，而农民个人的资金主要用在住房建设上。

总体上来说，乡镇建设缺乏稳定的资金来源，目前看来存在着这样几个方面的难点。一方面，镇（乡）级的财政要上缴上一级政府，土地开发收益、城建维护税等也要上缴，不能保证专款专用。乡镇政府在乡镇建设上的投入力度受"吃饭"财政的制约，拿不出过多的资金用于建设，不能强力支持乡镇建设。另一方面，国家从不同渠道给予乡镇建设资金，解决了一些乡镇道路、给水等基础设施建设的问题，但由于支持资金出自各个部门，过于分散，没有形成合力，基本上难以见到明显的成效。即便这样，这部分转移支付的资金对某一个镇来说，也是暂时的，它覆盖的仅仅是一些"点"，而未惠及到"面"，乡镇的建设不可能长期依靠上级政府的转移支付。同时，按照相关规定，乡镇政府不能成为独立的融资主体,既不能向银行融资,也不能作还贷保证。乡镇的企业虽然是独立的融资主体,但一般因企业规模小、效益有限,缺乏良好的资信度等问题,也难以从银行大量融资,致使信贷资金在乡镇建设中无法有效地发挥作用,乡镇成为融资的真空地带,信贷资金的影响十分有限。

因此,建立多元化投资体制,加大政府公共财政的扶持力度,引入市场机制,实行"政府补一点,农民拿一点,外界捐一点"的方法,多渠道、多途径地筹集乡镇建设资金,显得尤为重要。

9.2.1 政府投入

今后相当长一个时期,政府的投入对乡镇建设来说仍然是最重要的。统筹城乡发展,城市带动乡镇,最根本的就是资金投向问题,重点应在公益性的基础设施和公共设施。国家已经考虑到乡镇建设的实际需要,正在加快调整投资结构、财政资金和国债的使用方向,加大对乡镇的支持,以改变目前乡镇建设滞后的状况。地方省、市、县、镇等各级财政也把乡镇建设摆到了应有的高度,确实加大投入,保证乡镇建设投入有计划地稳定增长。

9.2.1.1 上级政府扶持资金

对于乡镇建设,为弥补农村税费改革后乡镇财政出现的资金缺口,国家按照"一级政府、一级财政"、"财权与事权相结合"的原则,进一步改革和完善乡镇财税体制,逐步建立稳定、规范的分税制体制,建立起以物业税为主体的乡镇建设资金保障体系。同时,合理区分"重点"与"一般",合理划分重点扶持乡镇的镇级财政收支范围,在保证原有上缴基数的前提下,确保基数外新增的大部分财力留给镇里用于建设,以调动县、镇两级的积极性,发挥重点乡镇的带头作用。重点扶持乡镇的各项收入(包括基金收入和预算外资金等)全部纳入镇财政的收入范围,实行统一预决算,统一使用、管理。镇域范围内收取的乡镇维护建设税、契税、营业税、车船使用税,以及乡镇土地使用税、土地增值税、印花税等各种税收的县级留成部分，以及基础设施配套费等，由县级财政全额返还给镇级财政。建设用地按规定收取的新增建设用地有偿使用费、土地出让金，除上缴国家、省的部分外，其余部分全额返还镇级财政。对于尚不具备实行分税制条件的"一般"镇，可以用前3年地方平均财政收入为基数，采用收入递增包干、增收全留或增收分成等办法增加镇级的财政收入。另一方面，国家相继出台了对乡镇的转移支付政策，中央财政的转移资金正在成为乡镇建设的重要财政来源，其中改革转移支付资金的配置方式和管理使用方式，提高资金使用效率是用好资金的根本保证。国家紧紧抓住资金投入这一关键环节，正在改进资金分配方式和途经，每年拨出专项资金以投资、贴息等方式，实行统一管理，明确补助范围和标准，规范审批程序和支付方式，将计划性分配改变为法制化、市场化配置，合理收缩政府投资领域，加大对公益性基础设施和公共设施的投入，保证中央转移支付资金被依法使用到基层乡镇的道路、给水排水、污水及垃圾处理、教育文化设施、环境整治等建设中。

省级财政也要安排用于乡镇市政基础设施和公用设施建设的专项资金，坚持"集中使用、保证重点、适当平衡、按项目管理"的使用原则，择优扶持部分基础条件较好、发展较快、经济和社会效益好、有发展潜力的重点乡镇，并把乡镇建设资金纳入省级固定资产投资规划和年度投资计划。同时，要充分利用现有各部门支农资金的渠道，集中使用以往各自分头组织实施的资金，提高资金使用效率，整体推进乡镇建设。建设、农业、水利、林业、公路、国土、环保等部门在结构调整、农业产业化、市场建设、水利建设等方面的项目安排和资金扶持，对乡镇符合专项资金使用范围的项目，应予以倾斜，优先考虑，以切实提高乡镇的文化、教育、交通、水利、电力、通信、卫生、环境、消防等建设水平。如环保部门收取的排污费，除上缴国家的部分外，其余部分全额返还镇级财政，专项用于环境污染治理；水务部门收取的水资源费，除按国家规定上缴部分外，其余部分全额返还镇级财政，主要用于水资源规划、保护及相关水利设施建设；交通部门征收的交通重点建设附加费由市财政返还，全部留镇用于基础设施建设；工商部门收取的市场管理费，应不低于70%留镇，用于乡镇市场建设。如2004年江西省有关部门共投入各类资金6060万元用于支持赣州市的新农村建设。

市级财政每年在本级预算中安排适当的资金，用于乡镇工程建设项目的引导和补助，还可从本级财政预算外资金中安排一部分（如每年从城市维护建设税中安排不少于5%的资金），用于支持重点乡镇的建设。同时，可以更多地依法、依规采用补助、贴息、奖励、物资援助、风险补偿、减免税费、购买服务等政策和激励措施。

县级人民政府可参照上级政府的做法，出台相关的资金配套政策，视本级可用财力，设立专项奖励及补贴资金，按照不低于上级支持额度的标准配套相应的乡镇建设专项资金，并逐年加大投入，重点用于乡镇的道路、给水排水、垃圾处理、绿地、环境整治等设施建设。在相关行政事业性收费及税收上，按照"能免则免、能减则减、先征后返"等要求，对涉及乡镇建设的12项收费作最大限度的减免，降低乡镇的建设成本，力争做到"扶持一个，见效一个，带动一片"。有的乡镇居民住宅建设，经县政府审批后，可享受经济适用房的土地使用优惠政策。

另外，各级政府积极动员和组织各行各业、社会各界尽其所能地为乡镇建设提供支持和服务，如开展对口帮扶活动、捐资捐物等。

9.2.1.2 本级政府财政投入和筹资

随着农村税费改革的逐步深入，特别是全面取消农业税以后，乡镇财政收入大幅度减少，乡镇财政资金缺口也随之增加。但无论如何，乡镇应积极保证对乡镇建设的资金投入，在积极争取上级政府支持（包括财政支持、实物补助、政策引导等）的同时，发挥政府财政的主导和杠杆、引导作用，重点投向公益性基础设施和公共服务设施，用好乡镇建设维护税和存量建设用地有偿出让收益,并带动其他各方资金投入的增长,全面提高乡镇的人居环境。

各乡镇可根据本地的实际情况,把可用的财政资金主要投在道路、水、环境整治等方面,全面推行"统一规划、合理布局、综合开发、配套建设"的方式,提高乡镇建设的综合开发水平。要规定乡镇财政用于建设的支出占财政预算或 GDP 的比例,并随着经济发展同步增加,逐步建立起稳定的乡镇基础设施和公共服务设施资金投入渠道。对于具体的建设项目,按照"先易后难、逐个突破"的原则,加大工作力度。同时,乡镇还要抓住国家在农村电网改造、公路、广播电视、通信等基础设施建设方面的机遇,力争改善乡镇的基础设施条件。

另一方面,根据市场经济经营乡镇。首先,加强土地资产经营。规范乡镇土地批租,推行公开的招标出让,建立和完善乡镇土地出让金用途分解机制。乡镇政府可以将镇区范围内的土地经批准征用,作为国有资本金投入,组建乡镇建设投资公司;或将国有资本金入股,吸引社会资金、外资参与组建投资主体多元化的乡镇建设投资公司;乡镇收取的城市维护建设税、基础设施配套费和乡镇土地使用权出让收入、乡镇房地产综合开发中的公有收益等,实行收支两条线管理,主要用于乡镇建设和土地开发;还可以在镇区通过住宅的市场化运作方式,采取不同区位土地竞价分配、部分商业用房租售等办法,增加建设资金来源,力争做到政府、集体、农户"三个基本不出钱"。如江苏省苏州市的昆山市、南京市江宁区在城镇规划区内及周边的农民集中居住区建设中,拿出30%的住宅按市场价销售,通过以"以3养7"的市场化运作方式就做到了这一点。江苏省盐城市的东台市、南京市高淳县采取不同区位宅基地竞价分配、部分商业用房租售等办法,增加建设资金来源。其次,积极盘活乡镇存量资产。建立和完善盘活乡镇存量资产的市场化机制,推进集体资产产权制度改革,通过股份转让、承包租赁、拍卖经营权等形式,提高乡镇公用资产的市场配置效率,利用回笼资金建设新项目,实现滚动发展。加快乡镇市政公用行业改革，推进事企分离，推进市政设施有偿使用、有偿服务，形成乡镇建设投资、经营、发展的良性循环。第三，逐步建立乡镇建设事业支撑系统。筹备成立乡镇建设协会，建立相应的社会化服务中心，吸引人才加入到乡镇建设事业；乡镇规划建设管理机构的工作经费和人员工资要统一列入公共财政，重点予以保证；对于没有建立独立财政的乡镇，要纳入县级财政解决。第四，严格按规划实施建设。乡镇规划区内一律停止办理零星用地、零星建设审批手续。有条件的乡镇可通过成立房地产开发企业，实行统一开发、配套建设；简化乡镇房地产开发企业的审批手续，有关规费给予适当优惠。尚不具备条件的地方要走个人集资建房或集中统代建的路子，坚持"先地下、后地上"的原则进行配套建设，其税费仍按个人建房标准缴纳。进一步降低农村建房造价，凡属成片开发建设乡镇居民住宅小区的，小区外市政公用设施配套费由乡镇人民政府承担，小区内市政公用设施和非营业性配套公建费，一半由乡镇人民政府承担，一半摊入建房成本。

9.2.2 农民投入

农民是乡镇的主人，是乡镇建设的主力军，吸引他们积极、自愿地投资乡镇，是加快乡镇建设的一条重要途径，其重点是在住宅建设上。

9.2.2.1 农村集体经济投入

在我国许多经济条件较好的乡镇，现代农业、工业企业、第三产业等比较发达，它们在开始时的起步阶段得到了当地农民的支持，现在有能力反哺乡镇建设，这一方面可以完善乡镇的各项设施，还可以改善生产条件。同时，通过优化土地制度、保护投资效益权利，形成集体经济发展与乡镇建设的协调机制。

有的乡镇以一些实力雄厚的企业为依托，用创新的观念、思路和措施实施"政府主导、企业带动"，主要由企业集团出资，政府给予优惠政策，进行规划引导、统一建设，在工业集中区附近以拆迁安置的方式建设新型住宅区。根据经济发展状况、产业特点、地理位置以及传统文化的影响,居住模式以多层公寓和联排低层建筑为主,人口集聚规模大小不等,从近千人至数千人不等,其基础设施和公共服务设施配套相对齐全,加速了农民向市民的转变。如江苏省常熟市古里镇的康博园就是靠康博村的波司登羽绒服的企业产业带动而建立起来的一个高品位农民集中居住区。

也有的乡镇为改善乡镇环境或交通、水利等重大基础设施建设的需要,通过统一规划,采取规划建设集中的工业、居住用地的方式,建立以集体和农民自筹为主、政府补助为辅、社会各方力量支持的建设资金筹集机制,加快了城镇的适度聚集。

9.2.2.2 农村集体土地整理收益

筹集庞大的乡镇建设资金,是一个复杂的系统工程,我国各地的经济发展水平不同,筹集的来源和政策取向也会有所不同,农村集体土地整理收益是其中的一个重要来源。

在推进乡镇建设中,主要在平原、水网等农民居住比较分散的地区,应根据规划逐步将分散的自然村落集聚起来,随着农民居住的集中,推行农村宅基地的复垦,农村将会节约出大量的集体建设用地。根据国务院《关于深化改革严格土地管理的决定》,完善实行农村建设用地的减少与乡镇建设用地增加挂钩的制度,有这样条件的乡镇可以在把农村建设用地复垦整理成为耕地后,将其置换成乡镇建设用地年度用地指标,也就是对于农村来说用土地资源换资金,对乡镇是用资金换建设空间。探索农村宅基地整理后将土地资源转换成乡镇建设资金的途径,会成为乡镇设施建设稳定的资金渠道。如江苏省苏州市的张家港市规定,农民在拆除原农村住宅入住城镇居住区后,市镇两级分别奖励3000和1000元;如入住国有土地的居住区,再对宅基地按每亩4万元予以补偿。常州市武进区牟家村、南京市江宁区彭福村等集体经济实力较强的地区,对农民老宅进行收购或给予拆除补贴。

9.2.2.3 农民投资和投工投劳

改善乡镇的设施条件,解决农民日常生活中最基本的需求,不但是各级政府的责任,更是关系农民切身利益的大事。

农民是乡镇建设的主体,各级政府应积极引导和激发农民参与家园建设、改善人居环境的热情,发挥农民投资的作用,在项目选择上充分听取农民的意愿,以保证让最广大农民群众受益。在农民自愿的前提下,根据"一事一议"的政策,经农民会议或农民代表会议同意,向农民筹集建设资金,吸引农民务工所得资金回流到乡镇建设上。鼓励农民个人到乡镇购买住房或合作建房,使农民群众直接受益的住宅建设项目以农民投入为主,以形成有利于发挥农民积极性的投入机制。如果是在农民没有资金和政府资金难以保证足量供给的情况下,应充分发挥政策的导向和典型示范作用,可采取"统一扶助标准、择优选择定点、实行以奖代补、农民自主建设"等模式,引导、鼓励、激励农民自觉自愿投工投劳,把政府的支持与农户自己完成的建设挂钩,防止"等、靠、要"等依赖思想,降低乡镇建设的人工成本。

9.2.3 市场化投入

拓宽乡镇建设投融资渠道,完善多元化的市场化投入机制,是突破乡镇建设资金瓶颈必不可少的一环。要按照社会主义市场经济的要求,转变政府职能,有计划地出台一些支持乡镇发展的投融资优惠政策,营造市场环境,防止政府包办,吸引企业、个人资金(包括农村的闲散资金)甚至是外资,以多种方式参与乡镇的投资、建设,营造全社会关心、支持、参与乡镇建设的浓厚氛围。同时,为保证投资者的利益,要建立投资风险机制,以鼓励企业、个人把资金投入到利润偏低、风险较大的乡镇建设。

9.2.3.1 社会多元化筹资

对乡镇建设,要按照强化公益性职能、放活经营性服务的要求,坚持市场化改革方向,改变过去政府行政计划运作的做法,积极探索"政府主导、市场运作"的新模式,实现乡镇建设投资主体多元化、项目运营企业化、设施享用商品化。

结合政府投入、农民投入，用好国家有关税费政策，充分发挥财政资金的导向作用，积极推行乡镇资本运营，建立以政府投入为导向、主要依靠社会资金建设乡镇的多元化投融资机制，把资金、物资用到农民直接受益的项目上。有条件的地方，可组建乡镇建设投资公司、建设集团，充分利用乡镇的有形资产、无形资产，盘活资产存量，采取招标、入股、拍卖等多种形式筹措建设资金。

完善乡镇投资政策，推行特许经营权。按照住房和城乡建设部《市政公用事业特许经营管理办法》（建设部第126号令）和《关于加快市政公用行业市场化进程的意见》（建城〔2002〕272号）等规定，推行特许经营制度，到市场中寻找参与乡镇建设的人、财、物，争取早日走出乡镇资金不足的困境。一是采取"引凤筑巢"策略，坚持"谁投资、谁经营、谁受益"，广泛吸引企业、个人和社会单位参与乡镇建设。按照"政府策划、部门运作、以地生财"的原则，规范房地产开发，利用土地滚动开发，增加建设资金，减轻财政负担。二是积极开展乡镇设施的有偿使用，除法律、法规明确规定外，放开对民间资本投资乡镇基础设施、公用设施的限制。对有效益的项目，可采取合资、公有民营、股份制等多种形式筹集建设资金。对政府投资建成的有偿使用项目，可采用出售、租赁、承包经营等多种形式回收建设资金。三是给予优惠政策，动员有社会责任感的企业、企业集团、高等院校等为乡镇建设提供资金和技术服务，鼓励法人、个人投资参与乡镇建设。对民办公助的各类设施和项目，要明确产权，通过股份合作形式建成各类经济实体，推进乡镇公共资产的经营式管理。四是对无偿捐助乡镇建设的企业、个人、社会团体，要给予表彰。五是对乡镇基础设施的受益者开征乡镇基础设施配套费，实现综合开发，滚动增值。六是路、桥等公益性设施，鼓励通过拍卖冠名权、有限期承担企业广告等形式，吸引各方面资金投入乡镇建设。

加快乡镇市政公用事业市场化的步伐，发挥价格的杠杆作用非常重要，应积极改革乡镇公用事业价格、收费制度。对能提供产品和服务、有确定受益者并能计价收费的项目，要按照保本微利的原则，优化价格，逐步形成投资、经营、回收的良性循环。对能按照市场化运营的环卫、园林、市政等公用事业经营单位，要转换经营机制，进行公司制改造，吸引社会资金投资入股，增强企业自我发展能力。投资自来水、公园、公厕、垃圾转运站等市政公用设施的企业或个人，应鼓励适度竞争，其投资收益应给予合理回报，政府应主导其价格水平。鼓励成立乡镇市政服务公司，对乡镇垃圾的收集、清运和下水道的疏通、清洗等服务实行有偿服务。

9.2.3.2 通过金融体系融资

良好的金融环境是乡镇建设必不可少的条件。乡镇应积极争取金融部门的支持，改善乡镇建设的融资环境。在目前农村金融网点撤并、信贷规模紧缩和乡镇加快发展、建设资金严重不足的情况下，乡镇要主动与金融机构沟通，共同探讨在乡镇建设中利用金融资本的方式和途径，如可以劳动力或资金入股的方式兴办合作流通组织，以增加乡镇建设资金的有效供给。

金融机构应按照"先短期、后长期，先续建、后新建，先重点、后一般"和"安全、周转、效益"的原则，加大对乡镇建设的支持力度，把相对集中的资金安排乡镇建设贷款，放宽向乡镇基础设施贷款的限制，采取择优选项、科学管理，突出扶持重点，拓展农村信贷范围。对有还贷资金来源的乡镇基础设施积极予以贷款支持，适当安排一定比例的乡镇基础设施建设与中长期政策性贷款。对经济发达的乡镇，重点支持商品房、集贸市场、商业和有偿还收入来源的基础、公共设施建设；对经济欠发达的乡镇，有计划、有步骤地分期、分批引导一些效益好的企业或项目向乡镇相对集中、连片发展。此外，发展乡镇金融事业，开发适合乡镇特点的小额信用贷款也是乡镇建设资金的重要途径，但应注意不能损害农民的利益，不能影响农村经济的发展。

积极建立乡镇信用体系,构建符合社会主义市场经济体制要求、能够支持乡镇发展的农村公共财政基本框架和金融体系。乡镇政府要积极主动地与金融机构(特别是国有商业银行)配合,尽快构建信用体系,积极争取各有关部门的资金支持,逐步增加对乡镇建设的贷款数额,利用金融资本搞好乡镇建设。金融机构要对乡镇范围内的单位和个人进行信用评价,对信用度高的单位和个人进行的商品房开发、基础设施建设,积极给予贷款支持。对收入稳定的农户,逐步开办消费信贷业务,可参照城市住房信贷管理办法,适当发放住房贷款和房屋抵押贷款,并逐步建立和完善农村信贷管理担保机制。

乡镇的重大基础设施建设项目可积极争取国债资金和金融机构的信贷支持,探索直接融资的渠道。政府还可以考虑对金融贷款项目予以财政贴息等优惠,以缓解乡镇建设投融资的困难。

9.2.3.3 外资投资

乡镇(特别是经济发达的乡镇)可发挥市场的筹资功能,创造公平竞争的市场环境,在完善价格机制的基础上,允许和鼓励以 BOT、项目融资、经营转让等方式,逐步把外资和港澳台资金引入有经营收益的基础设施和服务性设施的投资、建设和经营中,在道路、供水、生活垃圾处理、污水处理等方面认真搞好外资项目库建设,不断改进项目融资、特许经营、转让经营权等方面的工作,加强对各种设施运行的监管和服务质量、产品质量的监督,创造条件吸引更多的外资加盟乡镇建设。

9.2.4 基础设施统筹城乡供应

随着经济发展和市政公用设施区域化、规模化,推进基础设施的城乡共建共享已经成为一个必然趋势。在有条件的地区,应按照区域化服务、适度超前的要求,以"行政推动、市场运作、共建共享"为原则,逐步打破城乡分割的传统体制,统筹城乡供水、燃气、公交、污水和垃圾处理等基础设施,加强城镇间、城乡间基础设施的整合,建立城乡基础设施资源共享、布局合理的新格局。

乡镇建设可以利用基础设施建设区域化的契机,结合本地的基础设施规划与建设,发挥公共财政的调控作用,千方百计落实一定的启动资金和补助资金,建设好本镇的水、电、路等设施,解决单家独户无能为力的问题,使城市的基础设施、社会服务事业逐步向乡镇、农村延伸辐射,让农村居民也能享受到现代文明。如在建设区域性污水处理设施的前提下,把乡镇及周边农村地区的生活污水接入乡镇污水处理厂;生活垃圾按照"组保洁、村收集、镇转运、县处理"的模式进行无害化处理。

9.3 乡镇建设资金的使用、管理与监督

对于乡镇以财政为来源的建设资金的使用、管理和监督,制度保证是必不可少的。目前看来,无论是在制度建设还是在具体监管上都存在不少的难点。一方面,尽管现在有许许多多涉及乡镇建设资金的规章制度,但仍然不能满足乡镇建设管理工作的实际需求。由于乡镇建设资金涉及领域宽、政策性强、技术要求高,国家的规章制度众多,有时相互之间的衔接并不到位,导致在实际工作中难以把握,可操作性不强。而大多数乡镇建设项目规模小、投资量少、管理力量弱、规范管理条件差,自己无法建立起一整套切实可行的制度,仍处在照搬照抄上级规定的阶段,对规章制度执行起来比较难。另一方面,对乡镇建设资金的监管尚未建立严格的制约机制。财政部门内部具有乡镇建设资金监管职责的机构较多,如基建科、采购办等,各机构在业务处理程序、资金管理等方面要求不尽相同,同类项目采用的监管方式也有差别,具有较大的不确定性。在日常监督管理工作中,各职能机构因在部分业务上职责交叉,制度缺乏衔接配套,管理人员素质参差不齐,监管工作常常不够规范,而专项检查工作也比较薄弱。在大部分情况下对发现的违规行为处理偏轻,一般纠正了事,很少严肃追究责任人,缺乏足够的威慑力,这种状况亟待改善。

9.3.1 坚持政府主导下的有序管理

对于乡镇建设资金的使用，应科学规范政府职能，坚持政府主导下的高标准建设、高效能管理。政府应突出管理思想、管理体制、管理手段和管理方式的转变，大力推进建设资金管理创新，充分运用各项政策、制度、法律等手段，突出政策指导、资金先导和信息引导，把政府有限的财力与民间潜在的资金结合起来，保证各项资金的有效使用，形成乡镇建设的强大资金合力。政府应根据"明确政府定位，提高规范化管理水平，基本形成适应现时乡镇建设管理要求的现代管理体系"的要求，在制定建设项目规划、各项配套政策以及协调解决建设中存在的问题等方面应切实行使主导职权，提高自身权威性，避免缺位和越位，促进乡镇建设健康有序发展。

政府实现有序管理的重要一条是要增强风险防范意识，建立债务偿还机制，将负债建设规模控制在合理的限度内。在市场机制能基本发挥作用的领域，政府应实施和促进竞争机制，坚持正确的政策导向，发挥市场的功能，保证各类投资主体公平合理地参与建设领域的竞争，提高设施的使用效率和经营水平。在公共属性、自然垄断性较强的供水、供电、供气、环卫、污染防治等领域，要强化政府的管理和监督的职能，承担起企业和市场不能或不易承担的社会性、公益性责任。政府应根据市场准入、价格和服务等多方因素，通过政府采购、招标等形式，建立更为科学、规范的价格、服务质量、监督控制机制，落实特许经营制度，制定约束市场供求双方的规则，充分发挥政府资金的使用效益，控股骨干企业和命脉工程，以形成有序竞争的格局，确保以公众利益为主的政府目标的实现。

9.3.2 职责化、规范化、科学化地使用

县级政府要进一步规范乡镇各类财政性资金使用的程序，切实加强对其使用的管理。加强乡镇财政机构管理，将乡镇财政编

制、人员收归县管，实行县级财政和乡镇政府双重领导、以县级财政为主的管理方式，促使乡镇财政提高管理水平。县级财政应制定规范性文件，建立健全乡镇各类财政性资金管理制度，依据实际需要，合理划分乡镇政府财权，赋予乡镇必要的经济和行政管理权限，按照分税制原则建立新型的各级政府之间的财政分配关系，明确资金拨付程序，加强对资金使用的监督检查，为资金的规范使用提供制度保证。

乡镇财政应转变职能，由以管理正常财政收支为主，向各类财政性资金的管理、使用和监督检查为主转变，按照资金的性质和用途，实施事前、事中或事后监督检查，发现问题，及时解决，确保资金的安全、及时、足额到位，充分发挥资金的使用效益。各类专项资金和转移支付资金由乡镇财政"集中管理、集中核算、集中报账"。加强对资金使用的审核，各项财政性资金支出，乡镇财政要严格按照资金的使用范围、用途和支出标准进行审核，并要求票据合法、附件齐全才能报账。乡镇财政在金融机构开设"财政性资金专户"，对各类专项资金和转移支付资金的支出实行专户管理、封闭运作，并设置"管理台账"进行日常管理，根据财政部门批复的项目预算和实际进度给项目单位拨付资金，并监督资金的使用。另外，为节约使用资金，乡镇政府可按照政府采购目录及限额标准，编制采购预算和计划，对建设项目实行公开招标，统一由县级政府采购部门办理。

对于具体的建设项目运作，一是要把好立项关，乡镇资金管理部门参与前期可行性研究、评估及项目概算审查，防止超出财力承受能力；二是把好预算关，乡镇资金管理部门要采用适当的方法审查项目预算，并根据审查结果来确定项目招标、投标的标底，并以投标结果作为安排资金的依据；三是把好资金投放关，实行项目管理，按照支出计划和项目进度拨款，防止建设资金被挤占、挪用；四是把好竣工验收决算关，乡镇资金管理部门应会同有关部门做好相关审查工作。五是建立健全项目的信息反馈和检查监督机制。项目所在镇要建立健全项目档案，并定期向上级建设和财政部门上报工程进展情况，年终由建设和财政部门写出书面总结，项目完成后，项目所在镇先自行检查，县级建设、财政部门组织初验，初验合格后，把竣工报告报送上级建设和财政部门，由其对建设项目进行最终验收。

9.3.3 法制化、规范化、程序化地监督

按照中央全面建设小康社会和社会主义新农村建设的总体目标，近年来中央、省、市政府逐年加大对乡镇建设的投入力度，对各类财政性资金管理、使用的监督检查显得越来越重要。

在进行乡镇各项建设的同时，为搞好财政性乡镇建设资金的监管，乡镇建设资金管理部门（特别是县级财政机关），应以提高投资效益为中心，从制度建设入手，以《预算法》《政府采购法》《招标投标法》等法律法规为基础，制定一套统一规范、可操作性强、适用范围广的监管办法，规范、完善和执行各项乡镇建设资金管理制度、法规和标准，并建立相应的监督机制，将所有财政性乡镇建设资金纳入监督管理范围。合理界定财政部门和建设部门的具体监管权限非常重要，财政部门应侧重于负责建设资金的安排和管理，监督资金的使用；而建设部门主要负责对建设项目的审核、检查和管理，协调、指导、监督项目的实施；两部门共同承担工程的验收、跟踪、问效等工作。

要按集中职能、强化监督力量的思路，调整乡镇资金管理部门内部机构的监督管理职责。一是，按照"制度办法统一、管理要求统一、拨款方式统一、会计核算统一"的要求，合理确定业务监管机构，充实专业人员，健全专职机构，实行归口管理。防止多头管理、权力交叉出现的种种弊端，实现监管工作职责化、规范化、程序化。二是规范每个岗位、每个环节的具体权限及责任，防止渎职和滥用职权。三是以提高监督效益为中心，合理划分日常业务监管部门与专职监督机构的职责分工：乡镇财政可采取日常监督方式进行监督检查，认真落实各项规章制度，结合政务公开接受群众监督，全面履行监督职能，保证建设资金

支出及时、足额到位；强化专项检查是做好财政监督工作的重要手段，应积极开展专项检查，全面深入剖析乡镇建设资金管理使用情况，认真查找不足及漏洞，严肃处理违规违纪行为，防止资金浪费和流失，提高资金使用效率。四是各类专项资金和转移支付资金支出，除项目建设单位要定期向乡镇财政报告项目资金使用和项目实施情况外，乡镇财政可采取事前和事中监督的方式，对项目单位的资金使用和项目实施情况进行监督检查。对项目单位不按规定用途使用资金的，乡镇财政可停拨项目资金或中止项目执行。项目完工后，乡镇财政可组织相关人员或委托会计事务所、工程监理等中介机构，根据批复的预算等项目文件，对项目进行审计或验收。对项目实施中存在弄虚作假的单位，取消其今后的项目申报资格，并建议乡镇政府对相关责任人进行处罚。五是县级财政、审计部门要加强对乡镇财政管理的各类财政性资金的监督检查和效益审计，确保资金按规定的用途规范使用，并发挥好资金使用的经济效益和社会效益。对乡镇政府或乡镇财政截留、挤占、挪用各类财政性资金的，由县级财政相应扣减其下一年度的财政性资金，并追究有关人员的责任。

参考文献：

[1] 长沙市人民政府. 关于加快小城镇建设的意见. 长政发〔2005〕54号，2005，10，24

[2] 福建省人民政府. 福建省进一步加快小城镇建设的若干意见. 闽政 (2000) 2号

[3] 河南省人民政府办公厅转发省财政厅建设厅关于加强小城镇建设资金管理意见的通知，2003-09-23

[4] 湖南省建设厅. 关于加强小城镇建设工作的规划指导意见

[5] 建设部关于加强小城镇建设的指导意见（讨论稿），http://www.cin.gov.cn/

[6] 建设部关于贯彻《中共中央、国务院关于促进小城镇健康发展的若干意见》的通知. 建村〔2000〕191号，2000-08-30

[7] 建设部副部长傅雯娟同志在湖南省小城镇建设暨重点镇对口联系工作现场座谈会上的讲话，2002-06-12，http：//www.cin.gov.cn/

[8] 建设部政策研究中心课题组．我国小城镇基础设施建设亟待加强．中国建设报，2006，03，21

[9] 吴红萱，孙昂，江大纬．江苏省将重点支持五大新农村建设工程．新华日报，2006，05，29

[10] 兰州市人民政府办公厅印发关于加强乡镇财政支出管理的意见的通知．兰政办发〔2006〕80号，2006，05，16

[11] 民革上海市委．关于加强本市小城镇文化建设的建议

[12] 青海省小城镇规划建设管理办法，2003，12，08，http：//www.qinghai.mofcom.gov.cn/

[13] 山西省人民政府．关于加快全省小城镇建设的意见．晋政发〔2005〕21号，2005，07，15

[14] 宋立元，石大．加强小城镇建设资金的管理和监督．辽宁经济信息网，2006，06，13

[15] 吴红萱，孙昂，江大纬．江苏省将重点支持五大新农村建设工程．新华日报，2006，05，29

[16] 攸县小城镇建设试点方案．湖南建设网，2003，08，22，http：//www.hunanjs.gov.cn

[17] 张泉，王晖，陈浩东，陈小卉，陈闽齐．城乡统筹中的乡村重构．北京：中国建筑工业出版社，2006

[18] 中共重庆市委重庆市人民政府关于进一步加强小城镇建设的决定

[19] 中国农工民主党广东省委员会．关于加大我省小城镇建设力度的建议．同心网，2003，06，23

[20] 中国农业银行小城镇建设专项贷款管理暂行规定，农银发〔1997〕第145号文，1997，06，23

[21] 株洲市人民政府．关于促进小城镇建设和发展的若干意见．株政发〔2004〕12号，2004，05，01

第10章　我国乡镇建设的思考与展望

10.1　我国乡镇建设中的问题分析

由于长期延续的城乡分割体制的影响和自发形成的历史，目前我国乡镇建设中还存在若干问题。

10.1.1　规划滞后，建设带有较大的盲目性

乡镇公路修到哪儿，开发建设就铺到哪儿；用地布局横七竖八，布局混乱；土地占用率高，而利用率低等等。造成这种现象的很大一部分原因是乡镇普遍患上了"规划滞后病"。现在，虽然大多数乡镇都已经进行了规划，但是整体规划水平不高，协调性较差，起点较低，不能有效引导规划管理和指导规划建设，使乡镇建设带有较大的盲目性。

10.1.2　"缺乏特色、千镇一面"，或"一味攀比模仿，过于超前"

全国乡镇建设的问题之一，就是"千镇一面，缺少特色"，不少小城镇街道两旁一并齐的二层楼，底层是清一色的铝合金卷帘门，不土不洋的檐口和白色面砖，使人感到单调乏味、呆板。同时，有些经济较为发达的乡镇，则盲目抄袭和模仿大中城市，盲目抄袭和模仿国外，脱离了自己的自然资源条件和历史文化遗存，同样面临着"特色危机"的尴尬。

10.1.3 用地粗犷，土地使用效益低下

由于土地使用制度改革的滞后，土地乱占乱用、越权批地的现象普遍，进入市场的土地缺乏量的合理控制，致使乡镇地价偏低，从而导致用地粗放蔓延，土地使用效益极其低下。

2005年全国乡镇共有人口19978.1万人，镇区面积共有31464 km^2，人均用地面积为197 m^2。其中，建制镇的人均用地面积为219 m^2，集镇的人均用地面积为150 m^2。相关数据详见表10-1。

就六大分区而言，华东地区的乡镇建设是最为粗放的，其乡镇人均用地面积高达422 m^2，建制镇人均用地面积高达736 m^2，集镇人均用地面积高达422 m^2。这些都大大超过了国家制定的人均用地指标。

世界性的资源短缺主要是能源和淡水，全国性的资源短缺主要是耕地和淡水，"珍惜土地、合理利用土地"是我国的基本国策，我国的乡镇建设应重点加强提高土地的使用效率，集约利用土地资源。若是严格按照人均用地面积120 m^2 的标准进行控制，2005年全国乡镇的建设用地面积只需9647 km^2，和现实的31464 km^2 相比，节约土地面积为21878 km^2，为实际所需面积的2.26倍！

10.1.4 基础设施发展滞后

乡镇基础设施发展滞后表现在多个方面。道路交通方面，一方面存在着道路网密度偏低造成的交通拥挤，另一方面又存在着路面质量差引起的"晴天扬灰，雨天水泥"；水电供给方面，供应不足是一个普遍现象，好多乡镇的自来水普及率依然偏低，日常用电时间也得不到保障；排水和垃圾处理方面，由于需要较大的经济投入，污水和垃圾处理的相关设施配套严重缺乏，随地解决的现象非常普遍；网络通信方面，目前总体而言还处于闭塞状态。

表 10-1　2005 年全国乡镇镇区人均用地面积状况

六大分区	建制镇			集镇			乡镇		
	人口（万人）	镇区面积（km²）	人均面积（m²）	人口（万人）	镇区面积（km²）	人均面积（m²）	人口（万人）	镇区面积（km²）	人均面积（m²）
华北	1309.8	2922	223	590.2	1284	217	1900.0	4206	221
东北	995.2	2249	226	385.9	1086	281	1381.1	3334	241
华东	5072.8	7872	736	1138.4	1456	128	6211.2	9326	422
中南	4193.8	6790	162	1525.8	1846	121	5719.6	8635	151
西南	2307.6	2276	99	1012.6	924	91	3320.2	3199	96
西北	926.0	1578	170	520.0	1186	228	1446.0	2764	191
全国	14805.2	23685	219	5172.9	7779	150	19978.1	31464	197

资料来源：2005 村镇建设统计年报

10.1.5 环境建设落后

目前乡镇的环境保护意识还比较薄弱,一方面环境污染严重,另一方面环境建设落后。有些乡镇由于工业选址不当,导致水源和大气污染,并且日趋严重;有些乡镇由于开发过度,水土流失,耕地减少,生态恶化。但是,乡镇却没有投入环境保护和环境建设的意识和资金。

10.1.6 镇区跨越公路建设问题突出

由于经济实力的制约,不少乡镇以新修公路为依托,建商业街,搞住宅区开发,搞"一层皮、一条线"建设,这样既影响了公路交通,又危害居民安全,导致基础设施战线长、投资大、效益低。从科学发展的角度来看,应该对沿公路的集市贸易、违章建筑、公路非标、打场晒粮等现象,分阶段、有重点地进行集中整治,从根本上改变个别路段脏乱差的现象。

10.1.7 规划管理执法不严

现在,很多乡镇基本上都编制了集镇总体规划和重点地段的控制性详细规划。但是,由于短期利益的驱使和管理意识的缺乏,乡镇的规划管理在执行上缺乏权威性、连续性,一些地方不按规划办事,行政干扰现象时有发生,不少乡镇越权办理规划审批手续,片面追求短期效益,任意改变建设用地使用性质,严重影响了乡镇规划的顺利实施。

10.1.8 忽视城乡统筹

我国在发展中出现的"城乡二元结构"和"三农问题"重大矛盾的由来已久,它们是历史发展过程中多种因素形成的,既有历史和传统方面的因素,也有决策和管理方面的因素。当前我国在乡镇的发展建设过程中,忽视城乡统筹发展的现象依然非常明显与突出,比如户籍制度、配套设施建设、公共设施享有机遇等很多方面还存在城乡分离。

10.1.9 行政干涉严重

行政干涉主要包括两个方面的现象,其一是违背科学发展观,其二是压制公民权利。科学发展观是指导乡镇可持续发展的首要纲领,但是在当今的乡镇建设中,存在太多的行政意识指导乡镇建设的现象,而且其中好多的行政意识是违背科学发展观的。同时,随着乡镇经济社会的大幅度增长,群众的公民权利意识逐步觉醒,乡镇居民要求参与乡镇政府管理和决策的愿望越来越强烈,然而现行的乡镇行政结构却难以做到"以人为本",难以适应21世纪民主与法治的发展要求。

10.2 我国的乡镇建设与制度支持

我国与许多发展中国家一样,为了加快工业化和城市化进程,尤其是在强大的计划经济体制下,曾制定了一系列有利于城市发展的政策,也曾一度推进城市与工业的发展。但这种长期的不平等发展政策却违背了城乡关系发展的内在规律,造就了今天的"城乡二元结构"问题,造成现在城乡发展不平衡的局面。

我国城乡不均衡发展的深层原因在于制度层面。二元户籍制度、二元就业制度、二元收入分配制度、二元社会保障制度、二元公共产品供给制度以及财权与事权不对称的财政体制是我国城乡不平等的制度根源。除此之外,还有不平等的教育制度、收入制度、就业制度、住房制度等等。因此,对城乡二元制度的研究也就成为城乡统筹发展问题的重要层面,某种意义上说,制度创新是我国现阶段城乡协调发展和推进乡镇建设的基本思路之一。

10.2.1 制度问题影响乡镇建设的内在机理

10.2.1.1 制度滞后与乡镇建设效率

创新体制的有效实施需要社会环境强有力的支撑,制度改革的一些正式约束(如法律、政令和条例等)大多为"强制性植入的外来品",与其相适应的非正式约束(包括干部群众的商品意识、计划经济思维定式、相应的法律法规和传统观念等)严重滞后促使了正式约束的实施成本大量上升。同时,政府在进行制度转变时,总想尽快通过改变正式约束实现新旧体制的转轨(如从计划经济体制转向市场经济体制),实际上体制转变可以跨越,但传统文化和意识形态的转变却是一个渐进的过程。在一定时期内,正式约束的改变可能与持续的非正式约束并不相容,导致体制转变过程中"功能耗损"。如在江苏的某些地区经济发展长期滞后,一个重要的根源便在于其改变了的正式约束与滞后的(或传统的)非正式约束的长期背离。其实这些区域并不是缺乏制度创新的能力,而实施创新制度的有效环境和条件缺乏或者是根本的阻碍。

10.2.1.2 制度失衡与乡镇建设成本

制度失衡的直接表现通常就是现存制度与变迁的目标制度之间互不兼容、相互冲突。其原因一方面归之于社会知识的累积和技术的进步,致使分工不断扩展和深化,从而带来现存的生产制度不再适应目标制度,且与之产生矛盾和冲突;另一方面在随着经济的发展和收入水平的提高,人们的价值标准、伦理准则以及对利益分配公平、正义的看法逐渐发生变化,从而促使人们产生改变现存收益权利的分配,并在新的收益权下形成新的分配制度及利益的要求。由于这种冲突,人们不能在稳定的制度中获得稳定的预期,整个经济就会呈现为无序与混乱的状态。同时,这也必然会增大整个社会生产的交易费用,降低制度净收益。

以我国现存的耕地制度为例,能真正有效实现规划的占补平衡目标很少,一个重要表现是在贯穿执行此制度时往往注重"量"而忽视"质",换句话说某些地方在贯彻耕地占补平衡政策时,往往实现了耕地增减的平衡,甚至出现了耕地的净增加,但问题是在小城镇外延扩张时所占的土地多为小城镇周边的优质农田,而通过复垦和开发的新增耕地的质量要远低于被小城镇建设所占用的耕地,其结果便是耕地总量出现隐性减少,耕地危机同样存在并且隐性化,因此具有更大的负面效应。

10.2.1.3 制度不经济与城乡公平发展

人们之所以有对制度的需求,是因为新制度能够为他们带来一定的收益,这种收益便是制度的有用性,而如果这种使用价值呈现边际递减,显然便构成了制度的不经济。如以城市和国有企业为中心的资源分配政策体系,造成财政对农村基础教育、公共卫生、生态环境建设、基础设施、农业科研等公共物品和准公共物品投入长期不足,使农业发展的资金和技术短缺,农村社会进步缓慢。加上农业本身通常是作为弱质产业,这种财政对农业不经济的制度行为,其结果便是本应由财政承担的农村义务教育,以及庞大的基层政权的运转费用等,都转移到了农民头上,从而城乡显失公平。同样,在税收上,工农业两套完全不同的税制并存,尤其是对不同的经济效率的城乡工农业来讲,这显然同样未能体现公平。其问题就在于处于弱势的农业是以常年产量为计税依据的,即意味着农民无论收与不收或收多收少,都得纳税,而且既不存在增值税对小规模纳税人进行照顾的低税率,也不存在个人所得税对工薪收入实行普遍照顾的起征点和免征额的规定。农业税没有任何抵扣项目,只计产出,且不考虑种子、化肥、农机和劳动力等投入。因而以城乡这样的财税制度,城乡承担的结果便是差距的不断扩大,制度损耗便在所难免。

10.2.2 影响我国城乡统筹发展和乡镇建设的主要制度障碍

10.2.2.1 现行一些城乡分割的制度,不利于城乡统筹发展

统筹城乡社会经济发展、建设全面的小康社会,是江苏省社会发展的关键及现阶段的目标。然而在城乡制度安排上,延续了五十多年的社会保障制度及与之相关的户籍制度、农业税收制度、土地制度等,仍然是城乡融合、统筹发展的严重障碍。城乡统筹,就是要求劳动力、资本、土地和技术等要素在城乡之间能够合理流动,促进城乡经济发展的良性互动。而社会保障制度的严重失衡及户籍制度改革的滞后,首先限制和阻碍了劳动力的流

动,不利于全国城乡统一的劳动力市场的形成。目前大量的剩余劳动力仍滞留在农村,造成劳动力资源的极大浪费;而另一方面,即使由于农村资源的挤压和城市生活的拉力,使一部分剩余劳动力流动到城市,但这些劳动力也只能以"二等"身份在城市里从事着那些城市居民不愿意干的脏、苦、累的工作。尽管他们为现代化的城市建设做出了巨大贡献,但他们还是无法被城市接纳,不能同城市居民享有平等的生存权利。

10.2.2.2 公共产品供给的城市偏向,社会保障制度的收入再分配功能扭曲,进一步拉大了城乡差距

理论上说,农村生产的分散性决定了农村私人产品对农村公共产品的依赖性要高于城市。但是,我国城乡二元经济结构决定了公共产品的提供也表现出明显的城市倾向。农村公共产品资金供给的不足必然引发两种问题:一是农村公共产品"缺位",即政府忽略了一些本该由政府提供的公共产品。比如农村社会保障,广大农民被排除在社会保障体系之外,与此同时,城市居民或多或少都能从社会保障制度中获益。二是公共产品资金负担不合理,一些在城市无偿或低收费提供的路灯、自来水系统、九年制义务教育等公共产品,在农村却要由农民承担绝大部分费用。农村公共产品供给不足,客观上加重了农民的负担,也固化了二元经济结构问题。

收入再分配是社会保障制度的核心及实现其基本目标的手段。但在实践中,中国现行"一边倒"式的社会保障制度的收入再分配功能严重扭曲,不但没有发挥应有的调节作用,反而因其不公,进一步拉大了城乡居民的收入差距。1991~2001年,中国城乡居民收入差距呈倒S曲线状,且有缓慢扩大的趋势。而现行社会保障制度没有改变这种曲线走势,相反,更加加剧了曲线上升的趋势。如果考虑城市居民的住房、物价等各种补贴,则社会保障的这一负面效应会更大。

10.2.2.3 传统的二元制度大大提高了农村人口进镇成本

人口聚集是小城镇形成和发展的核心条件,而现阶段江苏小

城镇人口聚集乏力已成为其进一步发展面临的一个大问题。究其原因，一是传统的二元户籍制度极大地限制了农村人口的自由流动；二是在土地使用方面，农民进镇办企业或定居所受的约束条件较多，进镇的成本高、难度大，除了缴纳正常的税、费、租金外，还要负担各种地方性费用；三是不但城镇就业制度仍对农民存在歧视，而且农民进镇后缺少住宅供给、教育等方面的服务，以致大量农民进得去、留不下，形成"离土不离乡"的"两栖人口"。归结这些原因，都能追溯到城乡种种的二元制度隔阂。种种的制度门槛不仅增长了农村人口进镇成本，事实上对城镇本身的建设成本显然也是人为提高，最终带来的只能是城乡整体的不经济。

10.2.2.4 财权与事权不对称的财税体制剥夺了农村发展的机会，小城镇建设缺乏资金来源

自从1994年实行分税制以来，中央财政和政府的宏观调控能力大大增强了。但是，分税制主要规定了中央政府与省级政府之间的事权划分，确定了二者之间的分配范围，却没有规定省以下政府之间的财权、事权关系。其结果在实行中省政府对地市级政府实行财政包干，地市级政府又与县、区政府实行财政包干。这样逐级层层包干，效益高的财源总被上一级政府收走，其结果是地市级以上各级政府的财政有保证，而县、乡政府财政多入不敷出。即使在苏南这种相对发达的地区，举债发薪、举债建设公共基础设施也成为普遍现象，由此形成了大量的乡、村债务，成为农民潜在的负担。农民社会负担沉重的城乡不平等的局面也就随之生成并难以消除。

10.2.2.5 行政建制与土地制度制约了农业产业化进程、工业集聚、城乡空间的整合

现行以集体所有的农村土地承包制度从某种层面上已经制约了农业的现代化与产业化进程，因此各地都进行了各种有益的改革尝试，其核心就是通过流转加强土地的整理与集中。但是我国目前的国情还不允许土地制度作根本性的变革，因此，今天在实

践中的土地问题就表现为我国土地征用制度、规划制度和土地保护制度的明显不足。征地制度：征地费用过低；规划制度：农村土地规划与城市土地规划体系相互独立，土地利用总体规划与城市总体规划主从关系不明；农地保护制度：基本农田保护区规划运作过程中缺乏土地价值转移的补偿机制。这些问题能否解决，将集中影响乡镇建设和城乡空间的优化。

10.3 我国乡镇建设的若干趋向

10.3.1 乡镇建设的集约化

我国城镇建设规划深度普遍较为粗犷，土地浪费严重。乡镇发展初期，许多地方对城镇的功能、性质和定位不明确，求大求全，占用土地面积过大，造成土地资源的破坏和浪费，在发展过程中产生了一系列问题。1）规划不完善、不延续。目前，我国乡镇建设中规划不够完善与不重视规划延续性的现象比较普遍，编制的规划未能付诸实施；重复建设较为普遍，乡镇的内部工业、商业、住宅等功能区分布混杂；城镇之间、城镇与村镇之间、乡镇与大中城市之间及乡镇内部各功能区发展不够协调，对资源的开发不合理，有的已经造成生态的严重破坏。2）小城镇内部土地利用效率不高，结构不合理。每一个镇区都形成一套小而全的设施，如街道、商场、学校、自来水厂等，均需占用大量土地，极大地降低了土地资源的利用率，造成集聚效应和整体优势难以发挥，宏观上很不经济。另外很多小城镇内部土地利用结构不合理，布局零乱，功能分区混乱，建筑容积率低的现象也比较严重。3）乡镇企业分散，占用土地过多。城市大工业对农村剩余劳动力排斥和分割的户籍制度、福利制度等严格地将大多农民限制在农村，"离土不离乡"的乡镇企业应运而生，乡办乡有、村办村有，各自布点办企业，造成了乡镇企业的过度分散。如江阴市1996年镇办工业企业811个、村办2317个，平均每个镇28个镇办企业、80个村办企业（不包括私营小企业）。这种分解增加了乡镇企业对道路、供水、供电、供气等基础设施建设占地的总体需求。据专家测算，乡镇企业人均用地比城市多3倍以上，加大了中国人多地少的矛盾。

建设和发展小城镇是经济发展的必然，也是实现农村城市化、城乡一体化的必由之路。但必须以"控制总量，限制增量，盘活存量"作为小城镇发展中土地利用的总原则，走内涵挖潜、城镇结合，全方位地推进土地利用集约化。

10.3.1.1 强化区域规划的指导

由于缺乏较高一级的体系规划，如区域规划或小城镇体系规划等作指导，小城镇的规划显得没有依据而缺乏可行性。规划要有整体观念、全局观念，要从整体的高度协调本区域内的用地布局，做到统筹安排，突破镇域行政区划的严格界线。1998年开始实施的全国乡镇合并，优化了全国的城镇体系，为乡镇建设提供区域规划走出了关键的第一步；而2005年江苏省率先进行的全省镇村布局规划为乡镇集约型建设提供了更为明确的指导规划。

（1）乡镇合并

我国的小城镇普遍偏小，对资源的集聚能力普遍较弱。这种状况还导致在经济发达地区高速发展的小城镇已经连在一起，难以划清边界，重复投资现象严重。小城镇普遍偏小还是农民负担屡减不轻的主要原因。为了有效解决这一问题，从1998年开始，中国进行了乡镇合并。目前，全国乡镇总数由1984年建立乡镇一级机构时的92476个，减少到2003年底的38464个。中国还将对规模过小的市、市辖区、县进行适当调整。目前全国30万人以下的县市区有700多个，其中20万人以下的有300多个，10万人以下的有200多个。除少数边疆地区的市、市辖区、县不做变动外，其他地区符合撤并要求的行政区域都将推进这项改革。

适当合并乡镇，扩大小城镇规模，是促进小城镇建设的重要措施。常熟市梅李镇是常熟市域东部的片区中心，是重要的交通枢纽和工业重镇，1999年6月常熟市行政区划调整，赵市镇、珍门镇并入梅里镇，随后的梅里镇总体规划按照"一镇三片——一个镇区、两个片区"的规划结构对梅里镇的城镇建设提出指导意见，将整个镇区有限的建设力量主要集中在梅里中心镇区，原赵市镇、珍门镇主要功能定位于居住片区，主要城镇建设为居住区和相关配套公共设施，工业等其他相关产业逐步向中心镇区集中。经过近几年来的建设，梅里镇中心镇区城镇空间拓展迅速，建设用地由合并前的 $1km^2$ 拓展到 $3.5km^2$，建设初具规模，各类配套设施正逐步改善。2004 年全镇的三产比例为 6.6：67：27.4，第二产业占绝对多数。中心镇区包括一所中学和一所小学，梅里中学设备齐全，办学条件较好，是省级重点中学，梅里小学新校区于 2000 年建成使用，设施较好。而原赵市镇、珍门镇近几年来基本维持合并前的格局，各类建设增加不多，基本以改善居住环境为主，也日益形成适宜居住的片区中心。

从各地合并乡镇的经验看，应该注意以下几个问题：①乡镇的合并要尽可能按照经济区域来进行，不能平均化。合并时就要尽可能把处于同一经济区域的乡镇归到同一行政区域，而不要人为割裂。要通过乡镇合并使经济资源配置效率达到最大化，而不是简单地把几个乡镇合并在一起。②合并后小城镇的运作更要符合经济规律，以推动区域经济发展为唯一目标，尽量排除行政因素的干扰。③要使合并后的小城镇能够根据本地资源真正形成明确的主导产业，并且尽可能使相临或相近经济区域的主导产业之间相互配合，互为发展条件，在较大的范围内形成规模经济，促进农村非农产业的进一步发展，促进小城镇建设再上新台阶。

（2）镇村布局规划

目前江苏有 4000 万农村人口，分布在近 30 万个自然村落里，自然村规模小，集聚度低。在苏南部分地区，人口在 50 人以下的自然村比例高达 57%。居住分散造成土地浪费，也不利于农村的基础设施建设和环境建设，只有集中居住，才便于统一建设排水、通信、公路、污水垃圾处理等公共基础设施。2005 年，江苏在全国率先拉开镇村布局规划编制的序幕，为建设社会主义新农村铺垫规划格局。规划按照《江苏省镇村布局规划技术要点》的要求，从村庄现状规模、配套设施、地形地貌、产业特色、村庄区位、文化特色等方面综合分析，因地制宜，合理确定村庄集聚规模和集聚范围，正确处理好地形地貌特色和产业发展、文化特色村庄的保护。规划调整如能全部实现，全省30万个自然村将在10~20年里合并为3万个居民社区，全省可节地150万亩以上。

10.3.1.2 挖掘小城镇土地潜力存量，走内涵发展道路

小城镇的发展应以较高的土地利用率和产出率为目标，提高土地利用的集约化程度，以提高整个镇域经济运行效益为小城镇建设的根本宗旨之一。在旧城改造中要注意提高土地利用率，对占地量大、人口密度低、用地结构不合理的区域按规划调整，对小城镇中分散的、容积率低的居民点要集中建住宅小区、生活小区。

通过旧城改造，以空间垂直利用取代平面利用，发展适度的多层与高层建筑，降低建筑密度，增加绿化与道路广场用地，改善生活环境与城镇面貌。重点开展对老城区的改造，盘活土地资产，挖掘土地存量优势，变土地的外延性扩张为内涵性挖掘方式，集约高效利用土地，在促进旧城改造购向时完成小城镇土地利用结构的战略性调整。

10.3.1.3 合理控制设施规模，集约利用土地

我国东部沿海地区近几年为提高居民生活质量、优化乡镇形象，新建了大量设施，如学校、医院、商业街、政府大楼、广场花园等，普遍存在"奢华攀比、大而不当"等现象。新建设施应严格按照国家、省市相关技术指标进行控制，争创精品，避免建设资金和土地资源的双重浪费。

小城镇的工业小区应统一规划、合理发展，分期分批地将乡镇企业集中到工业小区中，有利于土地的集约利用和基础设施的配套，有利于产业规模的形成及企业经营机制的转换和企业产权流动。

10.3.2 乡镇特色的塑造

特色是指事物表现的独特色彩、风格。一个小城镇要在形象上别具一格，就必须在规划和设计上下功夫，结合本地实际和发展来确定城镇自身的发展性质，城镇风格，在设计上追求丰富多彩，各具魅力，突出体现个体特征，协调好整体形象。然而有的小城镇没有认真规划就仓促建设；有的规划照搬照抄，淡化了地方特色；有的小城镇依山傍水，自然资源丰富，搞旅游兴市，个别小城镇不看自身条件也搞旅游兴市；有的小城镇地处平原，规划上横平竖直，而个别小城镇地处丘陵山地而为了追求横平竖直，竟然堵河填沟，挖领取直，造成历史性的遗憾；有很多小城镇不重视街景设计或者设计了不按设计建设，甚至硬性规定，使建筑像围墙一样齐齐地立于街道两旁，几乎所有的建筑都是压着道路红线建设，没有虚实进退，没有高低错落，体现不了规划、建设与自然景观的完美结合。有的小城镇又总是感觉到自己这也是优势，那也是优势，这也是特色，那也是特色，结果什么优势也没有，什么特色也没有，"千屋同面，百城同貌"，有共性而无个性，这类城镇终究没有生命力。

把握其特征，塑造富有特色的城镇，是一项十分复杂的工作。而城镇的特色，既体现在它的有形上，又隐含在它的无形中。有形的特色，包括城镇道路、建筑、绿化等；无形的特色，则有良性发展的产业链、有序的城镇运转体系、深厚的文化底蕴、文明的市民素质等。

特色就好比城镇的生命，我们要不断地创造，而且要尽力去维护和巩固，因为城镇的特色往往会成为城镇的名片、招牌，一块金字招牌可能隐藏着难以估量的无形资产，并可能带来巨额的物质和精神财富。

10.3.2.1 用科学的城镇规划，从整体上把握城镇特色

城镇特色主要体现在城镇形象上，它是运用城镇设计理念和方法，对城镇空间、实体、风貌所作的整体把握，不仅于此，它

更在于以美好的环境体现人的价值，陶冶人的情操，提高人的素质，体现一种以人为本的思想。

城镇规划是否科学合理，是能否实现城镇整体特色的关键所在。城镇规划明确城镇功能分区、城镇发展轴线、城镇形态与自然山水的协调处理等。一个成功的城镇规划，能使城镇与自然环境和谐共生、相映生辉，从大局上看，或有规则几何图案美，或有整体艺术美。这样的城镇，它的全局特色是明显的。要合理运用山体的形态走向，河湖的形状流向，林地的分布规模，制定与它们和谐统一的规划，在规划中，充分体现出因客观自然环境的存在而成就的整体特色。

10.3.2.2 以精致的个体建设，从空间上营造城镇特色

城镇是人们生活的载体，当个体建设的集合与城镇的自然、文化等有机组合，达到和谐自然的境界时，它应当是一件独具特色的艺术精品，而它的魅力是来自于它独有的"个性"体现。

进入城镇，人们目光所及之处是城镇的建设成果。因此，城镇建设的特色很容易抓住人们的注意力。过去，我们对小城镇的建设特色重视不够，重功能轻风格，建设视觉让人乏味，建设成果缺乏艺术生命力。

抓住城镇建筑的风格。应在深入调查研究、反复讨论比较的基础上，确定自己的主导建筑风格取向。如苏州老城的房屋，尽管具体的每一幢建筑在立面、装饰等方面富于变化，但是它们的主流风格是一致的，也正因此才形成了自己独有的品牌形象。其次，城镇建筑在主导风格之下，个体建筑还要追求变化，尽可能做到"一建一图"，避免造成"千篇一律、千房一面"。特别是公共建筑，临街建筑、临干道建筑、住宅外立面尽可能运用屋顶、色彩、窗套、细部、高低错落等手法来改变造型，产生共性中的个性。

精心打造城镇广场和公共休憩场所。城镇广场是城镇的重要建筑，是城镇空间和交通的节点，是居民社会生活的中心，最具公共性，最具艺术活力，也是最能反映城镇文明和特色的开放空

间，是优美的城镇形象的重要决定因素。今后在建这类公共空间时，一定要注意到它的特殊性和实用性，把它做特、做活。要建得开敞舒适、大小规模适度，与周围的环境、建筑相得益彰。

重视城镇标志性建筑物的建设。城镇标志性建筑物包括高楼、雕塑、亭塔等，它们是城镇空间的三维艺术品，是城镇文明建设的缩影，是城镇的眼睛和窗户，是城镇形象凝聚的焦点，往往成为城镇的形象标志。城镇标志性建筑物对提升城镇形象的文化品位、丰富城镇形象内涵具有不可替代的作用。

10.3.2.3 借自然的山水环境，从自然中发掘城镇特色

城镇建设要与农村自然环境和谐共处，要与河湖水系、山丘林地，以及城镇园林绿地和城郊的农业用地（绿色空间）等融合起来，协调建设。将生态环境学的理论和方法运用到自然环境的空间建设上来，并赋予"田园风光"的特色。江南水网密布，都有河流穿越镇区，这是在城镇建设上可以利用的自然条件，一定要想法用好它。流过城镇的河，可以说是城镇的母亲河，因为她扮靓城镇的面容，洗涤城镇的污浊，带来清新的空气。没有水环境的城镇，是缺少朝气的城镇。要把城镇中的河流治理好，河岸通过植绿、建园，将其装扮好，使其成为城镇的景观带、游乐园。城镇中的水沟、水塘，也不要随意将其填掉，应尽可能将其利用，给房屋遍布的城镇增一扇"地窗"，加一只"水眼"。

10.3.2.4 融深厚的文化底蕴，从人文中体现城镇特色

每个镇都有割不断的历史，例如江南的城镇，曾经有粉墙黛瓦、马头墙等江南建筑表现形式，但是在新的建设浪潮中，古老的建筑文化丢失得却很快，已很难在新的建筑中找到历史的轨迹，这不能不说是一种遗憾。当千辛万苦找寻城镇特色的时候，却偏偏把老祖宗留下的故有的特色文化丢掉。当然，时代在进步，我们不能一味沿用历史的东西，但是最起码可以在历史文化和现代文化中去找它们的切合点，既保留一些历史的文化底蕴，同时又引入先进的建筑文化。我们

每个镇都有当地文化传统、民俗习惯、生活方式、历史遗迹、古老的城镇形态标志,认真研究找出历史沉淀的轨迹,确保小城镇历史沉淀轨迹的保留、延缓和发展,留住积极、健康的历史特色,并处理好新旧结合,使城镇在新旧文化的交融中走出一条崭新的特色之路。

10.3.3 乡镇生态环境建设

2000年中共中央和国务院《关于促进乡镇健康发展的若干意见》要求发展乡镇要统一规划,逐步发展。在乡镇的规划中,要注重经济社会和环境的全面发展,合理确定人口规模与用地规模,既要坚持建设标准,又要防止贪大求洋和乱铺摊子。

实施乡镇可持续发展的根本途径是转变经济增长方式,由粗放型经济增长方式转变为集约型经济增长方式,将经济效益和生态效益放在同等地位,优化组合各种生产要素,推动科技进步,提高资源利用效率,改善生态环境,促使乡镇的可持续发展。

一是坚持可持续发展战略,制定和完善乡镇建设和环境规划。坚持经济社会的可持续发展,力争经济、社会和环境效益的三统一,应成为加强乡镇建设的思想理论依据。通过对土地、水、森林、矿产资源等自然生态环境状况以及资源开发利用、环境污染、生态破坏等有关情况的调查,作出环境现状评价,并针对乡镇经济社会发展的前景,进行环境预测,为乡镇建设规划决策提供科学依据。在制定乡镇建设规划时,必须进行环境影响评价和必要的环境风险评估,通过科学的评价、预测,提出建设中的环境保护对策措施。乡镇建设规划要科学确定乡镇的性质、规模和发展方向,明确功能分区,统筹布置好各项建设。并同时做好环境规划,区域发展规划、土地利用总体规划、交通规划等,充分考虑道路、排水、环保等公用设施的配套建设。

二是加大科技投入,优化乡镇的产业结构。集聚在乡镇的大部分乡镇企业产业结构不合理,过分依赖资源开发,技术水平低,这是一些乡镇经济发展缓慢、环境问题突出的重要原因。要实现环境与经济"双赢",必须加大产业结构调整力度,依靠技术进步,改造传统产业,结合技术改造防治污染。通过严把环境影响评价关,防止出现大城市中高消耗、重污染企业借乡镇建设的机会大规模向乡镇转移,避免出现"工业集中、人口集中、污染集中"的问题。在有条件的地区,积极引进培育高新技术产业,建立起"低消耗、低污染、高效益"的产业结构和产品结构,发展"无公害、少污染"企业,推行清洁生产,通过优化产业结构来降低污染物排放量。

三是抓住乡镇发展契机,调整好乡镇企业布局。应当看到,加快建设乡镇为乡镇企业污染的集中控制提供了良好机遇。因为城镇化的过程就是工业现代化的过程,乡镇企业体系将面临一个较大的结构调整,这为乡镇工业开发区的建设和发展创造了条件。据此,我们要抓住乡镇发展契机,逐步把乡镇企业移向城镇工业开发区,并把化工、轻工、纺织、建材等对环境有影响的企业,按照不同类型划分不同的区域,做到"集中办,统一管",以改变目前乡镇企业分布过散、"满天星斗"的状况,使其污染物的排放能够集中控制和治理,以改善乡镇的环境状况。

四是加强环境基础设施建设,创立各具特色的生态型城镇。乡镇环境基础设施落后,特别是对污水和垃圾的处理水平低,这是乡镇环境恶化的又一重要根源。因此,要把乡镇环境基础设施建设摆上议事日程。在环境建设中,要广辟投融资渠道,建立城镇环境建设投融资新机制,形成投资主体多元化,以加快完善乡镇环境基础设施。同时,要进一步加强乡镇的绿化、美化工作,依据乡镇的生态环境特点,建设形式多样、各具特色的生态型城镇。

10.3.4 乡镇建设的不确定性

从2003年的统计来看,各省、市、自治区乡镇的人口规模、地域面积以及管理幅度存在很大的差异。从全国来看,乡镇平均人口规模为2.46万人,人口规模超过4万的有山东、江苏、湖北和广东4个省；3~4万人的省份有河南和广西两个省区；2~3万人的有上海、天津、河北、辽宁、黑龙江、浙江、安徽、福建、江西、湖南、海南、重庆、贵州、云南和宁夏15个省市和自治区；1~2万人的有北京、山西、内蒙古、吉林、四川、陕西、甘肃和新疆8个省市、自治区；人口少于1万的有西藏和青海两省区。这表明，全国绝大多数省、市、自治区乡镇人口平均为1~3万人，其中，近一半的省、市、自治区乡镇人口规模为2~3万人。

乡镇的规模决定了乡镇的建设具有不确定性，易受外部发展环境和内部决策环境的影响，造成了政策朝令夕改、建设缺乏延续性，设施的重复建设，乡镇建设重点不明晰等问题。

10.3.4.1 外部发展环境的影响

由于乡镇人口规模较小，经济实力较弱，在乡镇建设上缺乏延续性和自主性，易受外部因素的影响，客货运码头、高等级公路、大型专业市场以及国家重大项目等重大设施对乡镇的建设起着决定性的作用。

由于外部发展环境的影响对乡镇建设具有决定性，所以乡镇建设一方面要充分研究社会经济发展的规律，预测未来乡镇建设的趋势，合理确定建设方向和建设时序，减少由于外部发展环境影响而带来的损失；另一方面在外部发展环境变化之后，应在原有乡镇建设的基础上，科学规划乡镇建设方向，合理地、逐步地调整建设重点和建设时序，尽量减少由此而带来的重复建设。

10.3.4.2 内部决策环境的影响

乡镇建设涉及诸多方面，方方面面都与民众有切身利益关系，如土地征用、经济开发、基础设施建设等。但是由于乡镇建设量相对较少、乡镇决策环境不是很透明等原因，导致了乡镇建设内部决策的随机性、短视性和不延续性，从而造成了乡镇建设的不确定性。例如乡镇主要领导的改变就会造成乡镇前后建设的断裂，浪费了有限的建设资源。

决策正确与否关系到一个城镇的发展和未来。失败的决策是不尊重客观规律，不正视客观实际，不尊重科学的盲目决策，致使公共利益受到损害。从深层次看，公共利益和民主科学决策观念的缺失是其失败决策的原因，而因决策而发展良好的乡镇是因为他们在决策中尊重客观规律，充分利用公众和专家学者的作用，积极鼓励他们参与到决策的过程中。小城镇决策是小城镇政府遵循区域发展原则，依据国家有关法律、行政条例、条令，充分考量本地社会人文、经济基础、政治条件以及人民群众合理合法诉求的基础上，科学、合法作出符合本地经济社会政治协调发展的短、中、长期发展战略、计划。

乡镇建设应积极引进公共参与理念，使建设的决策和实施行为处于公众的参与和监督中，努力避免内部决策环境变化所带来的影响。

10.3.5 乡镇的更新与城中村的改造

改革开放以来，在一些城镇疾风暴雨式的城镇建设和快速城市化，导致城镇用地的急剧膨胀。于是，先前围绕城镇边缘的一些村落及其耕地也被纳入城市用地范围。其中，一些土地由集体转为国有并完成了相应的建设。但仍有一些因地理位置、行政区划、拆迁难度等方面的原因，仍维持以前的性质不变，或虽经行政撤组、转变土地使用性质，其功能却仍以村（居）民居住为主。人们习惯称之为"城市里的乡村"，即"城中村"。

城中村存在的问题主要表现在：①用地章法混乱。"城中村"居住用地、工业用地、商业用地等相互交织，新旧住宅参差不齐，建筑杂乱无章，违法用地和违章建筑普遍，破坏城市景观，影响市容市貌。②居住环境低劣。环境卫生、防洪排涝、生活服务等市政建设和公共配套设施普遍缺乏。道路布局结构不合理，无法满足人流、物流和消防的基本要求。电力、电信、供水管线走向杂乱，排水排污不畅。没有物业管理，卫生死角多，"脏、乱、差"现象严重。居民无法享用燃气、信息宽带等先进的城市设施和丰富的城市资源。③治安问题。大量外来人口租住"城中村"村民的闲置私房,使这些地方的居住人口构成十分复杂,少数地方成为"黄、赌、毒"的温床,"超生游击队"的藏身之所,给社会治安管理带来了很大难度。④资源浪费严重。由于缺乏统一规划,村庄改造、企业搬迁和农民住宅翻建不能依照城市功能准确定位,屡拆屡建情况十分突出,不仅损害居民和集体经济组织的切身利益,也严重浪费人力、物力和财力。

实践给"城中村"改造提供了先例。资料显示,对于如何改造"城中村",国内许多大中城市均已开始针对各自的实际情况有所举措,并对改造问题各有化解之策。在北京,对"城中村"的改造已成为北京市"百项整治工程"中的重点工程,是实施绿色奥运行动规划、建设绿色生态环境的重点工程。广州改造"城中村"分两步走:第一步是转制,把城市建成区内的"城中村"农民转为居民,把村委会转为居委会。转制后,村内的市政、环卫、供电、供水、供气以及治安等纳入城市管理范畴,实行统一管理。第二步是有步骤地推进"城中村"改造,首先抓"城中村"老百姓急需解决的基础设施建设和自来水供应问题,清理村内街道两旁的违章建筑,逐步增加绿化、路灯和消防设施的设置,安排市政排污设施的建设。深圳市于1997年起试点改造"城中村",按每镇一村的办法试点。试点村确定发展方向和策略,划定不准发展区、控制发展区及非建设用地的界限,规定各类用地的使用要求。撤点并村,实行村民住宅连建、单元式统建,免费设计统建方案供村民选择,坚持以人为本的原则。重点解决公用设施、绿化、居住广场空间及环境问题。在珠海,政府没有直接投入一分钱,而是巧用市场之手,用政策改造"城中村"。通过定原则、定规划、给政策,引入竞争机制,吸引房地产商投资旧村改造。杭州市政府于1998年出台了市区撤村建居的意见,将原来行政村建制撤销,成建制建立社区,成立居委会。为确保撤村建居后留下的大量乡镇集体资产不流失,维护农民的合法权益,1999年3月又配套出台了撤村建居后原村集体经济组织以股份合作制进行改革,相继完成改革,到现在已经完成市区内60个"城中村"中34个的股份制改革。绍兴市通过对经济开发区内的17个"城中村"实行统一拆迁、统一规划、统一设计代建、统一安置"四个统一"和"以新抵旧、适当补差、产权调换、合理安置"的办法进行改造,取得了成功。

城中村改造基本原则是:

1)依法办事。要严格按照国家相关法律、法规和党在乡镇的方针政策,严格程序,规范操作,做到公开、公平、公正,保护村民利益,改善人居环境,促进经济社会发展。

2)规划先行。将"城中村"改造纳入城市总体规划,并严格按照城市总体规划的要求,明确用地布局、功能分区、道路交通系统、市政工程管网和行政区划等。抓好片区详规,使"城中村"改造与城市基础设施建设、房地产开发、生态环境建设、社区公共配套设施等有机结合,通盘考虑。

3)为民维利。改造"城中村",不仅要改善城市的外观形态,使城市更美丽,更要改变村民的生活状态,使村民生活得更美好。因此,改造"城中村"必须把群众的利益放在首位,改造前要广泛听取群众意见,拆迁过程中要做好细致的思想工作,补偿安置要到位,同时要妥善解决村民的就业、教育、医疗和社会保障等问题。

4)政策推动。推进"城中村"的改造建设,必须尽快制定出切实可行的配套政策,包括原房屋和土地的确权、违章建筑的处理、宅基地管理、集体经济发展和集体资产保值增值、拆迁补偿安置、改造资金筹措、必要的扶持和优惠政策等,还要考虑鼓励投资商、开发商介入的相关政策。配套政策的核心和关键是要处理好村民的现实利益和最终出路,平衡好政府、村民、村集体和开发商各方面的利益关系。

5)市场运作。"城中村"改造必须注重发挥各种社会力量的作用,要在坚持政府调控的前提下,按照"公开、公正、公平"的原则,采取市场化运作、多元化投入的办法。

10.3.6 乡镇工业集中区建设

乡镇建设近年来得到了蓬勃发展，乡镇工业集中区也如雨后春笋般建设，迅猛的发展给乡镇工业集中区带来了一系列的问题：规划上不注意科学性，少数乡镇在规划中没有与小城镇总体规划相协调，在选址上对社会效益和环境效益考虑不足；管理上缺乏严肃性，存在着先建后批、少批多建、违章建设的现象，缺乏规范化管理；服务上的低效率性，少数乡镇建管所对规范管理程序掌握不足，对常规的业务要求把关不严，造成不必要的返工，影响服务质量和效益。这些必须引起高度重视，否则，将影响乡镇工业集中区的建设和发展。乡镇工业集中区建设的原则是：

1）因地制宜，合理布局，搞好规划。乡镇企业园区建设是一项长期的工程，必须明确战略任务，制定发展规划，保证健康发展。要结合小城镇总体规划，一并对企业园区进行规划，同时强化集聚效应，注意连片发展，不要分散布局或以行政村为单位进行布局。

2）坚持可持续发展。要处理好发展乡镇企业、合理开发自然资源与保护环境、维护生态平衡的关系，杜绝不合理的工业布局，杜绝有些企业不顾自身条件和基础，在"三废"排放严重又无法处理的条件下，就匆匆上马投产，危害环境的现象发生。

3）创造良好的硬件环境。抓好基础设施和公用设施的建设，坚持"小块起步，滚动发展，配套完善"的方针，下大力气搞好园区内的配套建设。首先要搞好园区内的"四通一平"，其次要及时搞好商业、服务、文化等设施，为企业提供便利的生产和生活条件。

4）产业创新。新农村建设不能停留在原有的农业产业上，要发展产业、创新产业，形成特色产业。乡镇工业集中区不是过去"村村点火、户户冒烟"的乡镇企业。要以产业为支撑，不管是什么产业，都要提高产业层次，提升产业素质，形成产业链。

10.3.7 乡镇住宅建设产业化趋向

长期以来，我国乡镇住宅建设的发展方式存在如下问题：①管理薄弱。我国现行的建设行政管理部门由于管理权限和能力所限，其管理重点主要是661个大、中城市和2000多个县城，每个乡镇只有2~3个从事建设和土地管理的人员，对乡镇建房的管理十分薄弱，与乡镇住宅建设在我国建筑业的重要地位很不适应。②观念落后。我国乡镇由于管理薄弱和缺乏宣传教育，建房只是沿袭传统的粗放型模式，没有"节地、节能、节水、节材、环保"的观念，再加上乡镇住宅规划缺失和施工方法落后，造成很多乡镇住宅用地超标，少报多建，建新留旧（造成空心村），占道建房；基础设施不配套，居住环境"脏、乱、差"；住宅功能不全，外观单调，质量差，施工质量和安全事故多。仅2004年，发生一次死亡3人以上的安全、质量事故就占全国总数的32.4%。住宅的使用寿命短，一经洪水浸泡，成片倒塌。一些乡镇新房建了一茬又一茬，推倒砖墙垒砖墙，只见新屋，不见新村，只见新村，不见新貌，浪费了农民和社会的财富。

乡镇住宅建设的发展方式应注意以下几点：

1）更新观念。用科学发展观指导乡镇住宅建设，统领乡镇住宅建设的全寿命周期（规划、设计、施工、使用、维护、拆除），建设"节能、节地、节水、节材和环保"的"节能、省地型"乡镇住宅，使乡镇住宅建设由传统的资源浪费型向资源节约型转化。

2）加大政府和社会的支持力度。建立促进"节能、省地型"乡镇住宅的激励机制，运用财税、保险、信贷等经济杠杆，激励农民建设"节能、省地型"住宅；多渠道筹集乡镇基础设施建设资金，运用市场机制，引导非公有制经济从事乡镇住宅产业化施工、建材生产、乡镇建筑用小型建筑机械生产和租赁等行业，支持乡镇住宅建设。

3）加强规划和设计工作。要按照"先规划、后设计、再施工"的科学程序指导乡镇住宅的建设,在规划和设计中,要贯彻科学发展观的理念,在保证住宅功能和舒适度的前提下,因地制宜,引导乡镇适当集中建房,实现集约用地;搞好道路、供电、通信、给水排水、公共活动场所、污水处理、垃圾处理等基础设施的配置,大力推广应用太阳能、风能、生物质能(沼气、秸秆造气)等可再生能源。

在乡镇住宅建设中要注意体现地方特色和乡镇风貌。乡镇住宅设计要兼顾乡镇特色又能满足农民生活和生产需要,户型多样,以供不同经济水平和需求的农户选择。如河南省征集"建设社会主义新乡镇住宅优秀设计方案",拟按地区编印《优秀乡镇住宅标准图集》,用于指导乡镇住宅建设。

4)逐步推进乡镇住宅产业化进程。住宅产业化是世界住宅建设科技进步的潮流,也是我国建设业"十一五"规划中的发展方向。由于乡镇住宅的特点,城市住宅产业化不能盲目照搬到乡镇。当前,伴随着城镇化和集约用地政策的实施,在乡镇经济发达地区,农民多种经营较广的地区,外出打工人员较多,青壮年劳动力缺乏,劳动力成本增高的地区,推行乡镇住宅产业化的优越性日益突出。有专家预测,在15年内,我国乡镇住宅产业化的比例可逐年增长到50%以上,这将是我国乡镇住宅建设方式科技进步的重大飞跃。

5)注意防止地质灾害。在建设乡镇新住宅中,要协助农民做好地质灾害防治工作,这是政府和地质部门的新任务。我国乡镇,每年因泥石流、危岩崩塌、滑坡、地面沉降、岩溶塌陷、膨胀土等地质灾害造成的住宅损坏和人员伤亡屡见不鲜。因此,政府应建立包括乡镇在内的地质灾害群测群防网络,实施"预防为主,避让与治理相结合"的方针,协助乡镇做好住宅建设的地质灾害防治工作。

6)重视旧房改造。如前所述,我国乡镇现存大量既有住宅,其中不少是近十几年新建的砖混结构建筑。实践证明,通过加固和改善性改造,可以修旧如新,延长使用寿命,节约农民资金和减少资源浪费。据分析，旧房改造只需新建住宅费用的20%~30%，但可延长使用寿命50%以上。四川省成都市三圣乡对旧的砖混结构住宅进行改建，美观实用。所以，把旧房改造作为建设新乡镇住宅的一个部分，是符合科学发展观的做法。

7）加强国际合作。韩、美等发达国家，在建设新乡镇住宅中积累了一些成功的经验和开发了不少新技术。加强国际交流和合作，借鉴他国成功经验和先进技术为我所用，也是促进我国乡镇住宅建设科技进步和加速发展的有力措施。如辽宁本溪市黄柏峪村在2005年5月21日开建了"可持续发展示范村"工程，这是中美合作的建设项目，以草砖作墙体材料，保温性能好，比砖混结构保温效率高72%，而且将农作物废料（秸秸等）化废为宝，是典型的环保型住宅。

10.4 推进我国乡镇建设的制度创新

制度创新是社会经济发展的必然，制度的安排从来都不可能是一成不变的，因为对利益最大、无尽的偏好是促进探索更好制度的永动力。江苏的乡镇建设问题有些是乡镇内在特性造成的，其解决或克服也必须需要较长的时间；而有些是由制度设计不当与制度缺位产生的，通过改革和制度创新便可焕发新的活力。

10.4.1 土地制度的创新

10.4.1.1 城镇土地使用制度改革

为了适应城市化发展需要，我国相继出台了一系列土地使用制度改革措施，城镇建设用地供应和保障制度发生了根本性变化。在土地出让方式上，从行政划拨、协议出让向市场配置的招标拍卖转让；在土地供应数量上，从过去无计划、无限量、敞开式供地向有计划、有目的、有秩序供地转变；在土地经营运作上，从直接招标出让向政府收购出让转变；在土地供应地块选择上，从单纯的随项目供地向政府主动供地转变。逐步走上了

"总量控制，市场配置，规范运作"的新路子。

但由于全面推进土地使用制度改革的时间不长，不少工作还处于摸索阶段。一是政府对一级土地的经营方式较多，还没有完全统一操作规范，因而各地存在着较大的土地收益差。二是土地市场建设还需进一步完善。虽然各地建立了土地有形市场，但规范化的土地市场交易规则还不健全，场外交易行为时有发生，且缺乏相应的制约措施。三是城镇建设用地供应仍以外延扩张方式为主。经济社会发展所需建设用地，主要是依靠新增建设用地来供给，通过征用农村集体土地、占用农地转为建设用地，尤其是占用耕地来满足的，存在明显的粗放使用现象，土地利用强度较低。

今后城镇土地使用制度的改革，主要注意以下几个方面：一是规范土地经营方式，规范土地市场。政府要避免简单依赖权利从征收和拍卖中获益的做法，建立城镇土地法人所有制，成立国有地产公司，以市场机制经营土地。二是严格土地审批制度，明确中央与地方各级政府的土地产权关系（土地收益可以参考分税制），以此制止越权审批、违法批地和寻租现象的大量存在。三是土地使用政策倾斜，用地指标向重点建设城镇与园区倾斜，不搞平均主义，严格控制那些发展缓慢、经济没有活力的城镇用地，把用地指标与经济发展直接挂钩。四是走土地使用集约化道路，扭转当前外延式粗放用地的局面，增加对土地的投入，集中高效使用。五是加强土地税收制度与法制建设，依靠城镇土地使用税调控土地集约、有效使用。

10.4.1.2 农民集体建设用地使用权流转改革

针对当前城镇规划区内社会公益事业、经商办企业、经济开发区和房地产等建设用地的供求矛盾，按照国家土地管理法规和政策的总体要求，各地开展了农民集体建设用地使用权多形式流转试点。对新征农民集体建设用地，坚持实行由政府统一规划、统一征用、统一开发、统一供应、统一管理。同时积极引导和鼓励开展农民集体土地使用权流转的制度创新，对符合土地利用总体规划功能定位，经依法批准转为建设用地的农民集体土地，允许部分城市（镇）规划区内外进行入市流转；允许入市流转的农民集体建设用地不限于乡村企业改制涉及的集体土地；允许农民集体建设用地使用权首次转移收益主要归集体和农民所有，地方政府（市、县、乡）可视用于基础设施建设投资成本的实际支出进行按比例分成。

但是在农民集体建设用地流转中依然存在不少矛盾和问题。一是农民利益未能充分得到保障。据调查反映，农民仅能享受到土地收益的30%左右。以致因土地收益分配不公引发的群体性事件频发。二是产权管理有待完善。农民集体土地流转的财产所有权主体比较混乱，既有乡（镇）政府和村、组的行为，也有使用农民集体土地的单位和个人行为。三是农民集体建设用地的资产化管理机制不健全。至今尚无与之相配套的入市交易法律法规或政策制度。

在今后的改革中，要注意以下几点：首先，明确农民对土地的经营权、转让权和收益权，并把其赋予土地使用权中。这是进行土地使用权流转、提高土地资源配置效率的先决条件。改革土地征使用制度，调整征地补偿标准，改变过去征地一次性货币安置补偿的做法。农民在转让土地时能够得到补偿，从中获益，但要严格保证转让土地的农业使用。其次，深化土地市场改革，使农民土地转让得以顺利进行，使土地按市场需求配置到种田能手和农业企业家手中，实现农民在产业上、地域上向城市转移，同时有利于实现农业的规模经营。第三，在经济快速发展的情况下，各类建设用地需求比较大，占用大量耕地不可避免，因此要建立合理的农用地非农化转让制度。在农地流转时，可以尝试多种有益的方式，但是以农民入股参与利益分配或者长期收取土地租用金将是比较合理的方式。

10.4.2 户籍制度创新

为顺应城市化发展的需要，江苏省积极改革户籍管理制度。

在小城镇进行户籍改革试点取得经验后,扩大试点面,并在城市及时放宽了亲属投靠、子女随父和引进人才、高校毕业生等的入户条件。2003年5月1日起,江苏打破城乡分割的户籍二元结构,取消了城镇户口与农村户口的差别,建立以居住地登记户口为基本形式,以合法固定住所或稳定职业(生活来源)为户口准迁条件,以法制化、证件化、信息化管理为主要手段的新型户籍管理制度。

户籍管理制度改革的推进,对加速城市化进程、促进经济社会发展产生了积极影响。但是,全省户籍制度改革由于配套措施的不完善,具体操作透明度不高,其积极效应没有完全显现出来。隐藏在户口之后的教育、就业、社会保障等相关政策日显滞后,已成为城市化进程的阻力。在改革开放前,这些制度是粮食供给、就业和住房制度,而之后,则是各种福利制度、教育制度。在就业、社保等配套制度没有完善的情况之下,简单地取消户籍性质,并不能从根本上消除流动人口的限制,实现加速城市化的目的。因为,很多限制条件还存在,农民仍然不可能自由迁徙、随便进城。光是"合法固定住所"和"稳定职业"这两道门槛,就会把很多农民拦在城外。因为能够有实力在城里买房子的农民,毕竟是有限的。

今后的户籍制度改革主要注意以下几个方面:

第一,进一步完善社会保障体系。过去农民对城市生活之所以极其向往,最主要的就是因为城市生活有保障,有"铁饭碗"可端。如今,城市的"铁饭碗"没有了(并且有的话也肯定轮不着给他们这些"外来户"),城市中的下岗失业人员多,就业压力大,他们在自身竞争力不强的情况下,要在城市中获得比在越来越富裕的农村更好的物质生活谈何容易。因此,对政府来说,要吸引农民进城落户,就首先必须解决进城落户人员基本的生存、发展和安居问题,以解除他们的后顾之忧。其中的关键一步,是需要进一步完善社会保障体系,凡被批准进城落户的农民,都应被纳入基本社会保险范畴;已经放弃农村承包地和宅基地的进城农民，应享受当地城镇最低生活保障金。否则，进城农民被排斥在社会保障体系之外，农民不得不将土地作为自己的最后保障，这既不利于农村的规模化经营和科技含量的提高，也制约了中国农业的市场化、现代化进程。

其次，降低农民的进城成本。尽管目前进入小城镇的户籍门槛几乎已经降到最低程度，只要农民愿意，花几十至多上百元就可以在短短几天内办妥一切进城手续（至少在理论上是如此）。但实际上，希望转为城镇户籍的农民仍面临比较高的实际和机会成本。除上述失业风险成本外，还主要包括：一是失去承包土地；二是集体福利将丧失；三是居住成本（买房、建房和租房）和孩子就学成本；四是各种各样的机会成本（如必须放弃原来的生活和生存方式，必须尽快适应城市生活，必须建立和适应新的人际关系网络等）。尤其是在小城镇的周边农村，乡镇企业的发展和便利的经商条件，几乎已经把城乡的差别填平，有些地方的农民收入还高于"城里人"，农民不但可以挣得自己的一份收入，而且许多地方村里还替农民代付农业税、承包费，还给分成，农民有更多实惠。城乡差别日益缩小，传统的户籍管理调节器功能淡化。农民想进城，不转户口也能进得来，呆得下。在是否进城的选择上，农民的务实和理智得到充分展示。因此，如要吸引农民进城，就必须尽量减轻他们的进城成本，如严格执行有关规定，在办理户口迁移登记过程中，除一些必要的证件工本费外，均不收取任何形式的城镇增容费或其他类似费用；建立多层次的住房供应体系，特别是大力发展经济适用房，启动、搞活二级住房市场，使新进城人员对住房买得起、租得起；下放户口审批权限，简化落户程序和手续，积极推行"一站式"服务；开展多种形式的咨询教育活动，使他们尽快适应城市生活方式等等。

第三，大力推行城市社区建设。目前许多地方的城镇建成区内仍保留着一些农乡镇的建制和村委会的设置，已远远不适应城市经济和社会发展的需要，同时随着城镇户籍制度改革，农村人口不断涌入城市，加上下岗失业职工和社会流动人口增加，城市社会人口的管理相对滞后。为从根本上解决城市"农村化"的管理体制问题，应加快城镇行政区划改革，逐步撤销城镇建成区内镇和村的建制，积极推行社区式管理模式，真正实现人口的属地管理。

第四，适度调整进城落户农民的计划生育政策。尽管计划生育政策在我国已经普遍推行了多年，但"养儿防老"、"多子多福"、"传宗接代"等传统生育观念在农村仍然有着广阔的"市场"，而且目前的计划生育政策本身就对农村倾斜（育龄夫妇可以有条件地生二胎）。因此，在小城镇户籍制度改革过程中，应针对农民的传统心理和实际需要，妥善做好城镇户籍管理制度改革与计划生育政策的衔接工作。经批准进城落户的原属农业户口的农民，在执行城镇居民的生育政策方面，允许保留一定的过渡期。通过计划生育政策的适度调整，进一步增强小城镇对农村剩余劳动力的吸引力，加快小城镇户籍制度改革步伐。

10.4.3 城乡统一的市场交易制度创新

要把城乡建设达到统筹一致，必须按照建立统一、开放、竞争、有序的现代市场体系的要求，加快发展和培育城乡一体化的商品市场和要素市场，建立健全城乡统一的市场网络，促进商品和各要素的自由流动和公平竞争。直接地说就是要从体制上、政策上创造出城乡各类经济主体能够平等使用生产要素的环境。特别是在当前的城乡市场制度上，作为独立的生产者和经营者的农民本应完全享有独立主体人的基本权利，但面对的却是政府对部分农产品销售采取的种种强制政策和进行的种种垄断市场行为，且类似的现象在农业领域里还有很多，这都很大程度上反映出当前的城乡市场制度尚缺乏应有的严肃性和权威性。

因此，不妨就以全省农产品交易的市场制度为例进行全省市场交易制度的创新。首先是完善农村市场交易中心体系及交通、信息等设施建设，其中可以充分发挥城镇的聚集、辐射功能，运用城镇的市场引导来带动农村市场的发展；其次是完善农村交易市场的制度、法规建设，特别是要严格界定可交易的农产品及其交易者的资格，取得保护合法交易市场的真正可操作的运行措施。三是完善市场价格体系，积极提高农产品商品化程度和农业市场化程度，大力培育各种以农民为主体的专业合作经济组织，并鼓励和引导城市的工商经济组织向农村延伸和发展，促进农村经济组织化程度的提高。四是完善农业产品外在效益（社会、生态价值）内在化的评估制度，逐步达到可持续的市场制度建设。

10.4.4 乡镇财政与投资建设体制创新

加快乡镇建设步伐是提高城镇化水平、加快城镇功能转变的重要途径，也是江苏乡镇现代化水平建设进入到一个新阶段的重要标志和课题。考虑到乡镇建设是一项涉及到多方面的系统工程，特别是基础设施建设投资具有规模大、回收周期长、公益性比较强的特点，所以有必要统筹好投资体制，保证其开发一定能有金融财政支持。但问题就在于县乡的财政这个既是县域经济发展和运行的核心，也是广泛引起社会关注的一个突出问题上。分析起来，造成如此窘境的原因有许多，如县域本身存在着经济发展的困境是个重要原因所在。因为即使是在苏南，以辉煌的1980年代的那种短缺经济和体制夹缝中成长起来的乡镇企业，如今也因规模、技术以及污染等带来了规模不经济的现象。更何况在县域财政很受影响的分税体制调整后，财政支出事实上并没有得到控制，反而在许多县乡领导过于注重政绩而大搞负债的形象工程建设之下、在县乡政府机构庞大与人员过多之下、在政策性增资等法定支出不断提高之下有不断增长的趋势。对此，愈来愈需要县域财政创新出新的出路。

在县域城乡建设在统一的空间组织下，解决县域财政投资建设制度有其必要性，而且还有许多问题有待统筹。首先加强县乡财源来解决县乡建设问题的根本出发点还是在于县乡经济的培植上。要加快县乡工业结构调整，支持现有企业技术改造；要大力发展个体私营经济，鼓励其扩大投资，发展龙头企业；要利用农业资源优势，开发一批拳头产品，搞好各类农业示范园建设，积极发展高效农业。其次，对县域财税征管工作进行稳定的强化是振兴县域财政的关键，是实现财政平衡的物质保障。要稳定征管机构、分明征管责任、不断改进征管模式与格局；要规范征管内容与过程，维护税法刚性，最终达到城镇征管现代化、规范化，农村征管社会化、多样化。第三，要建立适应乡镇建设发展的公共财政。县域公共财政支出主要在于两个方面，一类是市场失灵（缺陷）的领域。如满足社会秩序、行政管理的需要，满足社会对社会公益事业（如社会基础文化、教育、科技、卫生事业）的需要，满足社会对公共设施（如县乡公路、城镇交通、资源保护等）的需要等。另一类是用于规范市场的领域。如城乡产业结构调整、消除垄断，维护公平竞争的支出、个人利益关系调整等。当然，在具体操作时，还有必要理顺城镇上下级政府之间的关系，要按分税制的要求，公平处理好县、镇财政的分配关系，保证一定的乡镇建设专项独立预算资金，提高小城镇，尤其是重点镇"当家理财"和培植财源的积极性。

10.4.5　社会保障制度的创新

户籍管理制度仅仅是限制人口在小城镇聚集的门槛，真正的问题是农村人口进入城镇后的就业、人居环境质量和制度保障等问题，因为完善的社会保障制度对市场经济的运行与发展起着重要的促进作用，加快城镇化进程最重要的条件之一便是要建立和完善的社会保障制度。

江苏在具体实施时，首先是制定有利的社会保障政策，增加城镇凝聚力。因为人们的一个特定的心理特征，就是在就业迁移的选择上追求着一种既安全又稳定的环境。对于任何一个考虑向城镇迁入的农民来说，都需要一种安全上的保障，要求进入城镇安居后享受城镇居民的同等权益，使就业的风险尽可能降低。因为原来从事小农经济的农民，只存在就业不足的问题而不存在着就业的风险。所以，在城镇的发展过程中，必须要有非农产业的稳定发展，这是农民进城之后就业稳定的前提。同时，这一社会保障体制的实施有必要城乡统一，凡是城市居民享有的各种福利保障，农民也应同样享有。要改变"土地就是农民保障"的片面认识，改革福利制度，扩大社会保障面，逐步建立农民与市民、各种所有制职工平等一致、覆盖全社会的包括养老保险、失业保险、医疗保险、最低生活保障等在内的社会保障体系，改变过去把农民排除在社会保障体系之外的错误做法，使农民与城市居民一视同仁、一样对待，统一规划、统一实施。

其次，要使进镇农民安居乐业，保证基本的生活质量，有必要按照分类和分层保障的原则进行保障体系建设。一是对于有条件的城镇，可逐步建立健全规范的养老和医疗保险制度，待条件成熟时，纳入当地统一的社会保障体系，形成以社会统筹和个人账户相结合的个人储蓄式的农村社会养老保险制度和以个人出资为主、集体补助为辅、政府适量投入的农村社会医疗保险制度。二是对长期在城镇就业，收入和生活已经相对稳定，但尚无条件加入城镇社会保障体系的乡镇企业职工及其他居民，鼓励商业保险机构开展养老、医疗等保险项目；三是对已经脱离土地，丧失工作机会又无其他生活来源的小城镇常住居民，在收入调查的基础上，建立小城镇社会救济福利体系，逐步按最低生活保障标准对民政救济对象实现基本生活保障。

当然，在现行城市社会保障体系的情况下，把众多保障体系一道纳入城乡体系显然是不现实的，较为可行的办法是由易到难，逐步提供社会保障。首先为进城农民建立失业保险和医疗保险。相对于养老保险，这两种保险所要缴纳的保险费金额较低，单位和个人均能承受。其次，可考虑吸收较长时间（5年以上）进城就业的农民，参加养老保险单位和个人，缴纳的数额与缴纳的办法可等同于城市职工，按有关规定按时征缴。

10.4.6　财税制度创新

整个中国也好,江苏也好,大部分中小城镇很少获得上一级政府的投资,不要说是大发展,就是维持现状都困难。如果继续执行现行的财政体制,根本谈不上进行农村社区建设,也无法落实居住集中化战略,无法保证农村社区的正常运行。

当前县域内县、乡(镇)两级财政的困难主要有以下几点:一是实行乡镇财政自筹制度,这种特殊的制度安排不仅没有从根本上解决乡镇财政收入不足和乡镇政府运转困难的问题,而且还在某种程度上扭曲了政府部门的行为,阻碍了行政机构的改革,而且客观上加重了农民负担。二是财税体制集中化。分税制实行的结果是地级市以上各级政府的财政有保证,而县、乡政府的财政常入不敷出。其结果是出现各种名目的乱摊派、乱集资、乱收费,而这些费用最终都落在了农民的头上,农民收入问题也就越发严重。三是财权与事权不对称,分税制导致地方财政收入向中央转移的同时,中央财政没有配合事权的继续下放给予地方相应的财力支持,造成了地方事权不断扩大,而财权没有跟上,中央少给钱、甚至不给钱,地方也要"办事"的不对称格局。四是乡镇公共产品提供困难,农村经济体制改革以来,农村经济和社会各项事业在逐渐好转,但是农村教育、医疗卫生、社会保障和基础设施建设等公共产品的供给,仍然远远落后于城市。而从当前乡镇财政的发展情况看,农村乡镇财政在保障农村公共产品供给上的能力十分有限。

因此,配合县域城乡空间统筹的地方财政改革主要抓住以下几个方向:一是加强县域财政能力,进一步扩充县级政府的权利,较大幅度地提高县级财政提留,县级财政将对县域绝大部分地区直接管理,成为基层财政,是农村公共产品供给的主体;二是改革和加强中央政府和省级政府对农业的补贴,直接提供农村公共产品,真正使农民受益;三是改革乡政府,精简机构,使其成为社区服务机构,取消其财政权利;四是保留并加强重点中心镇的财权,使其基本拥有与县级财政等同的权利。

从省级财政来说,为加快全省乡镇建设的步伐,要提供大力的财政支持。就如某财政厅长所言的三个倾斜:一是向三农倾斜,促进城乡协调发展,总的思路就是少取、多予、放活;二是向困难群体倾斜,促进社会和谐发展;三是向经济欠发达地区发展倾斜,缩小地区发展差异。

10.5 推进我国乡镇建设的若干政策建议

10.5.1 积极培育重点中心镇,加快城乡产业集聚

10.5.1.1 加快重点中心镇产业的集聚进程

一是引导乡镇企业向重点中心镇集中。重点中心镇工业集中要与园区建设相结合,通过工业的集聚带动重点中心镇建设,鼓励企业进园区集中发展,对进工业区的企业,在土地使用、税收、收费等方面给予优惠政策,省政府批准确定建设的重点中心镇工业园区全部视同县级工业区,享受各项优惠政策。二是加快农村非农产业向重点中心镇集聚。以经济发展为基础,以结构调整为契机,通过发展农业产业化经营,发挥城镇区位优势,促使龙头企业向城镇集聚,通过培育市场,完善市场体系,形成产业依托,吸引加工、流通和服务企业向城镇集聚。三是顺应大城市"退二进三"的产业升级要求,引导城市工业向重点城镇转移。在政策和规划上,明确重点中心镇各工业园区功能定位和专业化方向,加强产业集群。四是研究实施必要的分区优势产业引入导向政策。灵活运用差别利率和税率实行分类引导,鼓励城镇招商引资突出产业特色和强项,以增强城镇强势产业的集聚度和辐射力。

10.5.1.2 加快重点中心镇人口的集聚进程

人口集聚与产业集聚高度相关,大力发展城镇第二、第三产

业,特别是劳动密集型工业与服务业,提供更多的就业机会,以此拉动区域经济的发展和农村剩余劳动力的转移,使重点中心镇真正成为区域经济的"发展极",真正带动农业现代化的发展。

10.5.1.3 财政牵头,确保重点中心镇建设资金投入

各级政府部门要按照"多予、少取、放活"的方针,促进中心镇的建设。广州的做法是市和区(县级市)两级财政,从2005年开始每年继续安排每个中心镇1500万元的统筹建设资金,5年不变,其中市级财政安排1000万元,区(县级市)安排500万元,纳入财政和区(县级市)财政预算。江苏省如果参照制定政策,对批准建设的重点中心镇,按照省、市、县三级财政分担投入,具体的年投入标准可以参照大城市人均城市建设经费,采取一定比例的方式执行,应该比广州有更大的投入力度。

10.5.1.4 按照发展市场经济的要求,建立多元化的投融资机制

把重点中心镇建设作为一项产业来加以筹划、经营和管理,以政府和集体的投入来启动民资,调控社会资金,形成多元化的投入机制,走社会化、市场化、产业化的发展路子。一是盘活土地资产。土地是政府掌握的最大的资产,镇政府要加强对土地一级市场的宏观控制。根据市场供求关系有步骤地分期分批出让土地,尽可能谋求土地效益最大化。二是激活民间资产。民间资产包括民营企业及个人资产。允许各类企事业单位和个人采取多种方式,直接从事投资开发,扩大城镇基础设施建设资金的来源,有条件的地方可以建立镇建设投资开发公司。鼓励各类企事业单位和个人直接投资兴办和经营小城镇的公共设施和公益事业,参与小城镇的房地产开发,鼓励农民带资进镇兴办各种企业,参与小城镇的各项建设。有偿转让公用行业的无形资产,吸引民间资本。三是改革重点镇建设土地使用税、费的收取办法,取消一些不合理的收费项目,以降低城镇建设费用。对于有关中心镇建设的税费返还、专项资金扶持、土地开发等各项优惠政策,任何部门不得以任何借口拒不落实或拖延缓办。

10.5.1.5 加快改革、完善现行管理体制

根据重点中心镇发展的需要，应尽快对县镇两级的事权、财权和人权进行适当调整，相应调整部分机构设置。按照"小政府、大服务"的要求，精简行政机构和人员，转变政府职能，强化重点中心镇政府的协调管理能力。要扩大重点中心镇政府的行政管理权限，建议赋予重点中心镇政府享受县级管理权限。

10.5.1.6 加强城镇社会公共管理职能建设

建立必要的城镇管理地方财政预算制度，实行专款专用。对一些纳入发展规划的城镇，应在财政收支中单列市政建设基金和城市维护基金开支，增设城镇建设税种，以强化城镇的财政与税收功能。按照"一级城镇、一级财政"和分税制的要求，完善小城镇的财政管理体制，减少财政隶属层次，给城镇更多的发展机会。

10.5.1.7 实行同城待遇政策

对于进镇居住的农民，给予其与城市居民同等的失业保障、医疗保障和养老保障等。一是家庭人均收入低于其户籍所在县市最低生活保障标准的进镇居民、村民，均有从当地人民政府获得基本生活物质帮助的权利。用法律形式将进镇农民群众纳入了社会保障制度的保护范围。居民、村民最低生活保障所需资金列入政府年度财政预算，按照现行财政体制各级分担。二是制定土地承包权换取社会保障政策。对于进城镇居住的农民，愿意放弃土地承包权的，或因城镇建设和基础设施建设而失地的农民，推行以土地承包权换取社会保障的办法，促进农民离土离乡。对进城农民的原有的承包土地及原住房的宅基地，政府收回，并以社会保障（如养老保障、失业保障等）的形式给失地农民以补偿，以解除失地农民的后顾之忧。

10.5.2 建设和谐农村新社区，引导农民集中居住

10.5.2.1 加强村庄社区规划

社区建设要有利于生产，方便生活，保护和改善生态环境。某建设厅的抽样调查表明，62%的农户对本村的卫生状况不满

意；43%的农户对本村的公建和市政设施配套情况不满意；35%的农户对本村的交通、道路不满意；34%的农户对本村的绿化不满意。卫生状况差，基础设施匮乏是普遍现象，也是农村社区建设的重点。要科学、合理安排住宅、公共设施和公益事业等的建设布局，注意保护和改善生态环境，防治污染和其他公害，加强绿化和村容村貌、环境卫生建设，促进农村各项事业协调发展，并适当留有发展余地。

10.5.2.2 集中居住区与中心村建设要合理用地，节约用地

各项建设应当相对集中，充分利用原有建设用地，新建、扩建工程及住宅应当尽量不占用耕地和林地。新住宅建设的一条重要原则就是要降低当前居高不下的人均耕地占用量，鼓励楼房、农民公寓建设。各级政府要制定高标准奖励政策，按新老住房搬迁或拆建中节约出来的土地量奖励农民，以引导他们集中建房居住。

10.5.2.3 制定相应的社会政策和再分配政策

结合城市对农村的反哺，普遍建立和健全农村新社区的平价商店、健康中心、卫生医疗机构、图书馆等文化与服务设施。提高社区居民的凝聚力和参与管理的热情，提高社区居民的自治水平。

10.5.2.4 积极发展农村教育，尤其要加强职业技能教育

提高农民素质，转变他们的思想观念，激发他们迁往城镇生活的愿望。加强职业技能教育，对进城农民进行职业技能培训，提高他们在非农产业上的就业能力。

10.5.2.5 积极促进农业产业化，加快农业经营向规模化发展进程

通过农业产业化，可有效促进农地规模化经营，促使一部分农民放弃土地，从事农产品加工和流通等非农产业，逐步让他们摆脱对土地的依附。

10.5.2.6 严格限制乡村工业的分散化发展，积极引导乡村工业向重点城镇的工业园区集中

原来分散布局在乡村的农村非农产业可以集中布局于主要的

城镇，从而在一定程度上限制农民"离土不离乡"状况，改变农业兼业局面。

10.5.2.7 加快制定规范、公正、公开、统一的离土农民的补偿办法。

为降低近期用地成本，防止农村动迁安置中的互相攀比，应加快制定规范、公正、公开、统一的离土农民的补偿办法。同时还应尽快研究与之配套的离土农民能长期分享土地置换后增值利益的政策，以缓解当前郊区城镇建设中的拆迁矛盾。推广实行农村土地股份合作制，在维持农村土地集体所有制的前提下，将土地按照其收益能力折股量化到农民个人。土地集中起来由土地股份公司统一开发和经营，土地的收益由公司掌握并进行分配。这样，农民不致因放弃土地使用权而同时失去土地收益，保证了他们的根本利益。

10.5.2.8 把未到享受养老金年龄的中年离土农民作为增加农村非农就业安置的重点

加大就业服务，切实落实与他们有关的就业扶持政策，帮助其实现就业。加强农村社区敬老院等福利设施建设。

10.5.2.9 不提倡农民居住向集镇集中

抽样调查表明，35%的农户选择在原址翻建；21%的农户选择到新的居民集中点建；15%的农户选择到集镇建；18%的农户选择到县城建；7%的农户到集镇和县城购买商品房；其他占4%。因此，农民集中居住应该在分阶段保留一批自然村落的基础上，主要向重点中心镇与县城以及农民集中居住区引导。集镇就不应再搞大的市政建设和房地产开发，也不宜提倡农民居住向集镇集中。目前的集镇应该成为农村人口向城市的输出地而不是导入区，使原有集镇逐渐萎缩，最终形成集中居住区。

10.5.3 乡镇建设管理的机制创新

10.5.3.1 建立领导机构，健全工作体制

在各级政府的统一领导下，成立以镇为主，市、镇、村三级

共同参与的村庄规划建设领导小组,具体负责和协调村庄规划的编制、审批、建设和管理工作。同时,要明确各级领导小组和成员的具体工作,形成一套"政府主导、农民主体、干部服务、社会支持"的村庄规划建设工作机制和"统一扶持政策,群众自愿申报,择优选择定点,实行以物代资,农民自主建设"的基本模式。

各镇规划建设办(或建设管理所)具体负责本镇的镇区规划和各村的村庄建设规划,协助各村做好村庄规划的编制工作,并具体负责各村规划方案的初步审查、上报和批后监察工作。在实施过程中,各级村庄规划建设领导小组应做好技术指导和上级部门的协调联系,并对各镇村规划的实施情况进行监督和检查,保证按时推进施工进度。

各村村干部应积极配合规划建设部门做好本村的村庄规划、建设与管理工作,广泛听取村民意见与建议,形成规划合理、适度超前、切实可行的规划方案,并上报上级规划建设部门。在村庄规划建设和管理的过程中,要加大宣传力度,引导村民积极参与到村庄规划的设计、实施和管理中来,提高其建设家园的积极性。

乡镇是属于农民自己的,要靠广大农民自己建设。农民要发扬主人翁的精神,积极参与到村庄规划的设计、建设和管理中来,提出自己的意见和建议,并监督村庄规划建设和管理的实施过程,向上级主管部门举报违法乱纪现象。

10.5.3.2 多方筹集资金,严格财务管理

资金保障是村庄规划建设成功的关键。村庄规划建设所需资金以镇村自筹为主,以上级财政支持和外来援助为辅。各镇村应立足自身实际,通过壮大集体经济、土地有偿使用、竞价择位和争取捐助等多元化筹资途径,突破资金"瓶颈"制约。

村级经济实力是乡镇建设的重要基础和有力保障。集体经济比较雄厚的村庄(比如都山村),可以依靠集体企业、龙头企业提供村庄建设资金。私营企业较多的村庄,可以从土地出让金等

财政收入中划拨一部分资金用于村庄规划建设。对于经济比较落后的村庄，首先要立足自身实际，做好规划的编制工作；在资金筹集上要积极调动群众力量，"有钱的出钱、有力的出力"，更要争取上级和社会力量的援助。

发动人民群众、动员全社会力量参与和支持乡镇建设，是推动乡镇建设的重要方式。在社会主义乡镇建设中，各级政府注重宣传工作，把充分调动农民的积极性、突出农民群众的主体作用贯穿于乡镇建设的整个过程。建立乡镇建设基金会，在自愿的前提下，鼓励和支持广大村民（尤其是富裕农户）出钱出力，支持乡镇建设。鼓励农村外出务工农民回乡创业、建设家园。并且，各镇村要积极寻找社会关系，动员本籍在外工作或创业的各类人士，鼓励他们参加结对帮扶或提供资金援助，支持家乡的建设。此外，还要大力加强对外宣传，争取国家机关、部委和省直单位以及本市外的其他工商企业和社会组织及各界人士到本地结对帮扶，支持和参与乡镇建设。

同时，要加强对资金使用的管理和监督，把有限的资金用在刀刃上，确保投入发挥最大的效益。对于村庄规划建设资金，要建立专门的制度，加强管理和监督，实行专户管理、专款专用，防止截留、挤占和挪用。对资金的收支情况，要定期进行审计，压缩查处各类违规行为。并设立财政公开栏，及时、准确地对资金的收支状况进行公布。

10.5.3.3 严格按规划建设，加强耕地保护

乡镇规划要和土地利用规划、基本农田保护规划、基础设施建设规划等衔接起来，因地制宜、放眼未来，适度超前。规划一经批准，即具有法律效力，必须严格执行，认真组织实施（见图10-1）。在村、镇建设规划或临时控制性规划尚未编制实施前，应停止无序的建设活动，以免建后又拆、劳民伤财。对规划撤并的村组，必须停止一切建设活动。

图 10-1　江苏省江阴市华西村规划建设模型

在乡镇规划建设中,要加强宅基地规划和管理,大力节约村庄建设用地,农民新建房屋可以参照市建设局免费提供经济安全适用、节能节材的住宅设计图样进行建设。市建设局将配合各镇村加强乡镇建设工程质量和安全管理,及时消除各种安全隐患。村庄建设要尊重群众意愿,量力而行,防止长官意志,盲目攀比和一哄而起,搞形式主义。要本着节约原则,充分立足现有基础进行房屋和设施改造,防止大拆大建,防止加重农民负担,扎实稳步地推进村庄建设。

在镇区内的建设行为,由市建设局委托各镇规划建设办(或建设管理所)依据《城市规划法》要求核发"一书两证"进行管理;镇区外的村庄,由各镇规划建设办(或建设管理所)依据《乡镇规划建设管理条例》严格执行村庄建设工程"一书一证"制度,切实加强村庄的规划建设管理。同时充分发挥农村自治组织和农民在新村建设中的主体地位,制定符合村情的村规民约，鼓励农民参与新村建设管理。

不同时期的农民住房见图10-2。

图10-2　不同时期的农民住房

在乡镇规划建设中，要坚持依法依规管理、节约集约用地的原则，加强农村用地规划和管理，大力推进节约集约用地。要坚持实行最严格的耕地保护制度，坚决防止以乡镇建设等名义盲目圈占、违法批占土地（特别是农用地），确保基本农田总量不减少、质量不降低；要加强乡镇建设用地管理，大力推进节约集约用地；要严格征地管理，维护被征地农民的合法权益；农用地转为建设用地，必须符合规划和计划，必须依法报批，必须搞好补偿安置工作（见图10-3）。

在乡镇建设中，有条件的地方，要在充分尊重农民意愿的前提下，在依法依规的基础上，引导农民集中建房，农业向适度规模经营集中,以集中促进节约集约,提高农村建设用地利用率。要适应乡镇建设的要求,经批准,按照"先用后补、定期审核、到期归还"的原则,稳步推进城镇建设用地增加和农村建设用地减少相挂钩试点、集体非农建设用地使用权流转试点,不断总结试点经验,及时加以规范完善。同时,要坚持建新拆旧,积极推进废弃地和宅基地复垦整理。村庄复垦整理节省出来的土地,按照因地制宜的原则,宜耕则耕、宜建则建,优先用于农村经济社会发展。

图 10-3　江苏省江阴市华西都市设施农业园艺中心建设图

10.5.3.4　动员群众力量,维护农民利益

社会主义乡镇建设本质是上要提高农民的生活水平,在建设中充分调动农民的积极性、注意维护农民的长远利益是一项基本的工作原则。在社会主义乡镇建设中,各级政府注重宣传工作,把充分调动农民的积极性、突出农民群众的主体作用贯穿于乡镇建设的整个过程(见图10-4)。在广大农村开展了内容丰富、形式多样、有声有色的宣传发动,使乡镇建设深入人心、家喻户晓,较快形成了浓厚的工作氛围。各县(市、区)纷纷组织广大干部进村入户开展宣传,采用群众喜闻乐见的各种形式,走村

串户开展宣讲。广泛深入的宣传发动,有效地教育组织起广大农民群众积极投身乡镇建设。

图 10-4　江苏省宜兴市梅家渎村路旁公交站点的乡镇建设宣传栏

在推进乡镇建设中,各地十分注重尊重农民意愿,最大限度地调动农民群众的积极性和创造性。一是要维护农民群众在乡镇建设中的发言权。如在进行乡镇规划时,吸收村民代表参与,通过村民代表会议审定,使广大村民既成为规划的组织者和实施者,又成为规划的监督者和受益者。二是要尊重农民群众在乡镇建设中的决策权。比如,将各地政府定点改为"自主申报、动态管理",由农民群众自己决定是否申报为乡镇建设示范点或决定改造项目。三是要充分尊重农民群众的知情权。在规划最后确定之前,要以政务公开、村务公开的形式,广泛征集农民群众的意见;规划依法确定后,要张榜公布,让农民群众了解哪里要发展、哪里可建房、怎样建好房。四要是建立鼓励农民出资投劳机制。创新政府的资金项目支持办法,实行以物代资(以奖代补)并与农户自主完成的工作量挂钩(见图10-5)。

图 10-5 自己动手,建设美好家园

10.5.3.5 改革相关制度,建立长效机制

乡镇建设涉及农村政治、经济、社会、文化等各个方面的内容,是一项复杂而艰巨的系统工程。而乡镇规划建设是启动乡镇建设的龙头和切入点,是乡镇建设的重要组成部分。乡镇规划和建设的顺利推进,需要发改委、规划、建设、国土、财政、交通、水利、农业等部门的配合,改革相关制度,简化工作程序,建立村庄规划建设的长效机制。

一是要争取发改委、国土、财政、交通、水利、农业等相关部门的配合,设立村庄规划领导小组,合并或精简工作程序,提高办事效率。为镇村规划和建设提供指导,简化审批程序;为建设单位提供选址、规划、设计、建设"一条龙"的全方位服务项目。

二是要以经济杠杆作为项目资金支持的主要方法,创新政府资金支持办法。实行"统一扶助标准、择优选择定点、实行以奖代补、农民自主建设"的办法进行推进。要结合农民意愿和经济基础,鼓励农民自我投资建设,争取社会力量的支持。"统一扶助标准",就是政府根据本地农村实际和自身财力状况,确定建设项目及补助标准,并向社会公开。"择优选择定点",就是通过农户自主向政府申报,农民自愿参与率高和基础条件好的村确定为乡镇建设示范点,并实行动态管理,政府对示范点进行项目建设补助。"实行以奖代补",就是改变过去政府资金拨付办法,以"实物补贴"形式,引导和激励农民投资、投劳建设新家园。

三是要和国土部门配合,改革土地制度,简化用地审批制度。在不违反《土地管理法》的前提下,建立新的集中居住点的村庄可以按照"先用后补、定期审核、到期归还"的原则,建立耕地"先占后补再平衡"制度。在确保用地总体集约、最严格保护耕地的前提下,可以单独划拨一块村庄建设用地启动指标,确保村庄规划实施的顺利启动。同时,要坚持建新拆旧,积极推进废弃地和宅基地复垦整理。村庄复垦整理节省出来的土地,按照因地制宜的原则,宜耕则耕、宜建则建,优先用于农村经济社会发展。在不违反国家土地管理法的前提下,部分村庄也可以根据老百姓的共同意愿进行宅基地和承包地的流转和调整。

四是要建立村庄规划建设的培训制度。要分期、分批培训主持乡镇建设工作的乡镇领导干部和驻村指导员。加强对农民建设乡镇基本技能的培训,提高农民的参与能力。要有计划地组织各种形式的观摩学习,总结交流各地的经验,充分发挥各地示范点、示范村、示范镇的引导、带动和辐射作用,取长补短、相互借鉴。

五是要建立村庄规划建设的督促检查制度。各地要加强对村庄规划实施过程中资金与实物使用的监管,防止挪用、滥用。建立上级对下级的督察机制和下级对上级的监督机制,鼓励社会各界、新闻媒体和广大农民对村庄规划建设进行监督。要接受各级人大、政协和有关部门的定期或不定期督察。

六是要建立乡镇规划建设激励机制。市建设局应会同其他相关单位,建立一套系统的乡镇规划建设评价体系和切实可行的奖惩制度,定期对各乡镇的规划、建设和管理情况进行评价。采取

"奖优惩劣"的激励机制，对规划实施较好的乡镇进行奖励，在物资和财政上给予扶植，并授予"先进村"等荣誉称号；对落后乡镇给予惩罚，暂时停止规划和建设的审批，加强乡镇规划建设和管理的指导和监督。

此外，各地要积极探索村民自主管理的道路，建立和完善村庄规划建设和管理工作的长效机制。组织引导农民群众参与公共设施维护与管理，包括村内主要道路维护、路灯的维护、公共环境卫生管理、房前屋后卫生责任、公共绿化种植养护等，巩固整治效果。各镇建设部门要集中力量，抓好村庄规划建设的技术指导工作，对示范点要安排专业技术人员驻村指导，以推动全市村庄规划建设和管理工作顺利开展。